OEUVRES

DE

J. B. POQUELIN
DE MOLIÈRE.

TOME PREMIER.

SENLIS,
IMPRIMERIE STÉRÉOTYPE DE TREMBLAY.

OEUVRES

DE

J. B. POQUELIN
DE MOLIÈRE.

—

TOME PREMIER.

A PARIS,
CHEZ M.me VEUVE DABO,
A LA LIBRAIRIE STÉRÉOTYPE, RUE DU POT-DE-FER, N°. 14.
1824.

VIE DE MOLIÈRE

PAR

VOLTAIRE.

Le goût de bien des lecteurs pour les choses frivoles, et l'envie de faire un volume de ce qui ne devrait remplir que peu de pages, sont cause que l'histoire des hommes célèbres est presque toujours gâtée par des détails inutiles et des contes populaires aussi faux qu'insipides. On y ajoute souvent des critiques injustes de leurs ouvrages. C'est ce qui est arrivé dans l'édition de Racine faite à Paris en 1728. On tâchera d'éviter cet écueil dans cette courte histoire de la vie de Molière : on ne dira de sa propre personne que ce qu'on a cru vrai et digne d'être rapporté ; et on ne hasardera sur ses ouvrages rien qui soit contraire au sentiment du public éclairé.

Jean-Baptiste Poquelin naquit à Paris en 1620 dans une maison qui subsiste encore sous les piliers des halles. Son père, Jean-Baptiste Poquelin, valet de chambre tapissier chez le roi, marchand fripier, et Anne Boutet sa mère, lui donnèrent une éducation trop conforme à leur état, auquel ils le destinaient : il resta jusqu'à quatorze ans dans leur boutique, n'ayant rien appris, outre son métier, qu'un peu à lire et à écrire. Ses parents obtinrent pour lui la survivance de leur charge chez le roi; mais son génie l'appelait ailleurs. On a remarqué que presque tous ceux qui se sont fait un nom dans les beaux-arts les ont cultivés malgré leurs parents, et que la nature a toujours été en eux plus forte que l'éducation.

Poquelin avait un grand-père qui aimait la comédie, et qui le menait quelquefois à l'hôtel de Bourgogne. Le jeune homme sentit bientôt une aversion invincible pour sa profession. Son goût pour l'étude se développa; il pressa son grand-père d'obtenir qu'on le mît au collège, et il arracha enfin le consentement de son père, qui le mit dans une pension, et l'envoya externe aux jésuites, avec la répugnance d'un bourgeois qui croyait la fortune de son fils perdue s'il étudiait.

Le jeune Poquelin fit au collège les progrès qu'on devait attendre de son empressement à y entrer. Il y étudia cinq années; il y suivit le cours des classes d'Armand de Bourbon, premier prince de Conti, qui depuis fut le protecteur des lettres et de Molière.

Il y avait alors dans ce collège deux enfants qui eurent depuis beaucoup de réputation dans le monde. C'étaient Chapelle et Bernier : celui-ci, connu par ses voyages aux Indes; et l'autre, célèbre par quelques vers naturels et aisés, qui lui ont fait d'autant plus de réputation qu'il ne rechercha pas celle d'auteur.

L'Huillier, homme de fortune, prenait un soin singulier de l'éducation du jeune Chapelle, son fils naturel; et, pour lui donner de l'émulation, il faisait étudier avec lui le jeune Bernier, dont les parents étaient mal à leur aise. Au lieu même de donner à son fils naturel un précepteur ordinaire et pris au hasard, comme tant de pères en usent avec un fils légitime qui doit porter leur nom, il engagea le célèbre Gassendi à se charger de l'instruire.

Gassendi ayant démêlé de bonne heure le génie de Poquelin, l'associa aux études de Chapelle et de Bernier. Jamais plus illustre maître n'eut de plus dignes disciples. Il leur enseigna la philosophie d'Épicure, qui, quoiqu'aussi fausse que les autres, avait au moins plus de méthode et plus de vraisemblance que celle de l'école, et n'en avait pas la barbarie.

Poquelin continua de s'instruire sous Gassendi. Au sortir du collège il reçut de ce philosophe les principes d'une morale plus utile que sa physique, et il s'écarta rarement de ces principes dans le cours de sa vie.

Son père étant devenu infirme et incapable de servir, il fut obligé d'exercer les fonctions de son emploi auprès du roi. Il suivit Louis XIII dans Paris. Sa passion pour la comédie, qui l'avait déterminé à faire ses études, se réveilla avec force.

Le théâtre commençait à fleurir alors : cette partie des belles-lettres, si méprisée quand elle est médiocre, contribue à la gloire d'un état quand elle est perfectionnée.

Avant l'année 1625 il n'y avait point de comédiens fixes à Paris. Quelques farceurs allaient, comme en Italie, de ville en ville; ils jouaient les pièces de Hardy, de Montchrétien, ou de Baltazar Baro. Ces auteurs leur vendaient leurs ouvrages dix écus pièce.

Pierre Corneille tira le théâtre de la barbarie et de l'avilissement vers l'année 1630. Ses premières comédies, qui étaient aussi bonnes pour son siècle qu'elles sont mauvaises pour le nôtre, furent cause qu'une troupe de comédiens s'établit à Paris. Bientôt après, la passion du cardinal de Richelieu pour les spectacles mit le goût de la comédie à la mode; et il y avait plus de sociétés particulières qui représentaient alors, que nous n'en voyons aujourd'hui.

Poquelin s'associa avec quelques jeunes gens qui avaient du talent pour la déclamation; ils jouaient au faubourg Saint-Germain et au quartier Saint-Paul. Cette société éclipsa bientôt toutes les autres; on l'appela *l'illustre théâtre*. On voit par une tragédie de ce temps-là, intitulée *Artaxerxe*, d'un nommé Magnon, et imprimée en 1645, qu'elle fut représentée sur l'illustre théâtre.

Ce fut alors que Poquelin, sentant son génie, se résolut de s'y livrer tout entier, d'être à la fois comédien et auteur, et de tirer de ses talents de l'utilité et de la gloire.

On sait que, chez les Athéniens, les auteurs jouaient souvent dans leurs pièces, et qu'ils n'étaient point déshonorés pour parler avec grace en public devant leurs concitoyens. Il fut plus encouragé par cette idée, que retenu par les préjugés de son siècle. Il prit le nom de *Molière*; et il ne fit, en changeant de nom, que suivre l'exemple des comédiens d'Italie et de ceux de l'hôtel de Bourgogne. L'un, dont le nom de famille était le Grand, s'appelait Belleville dans la tragédie, et Turlupin dans la farce; d'où vient le mot *turlupinade*. Hugues Guéret était connu dans les pièces sérieuses sous le nom de Fléchelles; dans la farce il jouait toujours un certain rôle qu'on appelait Gautier-Garguille. De même Arlequin et Scaramouche n'étaient connus que sous ce nom de théâtre. Il y avait déjà eu un comédien appelé Molière, auteur de la tragédie de *Polixène*.

Le nouveau Molière fut ignoré pendant tout le temps que durèrent les guerres civiles en France: il employa ces années à cultiver son talent et à préparer quelques pièces. Il avait fait un recueil de scènes italiennes, dont il faisait de petites comédies pour les provinces. Ces premiers essais très informes tenaient plus du mauvais théâtre italien où il les avait pris, que de son génie, qui n'avait pas eu encore l'occasion de se développer tout entier. Le génie s'étend et se resserre par tout ce qui nous environne. Il fit donc pour la province *le Docteur amoureux, les trois Docteurs rivaux*, *le Maître d'école*, ouvrages dont il ne reste que le titre. Quelques curieux ont conservé deux pièces de Molière dans ce genre; l'une est *le Médecin volant*, et l'autre *la Jalousie de Barbouillé*. Elles sont en prose et écrites en entier. Il y a quelques phrases et quelques incidents de la première qui nous sont conservés dans *le Médecin malgré lui*; et on trouve dans *la Jalousie de Barbouillé* un canevas, quoiqu'informe, du troisième acte de *George-Dandin*.

La première pièce régulière en cinq actes qu'il composa fut *l'Étourdi*. Il représenta cette comédie à Lyon en 1653. Il y avait dans cette ville une troupe de comédiens de campagne, qui fut abandonnée dès que celle de Molière parut.

Quelques acteurs de cette ancienne troupe se joignirent à Molière; et il partit de Lyon pour les états de Languedoc avec une troupe assez complète, composée principalement de deux frères nommés Gros-René, de Duparc, d'un pâtissier de la rue Saint-Honoré, de la Duparc, de la Béjart et de la de Brie.

Le prince de Conti, qui tenait les états de Languedoc à Béziers, se souvint de Molière, qu'il avait vu au collège; il lui donna une protection distinguée. Il joua devant lui *l'Étourdi*, *le Dépit amoureux*, et *les Précieuses ridicules*.

Cette petite pièce des *Précieuses*, faite en province, prouve assez que son auteur n'avait eu en vue que les ridicules des provinciales; mais il se trouva depuis que l'ouvrage pouvait corriger et la cour et la ville.

Molière avait alors trente-quatre ans ; c'est l'âge où Corneille fit le Cid. Il est bien difficile de réussir avant cet âge dans le genre dramatique, qui exige la connaissance du monde et du cœur humain.

On prétend que le prince de Conti voulut alors faire Molière son secrétaire, et qu'heureusement pour la gloire du théâtre français Molière eut le courage de préférer son talent à un poste honorable. Si ce fait est vrai, il fait également honneur au prince et au comédien.

Après avoir couru quelque temps toutes les provinces, et avoir joué à Grenoble, à Lyon, à Rouen, il vint enfin à Paris en 1658. Le prince de Conti lui donna accès auprès de Monsieur, frère unique du roi Louis XIV. Monsieur le présenta au roi et à la reine mère. Sa troupe et lui représentèrent la même année devant leurs majestés la tragédie de *Nicomède* sur un théâtre élevé par ordre du roi dans la salle des gardes du vieux Louvre.

Il y avait depuis quelque temps des comédiens établis à l'hôtel de Bourgogne. Ces comédiens assistèrent au début de la nouvelle troupe. Molière, après la représentation de Nicomède, s'avança sur le bord du théâtre, et prit la liberté de faire au roi un discours, par lequel il remerciait sa majesté de son indulgence, et louait adroitement les comédiens de l'hôtel de Bourgogne, dont il devait craindre la jalousie : il finit en demandant la permission de donner une pièce d'un acte qu'il avait jouée en province.

La mode de représenter ces petites farces après de grandes pièces était perdue à l'hôtel de Bourgogne. Le roi agréa l'offre de Molière, et l'on joua dans l'instant *le Docteur amoureux*. Depuis ce temps l'usage a toujours continué de donner de ces pièces d'un acte, ou de trois, après les pièces de cinq.

On permit à la troupe de Molière de s'établir à Paris. Ils s'y fixèrent, et partagèrent le théâtre du petit Bourbon avec les comédiens italiens qui en étaient en possession depuis quelques années.

La troupe de Molière jouait sur le théâtre les mardis, les jeudis et les samedis, et les Italiens les autres jours.

La troupe de l'hôtel de Bourgogne ne jouait aussi que trois fois la semaine, excepté lorsqu'il y avait des pièces nouvelles.

Dès-lors la troupe de Molière prit le titre de *la troupe de Monsieur*, qui était son protecteur. Deux ans après, en 1660, il leur accorda la salle du Palais-Royal. Le cardinal de Richelieu l'avait fait bâtir pour la représentation de *Mirame*, tragédie dans laquelle ce ministre avait composé plus de cinq cents vers. Cette salle est aussi mal construite que la pièce pour laquelle elle fut bâtie : et je suis obligé de remarquer, à cette occasion, que nous n'avons aujourd'hui aucun théâtre supportable ; c'est une barbarie gothique que les Italiens nous reprochent avec raison. Les bonnes pièces sont en France, et les belles salles en Italie.

La troupe de Molière eut la jouissance de cette salle jusqu'à la mort de son chef. Elle fut alors accordée à ceux qui eurent le privilège de l'opéra, quoique ce vaisseau fût moins propre encore pour le chant que pour la déclamation.

Depuis l'an 1658 jusqu'en 1673, c'est-à-dire en quinze années de temps, il donna toutes ses pièces, qui sont au nombre de trente. Il voulut jouer dans le tragique : mais il n'y réussit pas ; il avait une volubilité dans la voix, et une espèce de hoquet qui ne pouvait convenir au genre sérieux, mais qui rendait son jeu comique plus plaisant. La femme d'un des meilleurs comédiens que nous ayons eus a donné ce portrait-ci de Molière :

« Il n'était ni trop gras ni trop maigre ; il avait
« la taille plus grande que petite, le port noble,
« la jambe belle ; il marchait gravement, avait
« l'air très sérieux, le nez gros, la bouche grande,
« les lèvres épaisses, le teint brun, les sourcils
« noirs et forts, et les divers mouvements qu'il
« leur donnait lui rendaient la physionomie extrê-
« mement comique. A l'égard de son caractère, il
« était doux, complaisant, généreux ; il aimait
« fort à haranguer ; et quand il lisait ses pièces aux
« comédiens, il voulait qu'ils y amenassent leurs

« enfants pour tirer des conjectures de leur mou-
« vement naturel. »

Molière se fit dans Paris un très grand nombre de partisans, et presque autant d'ennemis. Il accoutuma le public, en lui faisant connaître la bonne comédie, à le juger lui-même très sévèrement. Les mêmes spectateurs qui applaudissaient aux pièces médiocres des autres auteurs relevaient les moindres défauts de Molière avec aigreur. Les hommes jugent de nous par l'attente qu'ils en ont conçue; et le moindre défaut d'un auteur célèbre, joint avec les malignités du public, suffit pour faire tomber un bon ouvrage. Voilà pourquoi *Britannicus* et *les Plaideurs* de M. Racine furent si mal reçus; voilà pourquoi *l'Avare*, *le Misanthrope*, *les Femmes savantes*, *l'École des Femmes*, n'eurent d'abord aucun succès.

Louis XIV, qui avait un goût naturel et l'esprit très juste, sans l'avoir cultivé, ramena souvent par son approbation la cour et la ville aux pièces de Molière. Il eût été plus honorable pour la nation de n'avoir pas besoin des décisions de son maître pour bien juger. Molière eut des ennemis cruels, sur-tout les mauvais auteurs du temps, leurs protecteurs et leurs cabales : ils suscitèrent contre lui les dévots; on lui imputa des livres scandaleux; on l'accusa d'avoir joué des hommes puissants, tandis qu'il n'avait joué que les vices en général; et il eût succombé sous ces accusations, si ce même roi qui encouragea et qui soutint Racine et Despréaux n'eût pas aussi protégé Molière.

Il n'eut, à la vérité, qu'une pension de mille livres, et sa troupe n'en eut qu'une de sept. La fortune qu'il fit par le succès de ses ouvrages le mit en état de n'avoir rien de plus à souhaiter : ce qu'il retirait du théâtre, avec ce qu'il avait placé, allait à trente mille livres de rente; somme qui, en ce temps-là, faisait presque le double de la valeur réelle de pareille somme d'aujourd'hui.

Le crédit qu'il avait auprès du roi paraît assez par le canonicat qu'il obtint pour le fils de son médecin. Ce médecin s'appelait Mauvilain. Tout le monde sait qu'étant un jour au dîner du roi : « Vous avez un médecin, dit le roi à Molière; que vous fait-il ? Sire, répondit Molière, nous causons ensemble : il m'ordonne des remèdes; je ne les fais point; et je guéris. »

Il faisait de son bien un usage noble et sage : il recevait chez lui les hommes de la meilleure compagnie, les Chapelle, les Jonsac, les Desbarreaux, etc., qui joignaient la volupté et la philosophie. Il avait une maison de campagne à Auteuil, où il se délassait souvent avec eux des fatigues de sa profession, qui sont bien plus grandes qu'on ne pense. Le maréchal de Vivonne, connu par son esprit et par son amitié pour Despréaux, allait souvent chez Molière, et vivait avec lui comme Lélius avec Térence. Le grand Condé exigeait de lui qu'il le vînt voir souvent, et disait qu'il trouvait toujours à apprendre dans sa conversation.

Molière employait une partie de son revenu en libéralités qui allaient beaucoup plus loin que ce qu'on appelle dans d'autres hommes des charités. Il encourageait souvent par des présents considérables de jeunes auteurs qui marquaient du talent : c'est peut-être à Molière que la France doit Racine. Il engagea le jeune Racine, qui sortait du Port-Royal, à travailler pour le théâtre dès l'âge de dix-neuf ans. Il lui fit composer la tragédie de *Théagène et Chariclée*; et quoique cette pièce fût trop faible pour être jouée, il fit présent au jeune auteur de cent louis, et lui donna le plan des *Frères ennemis*.

Il n'est peut-être pas inutile de dire qu'environ dans le même temps, c'est-à-dire en 1661, Racine ayant fait une ode sur le mariage de Louis XIV, M. Colbert lui envoya cent louis au nom du roi.

Il est très triste, pour l'honneur des lettres, que Molière et Racine aient été brouillés depuis : de si grands génies, dont l'un avait été le bienfaiteur de l'autre, devaient être toujours amis.

Il éleva et il forma un autre homme qui, par la supériorité de ses talents, et par les dons singuliers qu'il avait reçus de la nature, mérite d'être connu de la postérité. C'était le comédien Baron, qui a été unique dans la tragédie et dans la comédie. Molière en prit soin comme de son propre fils.

Un jour Baron vint lui annoncer qu'un comédien de campagne, que la pauvreté empêchait de se présenter, lui demandait quelque léger secours pour aller joindre sa troupe. Molière ayant su que c'était un nommé Mondorge, qui avait été son camarade, demanda à Baron combien il croyait qu'il fallait lui donner; celui-ci répondit au hasard, quatre pistoles. Donnez-lui quatre pistoles pour moi, lui dit Molière; en voilà vingt qu'il faut que vous lui donniez pour vous. Et il joignit à ce présent celui d'un habit magnifique. Ce sont de petits faits, mais ils peignent le caractère.

Un autre trait mérite plus d'être rapporté. Il venait de donner l'aumône à un pauvre. Un instant après, le pauvre court après lui, et lui dit : Monsieur, vous n'aviez peut-être pas dessein de me donner un louis d'or, je viens vous le rendre. Tiens, mon ami, dit Molière, en voilà un autre. Et il s'écria : Où la vertu va-t-elle se nicher ! Exclamation qui peut faire voir qu'il réfléchissait sur tout ce qui se présentait à lui, et qu'il étudiait par-tout la nature en homme qui la voulait peindre.

Molière, heureux par ses succès et par ses protecteurs, par ses amis et par sa fortune, ne le fut pas dans sa maison. Il avait épousé en 1661 une jeune fille née de la Béjart et d'un gentilhomme nommé Modène. On disait que Molière en était le père : le soin avec lequel on avait répandu cette calomnie fit que plusieurs personnes prirent celui de la réfuter; on prouva que Molière n'avait connu la mère qu'après la naissance de cette fille.

La disproportion d'âge, et les dangers auxquels une comédienne jeune et belle est exposée, rendirent ce mariage malheureux; et Molière, tout philosophe qu'il était d'ailleurs, essuya dans son domestique les dégoûts, les amertumes, et quelquefois les ridicules qu'il avait si souvent joués sur le théâtre. Tant il est vrai que les hommes qui sont au-dessus des autres par les talents s'en rapprochent presque toujours par les faiblesses! Car pourquoi les talents nous mettraient-ils au-dessus de l'humanité?

La dernière pièce qu'il composa fut *le Malade imaginaire*. Il y avait quelque temps que sa poitrine était attaquée, et qu'il crachait quelquefois du sang. Le jour de la troisième représentation il se sentit plus incommodé qu'auparavant : on lui conseilla de ne point jouer; mais il voulut faire un effort sur lui-même; et cet effort lui coûta la vie.

Il lui prit une convulsion en prononçant *juro* dans le divertissement de la réception du malade imaginaire. On le rapporta mourant chez lui, rue de Richelieu. Il fut assisté quelques moments par deux de ces sœurs religieuses qui viennent quêter à Paris pendant le carême, et qui logeaient chez lui. Il mourut entre leurs bras, étouffé par le sang qui lui sortait par la bouche, le 17 février 1673, âgé de cinquante-trois ans. Il ne laissa qu'une fille, qui avait beaucoup d'esprit. Sa veuve épousa un comédien nommé Guérin.

Le malheur qu'il avait eu de ne pouvoir mourir avec les secours de la religion, et la prévention contre la comédie, déterminèrent M. de Harlay de Chanvalon, archevêque de Paris, si connu par ses intrigues galantes, à refuser la sépulture à Molière. Le roi le regrettait ; et ce monarque, dont il avait été le domestique et le pensionnaire, eut la bonté de prier l'archevêque de Paris de le faire inhumer dans une église. Le curé de Saint-Eustache sa paroisse ne voulut pas s'en charger. La populace, qui ne connaissait dans Molière que le comédien, et qui ignorait qu'il avait été un excellent auteur, un philosophe, un grand homme en son genre, s'attroupa en foule à la porte de sa maison le jour du convoi : sa veuve fut obligée de jeter de l'argent par les fenêtres ; et ces misérables, qui auraient, sans savoir pourquoi, troublé l'enterrement, accompagnèrent le corps avec respect.

La difficulté qu'on fit de lui donner la sépulture, et les injustices qu'il avait essuyées pendant sa vie, engagèrent le fameux P. Bouhours à composer cette espèce d'épitaphe qui, de toutes celles qu'on fit pour Molière, est la seule qui mérite d'être rapportée, et la seule qui ne soit pas dans cette fausse et mauvaise histoire qu'on a mise jusqu'ici au-devant de ses ouvrages.

> Tu réformas et la ville et la cour ;
> Mais quelle en fut la récompense ?
> Les Français rougiront un jour
> De leur peu de reconnaissance.
> Il leur fallut un comédien
> Qui mît à les polir sa gloire et son étude :
> Mais, Molière, à ta gloire il ne manquerait rien,
> Si, parmi les défauts que tu peignis si bien,
> Tu les avais repris de leur ingratitude.

Non seulement j'ai omis dans cette vie de Molière les contes populaires touchant Chapelle et ses amis, mais je me sens obligé de dire que ces contes, adoptés par Grimarest, sont très faux. Le feu duc de Sulli, le dernier prince de Vendôme, l'abbé de Chaulieu, qui avaient beaucoup vécu avec Chapelle, m'ont assuré que toutes ces historiettes ne méritaient aucune créance.

L'ÉTOURDI,

ou

LES CONTRE-TEMPS,

COMÉDIE EN CINQ ACTES,

Représentée à Lyon en 1653; et à Paris en 1658,
le 3 novembre.

PERSONNAGES.

PANDOLFE, père de Lélie.
ANSELME, père d'Hippolyte.
TRUFALDIN, vieillard.
CÉLIE, esclave de Trufaldin.
HIPPOLYTE, fille d'Anselme.
LÉLIE, fils de Pandolfe.
LÉANDRE, fils de famille.
ANDRÈS, cru Égyptien.
MASCARILLE, valet de Lélie.
ERGASTE, ami de Mascarille.
UN COURRIER.
DEUX TROUPES de masques.

La scène est à Messine, dans une place publique.

L'ÉTOURDI,
OU
LES CONTRE-TEMPS.

ACTE PREMIER.

SCÈNE I.
LÉLIE.

Hé bien ! Léandre, hé bien ! il faudra contester ;
Nous verrons de nous deux qui pourra l'emporter ;
Qui, dans nos soins communs pour ce jeune miracle,
Aux vœux de son rival portera plus d'obstacle.
Préparez vos efforts, et vous défendez bien,
Sûr que de mon côté je n'épargnerai rien.

SCÈNE II.
LELIE, MASCARILLE.

LÉLIE.
Ah ! Mascarille !

MASCARILLE.
Quoi ?

LÉLIE.
Voici bien des affaires ;
J'ai dans ma passion toutes choses contraires :

Léandre aime Célie, et, par un trait fatal,
Malgré mon changement est encor mon rival.

MASCARILLE.

Léandre aime Célie!

LÉLIE.

Il l'adore, te dis-je.

MASCARILLE.

Tant pis.

LÉLIE.

Hé! oui, tant pis; c'est là ce qui m'afflige.
Toutefois j'aurois tort de me désespérer;
Puisque j'ai ton secours, je dois me rassurer.
Je sais que ton esprit, en intrigues fertile,
N'a jamais rien trouvé qui lui fût difficile;
Qu'on te peut appeler le roi des serviteurs;
Et qu'en toute la terre...

MASCARILLE.

Hé! trève de douceurs.
Quand nous faisons besoin, nous autres misérables,
Nous sommes les chéris et les incomparables;
Et dans un autre temps, dès le moindre courroux,
Nous sommes les coquins qu'il faut rouer de coups.

LÉLIE.

Ma foi, tu me fais tort avec cette invective.
Mais enfin discourons de l'aimable captive :
Dis si les plus cruels et plus durs sentiments
Ont rien d'impénétrable à des traits si charmants.
Pour moi, dans ses discours, comme dans son visage,
Je vois pour sa naissance un noble témoignage;
Et je crois que le ciel dedans un rang si bas
Cache son origine, et ne l'en tire pas.

ACTE I, SCÈNE II.

MASCARILLE.

Vous êtes romanesque avecque vos chimères.
Mais que fera Pandolfe en toutes ces affaires?
C'est, monsieur, votre père, au moins à ce qu'il dit :
Vous savez que sa bile assez souvent s'aigrit,
Qu'il peste contre vous d'une belle manière,
Quand vos déportements lui blessent la visière.
Il est avec Anselme en parole pour vous
Que de son Hippolyte on vous fera l'époux,
S'imaginant que c'est dans le seul mariage
Qu'il pourra rencontrer de quoi vous faire sage;
Et s'il vient à savoir que, rebutant son choix,
D'un objet inconnu vous recevez les lois,
Que de ce fol amour la fatale puissance
Vous soustrait au devoir de votre obéissance,
Dieu sait quelle tempête alors éclatera,
Et de quels beaux sermons on vous régalera.

LÉLIE.

Ah! trêve, je vous prie, à votre rhétorique.

MASCARILLE.

Mais vous, trêve plutôt à votre politique :
Elle n'est pas fort bonne; et vous devriez tâcher...

LÉLIE.

Sais-tu qu'on n'acquiert rien de bon à me fâcher,
Que chez moi les avis ont de tristes salaires,
Qu'un valet conseiller y fait mal ses affaires?

MASCARILLE.

(à part.)   (haut.)

Il se met en courroux. Tout ce que j'en ai dit
N'étoit rien que pour rire et vous sonder l'esprit.
D'un censeur de plaisirs ai-je fort l'encolure?
Et Mascarille est-il ennemi de nature?

Vous savez le contraire, et qu'il est très-certain
Qu'on ne peut me taxer que d'être trop humain.
Moquez-vous des sermons d'un vieux barbon de père;
Poussez votre bidet, vous dis-je, et laissez faire.
Ma foi! j'en suis d'avis, que ces penards chagrins
Nous viennent étourdir de leurs contes badins,
Et, vertueux par force, espèrent par envie
Oter aux jeunes gens les plaisirs de la vie!
Vous savez mon talent, je m'offre à vous servir.

LÉLIE.

Ah! c'est par ces discours que tu peux me ravir.
Au reste, mon amour, quand je l'ai fait paroître,
N'a point été mal vu des yeux qui l'ont fait naître.
Mais Léandre, à l'instant, vient de me déclarer
Qu'à me ravir Célie il se va préparer :
C'est pourquoi dépêchons; et cherche dans ta tête
Les moyens les plus prompts d'en faire ma conquête.
Trouve ruses, détours, fourbes, inventions,
Pour frustrer mon rival de ses prétentions.

MASCARILLE.

Laissez-moi quelque temps rêver à cette affaire.
    (à part.)
Que pourrois-je inventer pour ce coup nécessaire?

LÉLIE.

Hé bien! le stratagème?

MASCARILLE.

              Ah! comme vous courez!
Ma cervelle toujours marche à pas mesurés.
J'ai trouvé votre fait : il faut... Non, je m'abuse.
Mais si vous alliez...

LÉLIE.

    Où?

ACTE I, SCÈNE II.

MASCARILLE.
C'est une foible ruse.
J'en songeois une...

LÉLIE.
Et quelle?

MASCARILLE.
Elle n'iroit pas bien.
Mais ne pourriez-vous pas...?

LÉLIE.
Quoi?

MASCARILLE.
Vous ne pourriez rien
Parlez avec Anselme.

LÉLIE.
Et que lui puis-je dire?

MASCARILLE.
Il est vrai, c'est tomber d'un mal dedans un pire
Il faut pourtant l'avoir. Allez chez Trufaldin.

LÉLIE.
Que faire?

MASCARILLE.
Je ne sais.

LÉLIE.
C'en est trop à la fin,
Et tu me mets à bout par ces contes frivoles.

MASCARILLE.
Monsieur, si vous aviez en main force pistoles,
Nous n'aurions pas besoin maintenant de rêver
A chercher les biais que nous devons trouver,
Et pourrions, par un prompt achat de cette esclave,
Empêcher qu'un rival vous prévienne et vous brave.
De ces Égyptiens qui la mirent ici

Trufaldin, qui la garde, est en quelque souci;
Et trouvant son argent qu'ils lui font trop attendre,
Je sais bien qu'il seroit très ravi de la vendre :
Car enfin en vrai ladre il a toujours vécu;
Il se feroit fesser pour moins d'un quart d'écu;
Et l'argent est le dieu que sur-tout il révère.
Mais le mal, c'est...

LÉLIE.

Quoi? c'est...

MASCARILLE.

Que monsieur votre père
Est un autre vilain qui ne vous laisse pas,
Comme vous voudriez bien, manier ses ducats;
Qu'il n'est point de ressort qui, pour votre ressource,
Pût faire maintenant ouvrir la moindre bourse.
Mais tâchons de parler à Célie un moment,
Pour savoir là-dessus quel est son sentiment;
Sa fenêtre est ici.

LÉLIE.

Mais Trufaldin, pour elle,
Fait de jour et de nuit exacte sentinelle.
Prends garde.

MASCARILLE.

Dans ce coin demeurez en repos;
O bonheur! la voilà qui sort tout à propos.

SCÈNE III.

CÉLIE, LÉLIE, MASCARILLE.

LÉLIE.

Ah! que le ciel m'oblige, en offrant à ma vue
Les célestes attraits dont vous êtes pourvue!

ACTE I, SCÈNE III.

Et, quelque mal cuisant que m'aient causé vos yeux,
Que je prends de plaisir à les voir en ces lieux !

CÉLIE.

Mon cœur, qu'avec raison votre discours étonne,
N'entend pas que mes yeux fassent mal à personne ;
Et si dans quelque chose ils vous ont outragé,
Je puis vous assurer que c'est sans mon congé.

LÉLIE.

Ah ! leurs coups sont trop beaux pour me faire une injure.
Je mets toute ma gloire à chérir leur blessure,
Et...

MASCARILLE.

Vous le prenez là d'un ton un peu trop haut ;
Ce style maintenant n'est pas ce qu'il nous faut.
Profitons mieux du temps, et sachons vite d'elle
Ce que....

TRUFALDIN, *dans la maison.*

Célie !

MASCARILLE, *à Lélie.*

Hé bien ?

LÉLIE.

O rencontre cruelle !
Ce malheureux vieillard devoit-il nous troubler ?

MASCARILLE.

Allez, retirez-vous ; je saurai lui parler.

SCÈNE IV.

TRUFALDIN, CÉLIE, LÉLIE *retiré dans un coin,*
MASCARILLE.

TRUFALDIN, *à Célie.*

Que faites-vous dehors ? et quel soin vous talonne,
Vous à qui je défends de parler à personne ?

3.

CÉLIE.

Autrefois j'ai connu cet honnête garçon,
Et vous n'avez pas lieu d'en prendre aucun soupçon.

MASCARILLE.

Est-ce là le seigneur Trufaldin?

CÉLIE.

Oui, lui-même.

MASCARILLE.

Monsieur, je suis tout vôtre; et ma joie est extrême
De pouvoir saluer en toute humilité
Un homme dont le nom est par-tout si vanté.

TRUFALDIN.

Très humble serviteur.

MASCARILLE.

J'incommode peut-être;
Mais je l'ai vue ailleurs, où m'ayant fait connoître
Les grands talents qu'elle a pour savoir l'avenir,
Je voulois sur un point un peu l'entretenir.

TRUFALDIN.

Quoi! te mêlerois-tu d'un peu de diablerie?

CÉLIE.

Non, tout ce que je sais n'est que blanche magie.

MASCARILLE.

Voici donc ce que c'est. Le maître que je sers
Languit pour un objet qui le tient dans ses fers;
Il auroit bien voulu du feu qui le dévore
Pouvoir entretenir la beauté qu'il adore:
Mais un dragon, veillant sur ce rare trésor,
N'a pu, quoi qu'il ait fait, le lui permettre encor;
Et, ce qui plus le gêne et le rend misérable,
Il vient de découvrir un rival redoutable:
Si bien que, pour savoir si ses soins amoureux

ACTE I, SCÈNE IV.

Ont sujet d'espérer quelque succès heureux,
Je viens vous consulter, sûr que de votre bouche
Je puis apprendre au vrai le secret qui nous touche.

CÉLIE.

Sous quel astre ton maître a-t-il reçu le jour?

MASCARILLE.

Sous un astre à jamais ne changer son amour.

CÉLIE.

Sans me nommer l'objet pour qui son cœur soupire,
La science que j'ai m'en peut assez instruire.
Cette fille a du cœur, et dans l'adversité
Elle sait conserver une noble fierté :
Elle n'est pas d'humeur à trop faire connoître
Les secrets sentiments qu'en son cœur on fait naître ;
Mais je les sais comme elle, et, d'un esprit plus doux,
Je vais en peu de mots te les découvrir tous.

MASCARILLE.

O merveilleux pouvoir de la vertu magique !

CÉLIE.

Si ton maître en ce point de constance se pique,
Et que la vertu seule anime son dessein,
Qu'il n'appréhende plus de soupirer en vain :
Il a lieu d'espérer ; et le fort qu'il veut prendre
N'est pas sourd aux traités, et voudra bien se rendre.

MASCARILLE.

C'est beaucoup ; mais ce fort dépend d'un gouverneur
Difficile à gagner.

CÉLIE.

C'est là tout le malheur.

MASCARILLE, *à part, regardant Lélie.*

Au diable le fâcheux qui toujours vous éclaire !

L'ÉTOURDI

CÉLIE.

Je vais vous enseigner ce que vous devez faire.

LÉLIE, *les joignant.*

Cessez, ô Trufaldin, de vous inquiéter;
C'est par mon ordre seul qu'il vous vient visiter;
Et je vous l'envoyois, ce serviteur fidèle,
Vous offrir mon service, et vous parler pour elle,
Dont je vous veux dans peu payer la liberté,
Pourvu qu'entre nous deux le prix soit arrêté.

MASCARILLE, *à part.*

La peste soit la bête!

TRUFALDIN.

Ho! ho! qui des deux croire?
Ce discours au premier est fort contradictoire.

MASCARILLE.

Monsieur, ce galant homme a le cerveau blessé;
Ne le savez-vous pas?

TRUFALDIN.

Je sai ce que je sai.
J'ai crainte ici dessous de quelque manigance.
(*à Célie.*)
Rentrez, et ne prenez jamais cette licence.
Et vous, filous fieffés, ou je me trompe fort,
Mettez, pour me jouer, vos flûtes mieux d'accord.

SCÈNE V.

LÉLIE, MASCARILLE.

MASCARILLE.

C'est bien fait. Je voudrois qu'encor, sans flatterie,
Il nous eût d'un bâton chargés de compagnie.

A quoi bon se montrer, et, comme un étourdi,
Me venir démentir de tout ce que je di?
LÉLIE.
Je pensois faire bien.
MASCARILLE.
Oui, c'étoit fort l'entendre.
Mais quoi! cette action ne me doit point surprendre:
Vous êtes si fertile en pareils contre-temps,
Que vos écarts d'esprit n'étonnent plus les gens.
LÉLIE.
Ah mon dieu! pour un rien me voilà bien coupable!
Le mal est-il si grand qu'il soit irréparable?
Enfin, si tu ne mets Célie entre mes mains,
Songe au moins de Léandre à rompre les desseins;
Qu'il ne puisse acheter avant moi cette belle.
De peur que ma présence encor soit criminelle,
Je te laisse.
MASCARILLE, seul.
Fort bien. A dire vrai, l'argent
Seroit dans notre affaire un sûr et fort agent:
Mais ce ressort manquant, il faut user d'un autre.

SCÈNE VI.
ANSELME, MASCARILLE.
ANSELME.
Par mon chef, c'est un siècle étrange que le nôtre!
J'en suis confus. Jamais tant d'amour pour le bien,
Et jamais tant de peine à retirer le sien.
Les dettes aujourd'hui, quelque soin qu'on emploie,
Sont comme les enfants, que l'on conçoit en joie,
Et dont avecque peine on fait l'accouchement.

L'argent dans notre bourse entre agréablement ;
Mais le terme venu que nous devons le rendre,
C'est lors que les douleurs commencent à nous prendre.
Baste, ce n'est pas peu que deux mille francs, dus
Depuis deux ans entiers, me soient enfin rendus ;
Encore est-ce un bonheur.

MASCARILLE, *à part les quatre premiers vers.*
O dieu ! la belle proie
A tirer en volant ! Chut, il faut que je voie
Si je pourrois un peu de près le caresser :
Je sais bien les discours dont il le faut bercer.
Je viens de voir, Anselme...

ANSELME.
Et qui ?

MASCARILLE.
Votre Nérine.

ANSELME.
Que dit-elle de moi, cette gente assassine ?

MASCARILLE.
Pour vous elle est de flamme...

ANSELME.
Elle ?

MASCARILLE.
Et vous aime tant,
Que c'est grande pitié.

ANSELME.
Que tu me rends content !

MASCARILLE.
Peu s'en faut que d'amour la pauvrette ne meure.
Anselme, mon mignon, crie-t-elle à toute heure,
Quand est-ce que l'hymen unira nos deux cœurs,
Et que tu daigneras éteindre mes ardeurs ?

ACTE I, SCÈNE VI.

ANSELME.

Mais pourquoi jusqu'ici me les avoir celées ?
Les filles, par ma foi, sont bien dissimulées !
Mascarille, en effet, qu'en dis-tu ? quoique vieux,
J'ai de la mine encore assez pour plaire aux yeux.

MASCARILLE.

Oui, vraiment, ce visage est encor fort mettable ;
S'il n'est pas des plus beaux, il est des-agréable.

ANSELME.

Si bien donc... ?

MASCARILLE *veut prendre la bourse.*

Si bien donc qu'elle est sotte de vous,
Ne vous regarde plus...

ANSELME.

Quoi ?

MASCARILLE.

Que comme un époux ;
Et vous veut...

ANSELME.

Et me veut... ?

MASCARILLE.

Et vous veut, quoi qu'il tienne,
Prendre la bourse...

ANSELME.

La... ?

MASCARILLE *prend la bourse et la laisse tomber.*

La bouche avec la sienne.

ANSELME.

Ah ! je t'entends. Viens çà : lorsque tu la verras,
Vante-lui mon mérite autant que tu pourras.

MASCARILLE.

Laissez-moi faire.

ANSELME.
Adieu.
MASCARILLE.
Que le ciel vous conduise !
ANSELME, *revenant.*
Ah ! vraiment, je faisois une étrange sottise,
Et tu pouvois pour toi m'accuser de froideur :
Je t'engage à servir mon amoureuse ardeur,
Je reçois par ta bouche une bonne nouvelle,
Sans du moindre présent récompenser ton zèle !
Tiens, tu te souviendras...
MASCARILLE.
Ah ! non pas, s'il vous plaît.
ANSELME.
Laisse-moi...
MASCARILLE.
Point du tout. J'agis sans intérêt.
ANSELME.
Je le sais, mais pourtant...
MASCARILLE.
Non. Anselme, vous dis-je.
Je suis homme d'honneur ; cela me désoblige.
ANSELME.
Adieu donc, Mascarille.
MASCARILLE, *à part.*
O longs discours !
ANSELME, *revenant.*
Je veux
Régaler par tes mains cet objet de mes vœux ;
Et je vais te donner de quoi faire pour elle
L'achat de quelque bague, ou telle bagatelle
Que tu trouveras bon.

ACTE I, SCÈNE VI.

MASCARILLE.
Non, laissez votre argent :
Sans vous mettre en souci, je ferai le présent ;
Et l'on m'a mis en main une bague à la mode,
Qu'après vous paierez, si cela l'accommode.

ANSELME.
Soit ; donne-la pour moi : mais sur-tout fais si bien,
Qu'elle garde toujours l'ardeur de me voir sien.

SCÈNE VII.

LÉLIE, ANSELME, MASCARILLE.

LÉLIE, *ramassant la bourse.*
A qui la bourse ?

ANSELME.
Ah dieux ! elle m'étoit tombée,
Et j'aurois après cru qu'on me l'eût dérobée !
Je vous suis bien tenu de ce soin obligeant
Qui m'épargne un grand trouble et me rend mon argent :
Je vais m'en décharger au logis tout à l'heure.

SCÈNE VIII.

LÉLIE, MASCARILLE.

MASCARILLE.
C'est être officieux, et très fort, ou je meure.

LÉLIE.
Ma foi, sans moi l'argent étoit perdu pour lui.

MASCARILLE.
Certes, vous faites rage, et payez aujourd'hui
D'un jugement très rare et d'un bonheur extrême ;
Nous avancerons fort, continuez de même.

LÉLIE.

Qu'est-ce donc ? Qu'ai-je fait ?

MASCARILLE.

Le sot, en bon françois,
Puisque je puis le dire, et qu'enfin je le dois.
Il sait bien l'impuissance où son père le laisse ;
Qu'un rival, qu'il doit craindre, étrangement nous pres
Cependant quand je tente un coup pour l'obliger,
Dont je cours moi tout seul la honte et le danger...

LÉLIE.

Quoi ! c'étoit...?

MASCARILLE.

Oui, bourreau, c'étoit pour la captive
Que j'attrapois l'argent dont votre soin nous prive.

LÉLIE.

S'il est ainsi, j'ai tort. Mais qui l'eût deviné ?

MASCARILLE.

Il falloit en effet être bien raffiné !

LÉLIE.

Tu me devois par signe avertir de l'affaire.

MASCARILLE.

Oui, je devois au dos avoir mon luminaire.
Au nom de Jupiter, laissez-nous en repos,
Et ne nous chantez plus d'impertinents propos.
Un autre après cela quitteroit tout peut-être ;
Mais j'avois médité tantôt un coup de maître,
Dont tout présentement je veux voir les effets,
A la charge que si...

LÉLIE.

Non, je te le promets,
De ne me mêler plus de rien dire ou rien faire.

ACTE I, SCÈNE VIII.

MASCARILLE.
Allez donc : votre vue excite ma colère.
LÉLIE.
Mais sur-tout hâte-toi, de peur qu'en ce dessein...
MASCARILLE.
Allez, encore un coup ; j'y vais mettre la main.
(*Lélie sort.*)
Menons bien ce projet : la fourbe sera fine,
S'il faut qu'elle succède ainsi que j'imagine.
Allons voir... Bon ! voici mon homme justement.

SCÈNE IX.

PANDOLFE, MASCARILLE.

PANDOLFE.
MASCARILLE !
MASCARILLE.
Monsieur.
PANDOLFE.
A parler franchement,
Je suis mal satisfait de mon fils.
MASCARILLE.
De mon maître !
Vous n'êtes pas le seul qui se plaigne de l'être :
Sa mauvaise conduite, insupportable en tout,
Met à chaque moment ma patience à bout.
PANDOLFE.
Je vous croyois pourtant assez d'intelligence
Ensemble.
MASCARILLE.
Moi ? Monsieur, perdez cette croyance :
Toujours de son devoir je tâche à l'avertir,

Et l'on nous voit sans cesse avoir maille à partir.
A l'heure même encor nous avons eu querelle
Sur l'hymen d'Hippolyte, où je le vois rebelle,
Où, par l'indignité d'un refus criminel,
Je le vois offenser le respect paternel.

PANDOLFE.

Querelle?

MASCARILLE.

Oui, querelle, et bien avant poussée.

PANDOLFE.

Je me trompois donc bien, car j'avois la pensée
Qu'à tout ce qu'il faisoit tu donnois de l'appui.

MASCARILLE.

Moi? Voyez ce que c'est que du monde aujourd'hui,
Et comme l'innocence est toujours opprimée.
Si mon intégrité vous étoit confirmée,
Je suis auprès de lui gagé pour serviteur,
Vous me voudriez encor payer pour précepteur :
Oui, vous ne pourriez pas lui dire davantage
Que ce que je lui dis pour le faire être sage.
Monsieur, au nom de Dieu, lui fais-je assez souvent,
Cessez de vous laisser conduire au premier vent :
Réglez-vous : regardez l'honnête homme de père
Que vous avez du ciel, comme on le considère ;
Cessez de lui vouloir donner la mort au cœur,
Et, comme lui, vivez en personne d'honneur.

PANDOLFE.

C'est parler comme il faut. Et que peut-il répondre ?

MASCARILLE.

Répondre ? des chansons dont il me vient confondre.
Ce n'est pas qu'en effet, dans le fond de son cœur,
Il ne tienne de vous des semences d'honneur;

ACTE I, SCÈNE IX.

Mais sa raison n'est pas maintenant sa maîtresse.
Si je pouvois parler avecque hardiesse,
Vous le verriez dans peu soumis sans nul effort.

PANDOLFE.

Parle.

MASCARILLE.

C'est un secret qui m'importeroit fort
S'il étoit découvert : mais à votre prudence
Je puis le confier avec toute assurance.

PANDOLFE.

Tu dis bien.

MASCARILLE.

Sachez donc que vos vœux sont trahis
Par l'amour qu'une esclave imprime à votre fils.

PANDOLFE.

On m'en avoit parlé ; mais l'action me touche
De voir que je l'apprenne encore par ta bouche.

MASCARILLE.

Vous voyez si je suis le secret confident...

PANDOLFE.

Vraiment je suis ravi de cela.

MASCARILLE.

Cependant
A son devoir, sans bruit, désirez-vous le rendre ?
Il faut... J'ai toujours peur qu'on nous vienne surprendre ;
Ce seroit fait de moi, s'il savoit ce discours.
Il faut, dis-je, pour rompre à toute chose cours,
Acheter sourdement l'esclave idolâtrée,
Et la faire passer en une autre contrée.
Anselme a grand accès auprès de Trufaldin ;
Qu'il aille l'acheter pour vous dès ce matin :
Après, si vous voulez en mes mains la remettre,

Je connois des marchands, et puis bien vous promettre
D'en retirer l'argent qu'elle pourra coûter,
Et, malgré votre fils, de la faire écarter.
Car enfin, si l'on veut qu'à l'hymen il se range,
A cet amour naissant il faut donner le change;
Et de plus, quand bien même il seroit résolu
Qu'il auroit pris le joug que vous avez voulu,
Cet autre objet, pouvant réveiller son caprice,
Au mariage encor peut porter préjudice.

PANDOLFE.

C'est très bien raisonner, ce conseil me plaît fort...
Je vois Anselme; va, je m'en vais faire effort
Pour avoir promptement cette esclave funeste,
Et la mettre en tes mains pour achever le reste.

MASCARILLE, *seul*.

Bon : allons avertir mon maître de ceci.
Vive la fourberie et les fourbes aussi !

SCÈNE X.

HIPPOLYTE, MASCARILLE.

HIPPOLYTE.

Oui, traître, c'est ainsi que tu me rends service ?
Je viens de tout entendre, et voir ton artifice.
A moins que de cela l'eussé-je soupçonné ?
Tu payes d'imposture, et tu m'en as donné.
Tu m'avois promis, lâche, et j'avois lieu d'attendre
Qu'on te verroit servir mes ardeurs pour Léandre;
Que du choix de Lélie, où l'on veut m'obliger,
Ton adresse et tes soins sauroient me dégager;
Que tu m'affranchirois du projet de mon père :
Et cependant ici tu fais tout le contraire !

ACTE I, SCÈNE X.

Mais tu t'abuseras : je sais un sûr moyen
Pour rompre cet achat où tu pousses si bien ;
Et je vais de ce pas....

MASCARILLE.

Ah ! que vous êtes prompte !
La mouche tout d'un coup à la tête vous monte,
Et, sans considérer s'il a raison ou non,
Votre esprit contre moi fait le petit démon.
J'ai tort, et je devrois, sans finir mon ouvrage,
Vous faire dire vrai, puisqu'ainsi l'on m'outrage.

HIPPOLYTE.

Par quelle illusion penses-tu m'éblouir ?
Traître, peux-tu nier ce que je viens d'ouïr ?

MASCARILLE.

Non. Mais il faut savoir que tout cet artifice
Ne va directement qu'à vous rendre service ;
Que ce conseil adroit qui semble être sans fard
Jette dans le panneau l'un et l'autre vieillard ;
Que mon soin par leurs mains ne veut avoir Célie
Qu'à dessein de la mettre au pouvoir de Lélie,
Et faire que, l'effet de cette invention
Dans le dernier excès portant sa passion,
Anselme, rebuté de son prétendu gendre,
Puisse tourner son choix du côté de Léandre.

HIPPOLYTE.

Quoi ! tout ce grand projet qui m'a mise en courroux,
Tu l'as formé pour moi, Mascarille ?

MASCARILLE.

Oui, pour vous.
Mais puisqu'on reconnoît si mal mes bons offices,
Qu'il me faut de la sorte essuyer vos caprices,
Et que, pour récompense, on s'en vient de hauteur

Me traiter de faquin, de lâche, d'imposteur,
Je m'en vais réparer l'erreur que j'ai commise,
Et, dès ce même pas, rompre mon entreprise.

HIPPOLYTE, *l'arrêtant.*

Hé! ne me traite pas si rigoureusement,
Et pardonne aux transports d'un premier mouvement!

MASCARILLE.

Non, non, laissez-moi faire; il est en ma puissance
De détourner le coup qui si fort vous offense.
Vous ne vous plaindrez point de mes soins désormais;
Oui, vous aurez mon maître, et je vous le promets.

HIPPOLYTE.

Hé! mon pauvre garçon, que ta colère cesse!
J'ai mal jugé de toi, j'ai tort, je le confesse.
(tirant sa bourse.)
Mais je veux réparer ma faute par ceci.
Pourrois-tu te résoudre à me quitter ainsi?

MASCARILLE.

Non, je ne le saurois, quelque effort que je fasse!
Mais votre promptitude est de mauvaise grace.
Apprenez qu'il n'est rien qui blesse un noble cœur
Comme quand il peut voir qu'on le touche en l'honneur.

HIPPOLYTE.

Il est vrai, je t'ai dit de trop grosses injures:
Mais que ces deux louis guérissent tes blessures.

MASCARILLE.

Hé! tout cela n'est rien: je suis tendre à ces coups;
Mais déjà je commence à perdre mon courroux;
Il faut de ses amis endurer quelque chose.

HIPPOLYTE.

Pourras-tu mettre à fin ce que je me propose?

Et crois-tu que l'effet de tes desseins hardis
Produise à mon amour le succès que tu dis?
####### MASCARILLE.
N'ayez point pour ce fait l'esprit sur des épines:
J'ai des ressorts tout prêts pour diverses machines;
Et quand ce stratageme à nos vœux manqueroit,
Ce qu'il ne feroit pas, un autre le feroit.
####### HIPPOLYTE.
Crois qu'Hippolyte au moins ne sera pas ingrate.
####### MASCARILLE.
L'espérance du gain n'est pas ce qui me flatte.
####### HIPPOLYTE.
Ton maître te fait signe, et veut parler à toi :
Je te quitte; mais songe à bien agir pour moi.

SCÈNE XI.
LÉLIE, MASCARILLE.

####### LÉLIE.
Que diable fais-tu là? Tu me promets merveille;
Mais ta lenteur d'agir est pour moi sans pareille.
Sans que mon bon génie au devant m'a poussé,
Déjà tout mon bonheur eût été renversé;
C'étoit fait de mon bien, c'étoit fait de ma joie;
D'un regret éternel je devenois la proie :
Bref, si je ne me fusse en ce lieu rencontré,
Anselme avoit l'esclave, et j'en étois frustré;
Il l'emmenoit chez lui. Mais j'ai paré l'atteinte,
J'ai détourné le coup, et tant fait, que, par crainte,
Le pauvre Trufaldin l'a retenue.
####### MASCARILLE.
Et trois :

Quand nous serons à dix, nous ferons une croix.
C'étoit par mon adresse, ô cervelle incurable !
Qu'Anselme entreprenoit cet achat favorable :
Entre mes propres mains on la devoit livrer ;
Et vos soins endiablés nous en viennent sevrer.
Et puis pour votre amour je m'emploierois encore !
J'aimerois mieux cent fois être grosse pécore,
Devenir cruche, chou, lanterne, loup-garou,
Et que monsieur Satan vous vînt tordre le cou.

LÉLIE, *seul.*

Il nous le faut mener en quelque hôtellerie,
Et faire sur les pots décharger sa furie.

FIN DU PREMIER ACTE.

ACTE SECOND.

SCÈNE I.

LÉLIE, MASCARILLE.

MASCARILLE.

A vos désirs enfin il a fallu se rendre :
Malgré tous mes serments je n'ai pu m'en défendre,
Et pour vos intérêts, que je voulois laisser,
En de nouveaux périls viens de m'embarrasser.
Je suis ainsi facile ; et si de Mascarille
Madame la nature avoit fait une fille,
Je vous laisse à penser ce que c'auroit été.
Toutefois n'allez pas sur cette sûreté
Donner de vos revers au projet que je tente,
Me faire une bévue et rompre mon attente.
Auprès d'Anselme encor nous vous excuserons,
Pour en pouvoir tirer ce que nous désirons :
Mais si dorénavant votre imprudence éclate,
Adieu, vous dis, mes soins pour l'espoir qui vous flatte.

LÉLIE.

Non, je serai prudent, te dis-je ; ne crains rien :
Tu verras seulement....

MASCARILLE.

Souvenez-vous-en bien ;
J'ai commencé pour vous un hardi stratagème :
Votre père fait voir une paresse extrême

A rendre par sa mort tous vos désirs contents ;
Je viens de le tuer (de parole, j'entends) :
Je fais courir le bruit que d'une apoplexie
Le bon homme surpris a quitté cette vie.
Mais avant, pour pouvoir mieux feindre ce trépas,
J'ai fait que vers sa grange il a porté ses pas :
On est venu lui dire, et par mon artifice,
Que les ouvriers qui sont après son édifice,
Parmi les fondements qu'ils en jettent encor,
Avoient fait par hasard rencontre d'un trésor.
Il a volé d'abord ; et, comme à la campagne
Tout son monde à présent, hors nous deux, l'accompagne,
Dans l'esprit d'un chacun je le tue aujourd'hui,
Et produis un fantôme enseveli pour lui.
Enfin je vous ai dit à quoi je vous engage :
Jouez bien votre rôle. Et pour mon personnage,
Si vous apercevez que j'y manque d'un mot,
Dites absolument que je ne suis qu'un sot.

SCÈNE II.

LÉLIE.

Son esprit, il est vrai, trouve une étrange voie
Pour adresser mes vœux au comble de leur joie :
Mais quand d'un bel objet on est bien amoureux,
Que ne feroit-on pas pour devenir heureux ?
Si l'amour est au crime une assez belle excuse,
Il en peut bien servir à la petite ruse
Que sa flamme aujourd'hui me force d'approuver,
Par la douceur du bien qui m'en doit arriver.
Juste ciel ! qu'ils sont prompts ! je les vois en parole.
Allons nous préparer à jouer notre rôle.

SCÈNE III.

ANSELME, MASCARILLE.

MASCARILLE.

La nouvelle a sujet de vous surprendre fort.

ANSELME.

Être mort de la sorte !

MASCARILLE.

Il a, certes, grand tort !
Je lui sais mauvais gré d'une telle incartade.

ANSELME.

N'avoir pas seulement le temps d'être malade !

MASCARILLE.

Non, jamais homme n'eut si hâte de mourir.

ANSELME.

Et Lélie ?

MASCARILLE.

Il se bat, et ne peut rien souffrir ;
Il s'est fait en maint lieu contusion et bosse,
Et veut accompagner son papa dans la fosse :
Enfin, pour achever, l'excès de son transport
M'a fait en grande hâte ensevelir le mort,
De peur que cet objet qui le rend hypocondre,
A faire un vilain coup ne me l'allât semondre.

ANSELME.

N'importe, tu devois attendre jusqu'au soir ;
Outre qu'encore un coup j'aurois voulu le voir,
Qui tôt ensevelit bien souvent assassine ;
Et tel est cru défunt qui n'en a que la mine.

MASCARILLE.

Je vous le garantis trépassé comme il faut.

Au reste, pour venir au discours de tantôt,
Lélie, et l'action lui sera salutaire,
D'un bel enterrement veut régaler son père,
Et consoler un peu ce défunt de son sort
Par le plaisir de voir faire honneur à sa mort.
Il hérite beaucoup : mais comme en ses affaires
Il se trouve assez neuf et ne voit encor guères,
Que son bien la plupart n'est point en ces quartiers,
Ou que ce qu'il y tient consiste en des papiers,
Il voudroit vous prier, ensuite de l'instance
D'excuser de tantôt son trop de violence,
De lui prêter au moins pour ce dernier devoir...

ANSELME.

Tu me l'as déjà dit ; et je m'en vais le voir.

MASCARILLE, *seul*.

Jusques ici du moins tout va le mieux du monde.
Tâchons à ce progrès que le reste réponde ;
Et, de peur de trouver dans le port un écueil,
Conduisons le vaisseau de la main et de l'œil.

SCÈNE IV.

ANSELME, LÉLIE, MASCARILLE.

ANSELME.

Sortons ; je ne saurois qu'avec douleur très forte
Le voir empaqueté de cette étrange sorte.
Las ! en si peu de temps ! Il vivoit ce matin !

MASCARILLE.

En peu de temps parfois on fait bien du chemin.

LÉLIE, *pleurant*.

Ah !

ANSELME.
Mais quoi, cher Lélie! enfin il étoit homme.
On n'a point pour la mort de dispense de Rome.
LÉLIE.
Ah !

ANSELME.
Sans leur dire gare, elle abat les humains,
Et contre eux de tout temps a de mauvais desseins.
LÉLIE.
Ah !

ANSELME.
Ce fier animal, pour toutes les prières
Ne perdroit pas un coup de ses dents meurtrières.
Tout le monde y passe.
LÉLIE.
Ah !
MASCARILLE.
Vous avez beau prêcher,
Ce deuil enraciné ne se peut arracher.
ANSELME.
Si malgré ces raisons votre ennui persévère,
Mon cher Lélie, au moins faites qu'il se modère.
LÉLIE.
Ah !

MASCARILLE.
Il n'en fera rien, je connois son humeur.
ANSELME.
Au reste, sur l'avis de votre serviteur,
J'apporte ici l'argent qui vous est nécessaire
Pour faire célébrer les obsèques d'un père.
LÉLIE.
Ah ! ah !

MASCARILLE.
Comme à ce mot s'augmente sa douleur !
Il ne peut, sans mourir, songer à ce malheur.
ANSELME.
Je sais que vous verrez aux papiers du bon homme
Que je suis débiteur d'une plus grande somme :
Mais, quand par ces raisons je ne vous devrois rien,
Vous pourriez librement disposer de mon bien.
Tenez ; je suis tout vôtre, et le ferai paroître.
LÉLIE, *s'en allant.*
Ah !
MASCARILLE.
Le grand déplaisir que sent monsieur mon maître !
ANSELME.
Mascarille, je crois qu'il seroit à propos
Qu'il me fît de sa main un reçu de deux mots.
MASCARILLE.
Ah !
ANSELME.
Des évènements l'incertitude est grande.
MASCARILLE.
Ah !
ANSELME.
Faisons-lui signer le mot que je demande.
MASCARILLE.
Las ! en l'état qu'il est, comment vous contenter ?
Donnez-lui le loisir de se désattrister :
Et quand ses déplaisirs auront quelque allégeance,
J'aurai soin d'en tirer d'abord votre assurance.
Adieu. Je sens mon cœur qui se gonfle d'ennui,
Et m'en vais tout mon soûl pleurer avecque lui.
Hi !

ACTE II, SCÈNE IV.

ANSELME, *seul.*

Le monde est rempli de beaucoup de traverses ;
Chaque homme tous les jours en ressent de diverses :
Et jamais ici-bas...

SCÈNE V.

PANDOLFE, ANSELME.

ANSELME.

Ah bons dieux ! je frémi !
Pandolfe qui revient ! Fût-il bien endormi !
Comme depuis sa mort sa face est amaigrie !
Las ! ne m'approchez pas de plus près, je vous prie !
J'ai trop de répugnance à coudoyer un mort.

PANDOLFE.

D'où peut donc provenir ce bizarre transport ?

ANSELME.

Dites-moi de bien loin quel sujet vous amène.
Si pour me dire adieu vous prenez tant de peine,
C'est trop de courtoisie, et véritablement
Je me serois passé de votre compliment.
Si votre ame est en peine et cherche des prières,
Las ! je vous en promets, et ne m'effrayez guères !
Foi d'homme épouvanté, je vais faire à l'instant
Prier tant Dieu pour vous que vous serez content.
    Disparoissez donc, je vous prie,
    Et que le ciel, par sa bonté,
    Comble de joie et de santé
    Votre défunte seigneurie !

PANDOLFE, *riant.*

Malgré tout mon dépit, il m'y faut prendre part.

ANSELME.

Las ! pour un trépassé vous êtes bien gaillard !

PANDOLFE.

Est-ce jeu, dites-nous, ou bien si c'est folie
Qui traite de défunt une personne en vie ?

ANSELME.

Hélas ! vous êtes mort, et je viens de vous voir...

PANDOLFE.

Quoi ! j'aurois trépassé sans m'en apercevoir ?

ANSELME.

Sitôt que Mascarille en a dit la nouvelle,
J'en ai senti dans l'ame une douleur mortelle.

PANDOLFE.

Mais enfin dormez-vous ? Êtes-vous éveillé ?
Me connoissez-vous pas ?

ANSELME.

Vous êtes habillé
D'un corps aérien qui contrefait le vôtre,
Mais qui dans un moment peut devenir tout autre:
Je crains fort de vous voir comme un géant grandir,
Et tout votre visage affreusement laidir.
Pour Dieu, ne prenez point de vilaine figure ;
J'ai prou de ma frayeur en cette conjoncture.

PANDOLFE.

En une autre saison, cette naïveté
Dont vous accompagnez votre crédulité,
Anselme, me seroit un charmant badinage,
Et j'en prolongerois le plaisir davantage :
Mais, avec cette mort, un trésor supposé,
Dont parmi les chemins on m'a désabusé,
Fomente dans mon ame un soupçon légitime.
Mascarille est un fourbe, et fourbe fourbissime,

ACTE II, SCÈNE V.

Sur qui ne peuvent rien la crainte et les remords,
Et qui pour ses desseins a d'étranges ressorts.

ANSELME.

M'auroit-on joué pièce et fait supercherie ?
Ah ! vraiment, ma raison, vous seriez fort jolie !
Touchons un peu pour voir. En effet c'est bien lui.
Malepeste du sot que je suis aujourd'hui !
De grace, n'allez pas divulguer un tel conte ;
On en feroit jouer quelque farce à ma honte.
Mais, Pandolfe, aidez-moi vous-même à retirer
L'argent que j'ai donné pour vous faire enterrer.

PANDOLFE.

De l'argent, dites-vous ? Ah ! voilà l'enclouure !
C'est là le nœud secret de toute l'aventure !
A votre dam. Pour moi, sans me mettre en souci,
Je vais faire informer de cette affaire-ci
Contre ce Mascarille ; et, si l'on peut le prendre,
Quoi qu'il puisse coûter, je le veux faire pendre.

ANSELME, *seul.*

Et moi, la bonne dupe à trop croire un vaurien,
Il faut donc qu'aujourd'hui je perde et sens et bien :
Il me sied bien, ma foi, de porter tête grise,
Et d'être encor si prompt à faire une sottise ;
D'examiner si peu sur un premier rapport...
Mais je vois...

SCÈNE VI.
LÉLIE, ANSELME.

LÉLIE.

Maintenant avec ce passe-port
Je puis à Trufaldin rendre aisément visite.

ANSELME.
A ce que je puis voir, votre douleur vous quitte?
LÉLIE.
Que dites-vous? Jamais elle ne quittera
Un cœur qui chèrement toujours la gardera.
ANSELME.
Je reviens sur mes pas vous dire avec franchise
Que tantôt avec vous j'ai fait une méprise;
Que parmi ces louis, quoiqu'ils semblent très beaux,
J'en ai, sans y penser, mêlé que je tiens faux;
Et j'apporte sur moi de quoi mettre en leur place.
De nos faux monnoyeurs l'insupportable audace
Pullule en cet état d'une telle façon,
Qu'on ne reçoit plus rien qui soit hors de soupçon.
Mon dieu! qu'on feroit bien de les faire tous pendre!
LÉLIE.
Vous me faites plaisir de les vouloir reprendre:
Mais je n'en ai point vu de faux, comme je croi.
ANSELME.
Je les connoîtrai bien, montrez, montrez-les-moi.
Est-ce tout?
LÉLIE.
Oui.
ANSELME.
Tant mieux. Enfin je vous raccroche,
Mon argent bien aimé; rentrez dedans ma poche.
Et vous, mon brave escroc, vous ne tenez plus rien.
Vous tuez donc des gens qui se portent fort bien?
Et qu'auriez-vous donc fait sur moi chétif beau-père?
Ma foi! je m'engendrois d'une belle manière,
Et j'allois prendre en vous un beau-fils fort discret!
Allez, allez mourir de honte et de regret.

ACTE II, SCÈNE VI.

LÉLIE, seul.

Il faut dire, j'en tiens. Quelle surprise extrême !
D'où peut-il avoir su sitôt le stratagème ?

SCÈNE VII.

LÉLIE, MASCARILLE.

MASCARILLE.

QUOI ! vous étiez sorti ? Je vous cherchois par-tout.
Hé bien ! en sommes-nous enfin venus à bout ?
Je le donne en six coups au fourbe le plus brave.
Çà, donnez-moi que j'aille acheter notre esclave ;
Votre rival après sera bien étonné.

LÉLIE.

Ah ! mon pauvre garçon, la chance a bien tourné !
Pourrois-tu de mon sort deviner l'injustice ?

MASCARILLE.

Quoi ? que seroit-ce ?

LÉLIE.

Anselme, instruit de l'artifice,
M'a repris maintenant tout ce qu'il nous prêtoit,
Sous couleur de changer de l'or que l'on doutoit.

MASCARILLE.

Vous vous moquez peut-être.

LÉLIE.

Il est trop véritable.

MASCARILLE.

Tout de bon ?

LÉLIE.

Tout de bon ; j'en suis inconsolable
Tu te vas emporter d'un courroux sans égal.

MASCARILLE.

Moi, monsieur ! quelque sot : la colère fait mal ;
Et je veux me choyer, quoi qu'enfin il arrive.
Que Célie, après tout, soit ou libre ou captive,
Que Léandre l'achète, ou qu'elle reste là,
Pour moi, je m'en soucie autant que de cela.

LÉLIE.

Ah ! n'aye point pour moi si grande indifférence,
Et sois plus indulgent à ce peu d'imprudence !
Sans ce dernier malheur, ne m'avoueras-tu pas
Que j'avois fait merveille, et qu'en ce feint trépas
J'éludois un chacun d'un deuil si vraisemblable,
Que les plus clairvoyants l'auroient cru véritable ?

MASCARILLE.

Vous avez en effet sujet de vous louer.

LÉLIE.

Hé bien ! je suis coupable, et je veux l'avouer ;
Mais si jamais mon bien te fut considérable,
Répare ce malheur, et me sois secourable.

MASCARILLE.

Je vous baise les mains ; je n'ai pas le loisir.

LÉLIE

Mascarille, mon fils !

MASCARILLE.

Point.

LÉLIE.

Fais-moi ce plaisir.

MASCARILLE.

Non, je n'en ferai rien.

LÉLIE.

Si tu m'es inflexible,
Je m'en vais me tuer.

ACTE II, SCÈNE VII.

MASCARILLE.

Soit ; il vous est loisible.

LÉLIE.

Je ne te puis fléchir ?

MASCARILLE.

Non.

LÉLIE.

Vois-tu le fer prêt ?

MASCARILLE.

Oui.

LÉLIE.

Je vais le pousser.

MASCARILLE.

Faites ce qu'il vous plaît.

LÉLIE.

Tu n'auras pas regret de m'arracher la vie ?

MASCARILLE.

Non.

LÉLIE.

Adieu, Mascarille.

MASCARILLE.

Adieu, monsieur Lélie.

LÉLIE.

Quoi !

MASCARILLE.

Tuez-vous donc vite. Ah ! que de longs devis !

LÉLIE.

Tu voudrois bien, ma foi ! pour avoir mes habits,
Que je fisse le sot, et que je me tuasse.

MASCARILLE.

Savois-je pas qu'enfin ce n'étoit que grimace ;

L'ETOURDI.

Et, quoi que ces esprits jurent d'effectuer,
Qu'on n'est point aujourd'hui si prompt à se tuer!

SCÈNE VIII.

TRUFALDIN, LÉANDRE, LÉLIE, MASCARILLE.

(Trufaldin parle bas à Léandre, dans le fond du théâtre.)

LÉLIE.

Que vois-je? Mon rival et Trufaldin ensemble!
Il achète Célie. Ah! de frayeur je tremble!

MASCARILLE.

Il ne faut point douter qu'il fera ce qu'il peut;
Et, s'il a de l'argent, qu'il pourra ce qu'il veut:
Pour moi, j'en suis ravi. Voilà la récompense
De vos brusques erreurs, de votre impatience.

LÉLIE.

Que dois-je faire? dis : veuille me conseiller.

MASCARILLE.

Je ne sais.

LÉLIE.

Laisse-moi, je vais le quereller.

MASCARILLE.

Qu'en arrivera-t-il ?

LÉLIE.

Que veux-tu que je fasse
Pour empêcher ce coup?

MASCARILLE.

Allez, je vous fais grace :
Je jette encore un œil pitoyable sur vous.
Laissez-moi l'observer : par des moyens plus doux

ACTE II, SCÈNE VIII.

Je vais, comme je crois, savoir ce qu'il projette.
(*Lélie sort.*)

TRUFALDIN, *à Léandre.*

Quand on viendra tantôt, c'est une affaire faite.
(*Trufaldin sort.*)

MASCARILLE, *à part, en s'en allant.*

Il faut que je l'attrape, et que de ses desseins
Je sois le confident pour mieux les rendre vains.

LÉANDRE, *seul.*

Graces au ciel, voilà mon bonheur hors d'atteinte,
J'ai su me l'assurer, et je n'ai plus de crainte.
Quoi que désormais puisse entreprendre un rival,
Il n'est plus en pouvoir de me faire du mal.

SCÈNE IX.

LÉANDRE, MASCARILLE.

MASCARILLE *dit ces deux vers dans la maison, et entre sur le théâtre.*

Aie! aie! à l'aide! au meurtre! au secours! on m'assomme!
Ah! ah! ah! ah! ah! ah! O traître! ô bourreau d'homme!

LÉANDRE.

D'où procède cela? Qu'est-ce? que te fait-on?

MASCARILLE.

On vient de me donner deux cents coups de bâton.

LÉANDRE.

Qui?

MASCARILLE.

Lélie.

LÉANDRE.

Et pourquoi?

L'ÉTOURDI.

MASCARILLE.
Pour une bagatelle
Il me chasse et me bat d'une façon cruelle.

LÉANDRE.
Ah! vraiment, il a tort!

MASCARILLE.
Mais, ou je ne pourrai,
Ou je jure bien fort que je m'en vengerai.
Oui, je te ferai voir, batteur que Dieu confonde!
Que ce n'est pas pour rien qu'il faut rouer le monde;
Que je suis un valet, mais fort homme d'honneur;
Et qu'après m'avoir eu quatre ans pour serviteur,
Il ne me falloit pas payer en coups de gaules,
Et me faire un affront si sensible aux épaules!
Je te le dis encor, je saurai m'en venger.
Une esclave te plaît, tu voulois m'engager
A la mettre en tes mains; et je veux faire en sorte
Qu'un autre te l'enlève, ou le diable m'emporte!

LÉANDRE.
Écoute, Mascarille, et quitte ce transport.
Tu m'as plu de tout temps, et je souhaitois fort
Qu'un garçon comme toi, plein d'esprit et fidèle,
A mon service un jour pût attacher son zèle.
Enfin, si le parti te semble bon pour toi,
Si tu veux me servir, je t'arrête avec moi.

MASCARILLE.
Oui, monsieur, d'autant mieux que le destin propice
M'offre à me bien venger en vous rendant service;
Et que dans mes efforts pour vos contentements
Je puis à mon brutal trouver des châtiments :
De Célie, en un mot, par mon adresse extrême....

ACTE II, SCÈNE IX.

LÉANDRE.

Mon amour s'est rendu cet office lui-même.
Enflammé d'un objet qui n'a point de défaut,
Je viens de l'acheter moins encor qu'il ne vaut.

MASCARILLE.

Quoi ! Célie est à vous ?

LÉANDRE.

Tu la verrois paroître,
Si de mes actions j'étois tout-à-fait maître :
Mais quoi ! mon père l'est ; comme il a volonté,
Ainsi que je l'apprends d'un paquet apporté,
De me déterminer à l'hymen d'Hippolyte,
J'empêche qu'un rapport de tout ceci l'irrite.
Donc avec Trufaldin, car je sors de chez lui,
J'ai voulu tout exprès agir au nom d'autrui ;
Et, l'achat fait, ma bague est la marque choisie
Sur laquelle au premier il doit livrer Célie.
Je songe auparavant à chercher les moyens
D'ôter aux yeux de tous ce qui charme les miens,
A trouver promptement un endroit favorable
Où puisse être en secret cette captive aimable.

MASCARILLE.

Hors de la ville un peu, je puis avec raison
D'un vieux parent que j'ai vous offrir la maison :
Là vous pourrez la mettre avec toute assurance,
Et de cette action nul n'aura connoissance.

LÉANDRE.

Oui ? Ma foi, tu me fais un plaisir souhaité.
Tiens donc, et va pour moi prendre cette beauté :
Dès que par Trufaldin ma bague sera vue,
Aussitôt en tes mains elle sera rendue,

Et dans cette maison tu me la conduiras.
Quand... Mais chut, Hippolyte est ici sur nos pas.

SCÈNE X.

HIPPOLYTE, LÉANDRE, MASCARILLE.

HIPPOLYTE.

Je dois vous annoncer, Léandre, une nouvelle ;
Mais la trouverez-vous agréable, ou cruelle ?

LÉANDRE.

Pour en pouvoir juger, et répondre soudain,
Il faudroit la savoir.

HIPPOLYTE.

Donnez-moi donc la main
Jusqu'au temple ; en marchant je pourrai vous l'apprendre

LÉANDRE, *à Mascarille.*

Va, va-t'en me servir sans davantage attendre.

SCÈNE XI.

MASCARILLE.

Oui, je te vais servir d'un plat de ma façon.
Fut-il jamais au monde un plus heureux garçon !
Oh ! que dans un moment Lélie aura de joie !
Sa maîtresse en nos mains tomber par cette voie !
Recevoir tout son bien d'où l'on attend son mal !
Et devenir heureux par la main d'un rival !
Après ce rare exploit, je veux que l'on s'apprête
A me peindre en héros, un laurier sur la tête,
Et qu'au bas du portrait on mette en lettres d'or,
Vivat Mascarillus fourbum imperator !

SCÈNE XII.

TRUFALDIN, MASCARILLE.

MASCARILLE.

Holà!

TRUFALDIN.

Que voulez-vous?

MASCARILLE.

Cette bague connue
Vous dira le sujet qui cause ma venue.

TRUFALDIN.

Oui, je reconnois bien la bague que voilà,
Je vais quérir l'esclave, arrêtez un peu là.

SCÈNE XIII.

TRUFALDIN, UN COURRIER, MASCARILLE.

LE COURRIER, *à Trufaldin.*

Seigneur, obligez-moi de m'enseigner un homme...

TRUFALDIN.

Et qui?

LE COURRIER.

Je crois que c'est Trufaldin qu'il se nomme.

TRUFALDIN.

Et que lui voulez-vous? Vous le voyez ici.

LE COURRIER.

Lui rendre seulement la lettre que voici.

TRUFALDIN *lit.*

« Le ciel, dont la bonté prend souci de ma vie,
« Vient de me faire ouïr par un bruit assez doux,

« Que ma fille, à quatre ans par des voleurs ravie,
« Sous le nom de Célie est esclave chez vous.
« Si vous sûtes jamais ce que c'est qu'être père,
« Et vous trouvez sensible aux tendresses du sang,
« Conservez-moi chez vous cette fille si chère,
« Comme si de la vôtre elle tenoit le rang.
 « Pour l'aller retirer, je pars d'ici moi-même,
« Et vous vais de vos soins récompenser si bien,
« Que par votre bonheur, que je veux rendre extrême,
« Vous bénirez le jour où vous causez le mien. »

  De Madrid. Don Pedro de Gusman,
          marquis de Montalcane.

(Il continue.)
Quoiqu'à leur nation bien peu de foi soit due,
Ils me l'avoient bien dit, ceux qui me l'ont vendue,
Que je verrois dans peu quelqu'un la retirer,
Et que je n'aurois pas sujet d'en murmurer :
Et cependant j'allois, dans mon impatience,
Perdre aujourd'hui les fruits d'une haute espérance.

(au courrier.)
Un seul moment plus tard tous vos pas étoient vains,
J'allois mettre à l'instant cette fille en ses mains,
Mais suffit ; j'en aurai tout le soin qu'on désire.

(Le courrier sort.)

      (à Mascarille.)
Vous même vous voyez ce que je viens de lire.
Vous direz à celui qui vous a fait venir
Que je ne lui saurois ma parole tenir ;
Qu'il vienne retirer son argent.

    MASCARILLE.
       Mais l'outrage

ACTE II, SCÈNE XIII.

Que vous lui faites...

TRUFALDIN.
Va, sans causer davantage.

MASCARILLE, *seul.*

Ah! le fâcheux paquet que nous venons d'avoir!
Le sort a bien donné la baie à mon espoir;
Et bien à la malheure est-il venu d'Espagne
Ce courrier, que la foudre ou la grêle accompagne!
Jamais, certes, jamais plus beau commencement
N'eut en si peu de temps plus triste évènement.

SCÈNE XIV.

LÉLIE, *riant*; MASCARILLE.

MASCARILLE.

Quel beau transport de joie à présent vous inspire?

LÉLIE.

Laisse-m'en rire encore avant que te le dire.

MASCARILLE.

Çà, rions donc bien fort, nous en avons sujet.

LÉLIE.

Ah! je ne serai plus de tes plaintes l'objet:
Tu ne me diras plus, toi qui toujours me cries,
Que je gâte en brouillon toutes tes fourberies.
J'ai bien joué moi-même un tour des plus adroits.
Il est vrai, je suis prompt, et m'emporte parfois:
Mais pourtant, quand je veux, j'ai l'imaginative
Aussi bonne, en effet, que personne qui vive;
Et toi-même avoueras que ce que j'ai fait part
D'une pointe d'esprit où peu de monde a part.

MASCARILLE.

Sachons donc ce qu'a fait cette imaginative.

LÉLIE.

Tantôt, l'esprit ému d'une frayeur bien vive
D'avoir vu Trufaldin avecque mon rival,
Je songeois à trouver un remède à ce mal ;
Lorsque, me ramassant tout entier en moi-même,
J'ai conçu, digéré, produit un stratagème
Devant qui tous les tiens, dont tu fais tant de cas,
Doivent, sans contredit, mettre pavillon bas.

MASCARILLE.

Mais qu'est-ce ?

LÉLIE.

Ah ! s'il te plaît, donne-toi patience.
J'ai donc fait une lettre avecque diligence,
Comme d'un grand seigneur écrite à Trufaldin,
Qui mande qu'ayant su, par un heureux destin,
Qu'une esclave qu'il tient sous le nom de Célie
Est sa fille, autrefois par des voleurs ravie,
Il veut la venir prendre, et le conjure au moins
De la garder toujours, de lui rendre des soins ;
Qu'à ce sujet il part d'Espagne, et doit pour elle
Par de si grands présents reconnoître son zèle,
Qu'il n'aura point regret de causer son bonheur.

MASCARILLE.

Fort bien.

LÉLIE.

Écoute donc ; voici bien le meilleur.
La lettre que je dis a donc été remise.
Mais sais-tu bien comment ? En saison si bien prise
Que le porteur m'a dit que, sans ce trait falot,
Un homme l'emmenoit, qui s'est trouvé fort sot.

ACTE II, SCÈNE XIV.

MASCARILLE.

Vous avez fait ce coup sans vous donner au diable ?

LÉLIE.

Oui. D'un tour si subtil m'aurois-tu cru capable ?
Loue au moins mon adresse, et la dextérité
Dont je romps d'un rival le dessein concerté.

MASCARILLE.

A vous pouvoir louer selon votre mérite
Je manque d'éloquence, et ma force est petite.
Oui, pour bien étaler cet effort relevé,
Ce bel exploit de guerre à nos yeux achevé,
Ce grand et rare effet d'une imaginative
Qui ne cède en vigueur à personne qui vive,
Ma langue est impuissante, et je voudrois avoir
Celles de tous les gens du plus exquis savoir.
Pour vous dire en beaux vers, ou bien en docte prose,
Que vous serez toujours, quoi que l'on se propose,
Tout ce que vous avez été durant vos jours ;
C'est-à-dire un esprit chaussé tout à rebours,
Une raison malade et toujours en débauche,
Un envers du bon sens, un jugement à gauche,
Un brouillon, une bête, un brusque, un étourdi,
Que sais-je ? un... cent fois plus encor que je ne di.
C'est faire en abrégé votre panégyrique.

LÉLIE.

Apprends-moi le sujet qui contre moi te pique.
Ai-je fait quelque chose ? Éclaircis-moi ce point.

MASCARILLE.

Non, vous n'avez rien fait. Mais ne me suivez point.

LÉLIE.

Je te suivrai par-tout pour savoir ce mystère.

MASCARILLE.
Oui ! Sus donc, préparez vos jambes à bien faire ;
Car je vais vous fournir de quoi les exercer.
LÉLIE, *seul.*
Il m'échappe. O malheur qui ne se peut forcer !
Au discours qu'il m'a fait que saurois-je comprendre ?
Et quel mauvais office aurois-je pu me rendre ?

FIN DU SECOND ACTE.

ACTE TROISIÈME.

SCÈNE I.

MASCARILLE.

Taisez-vous, ma bonté, cessez votre entretien,
Vous êtes une sotte, et je n'en ferai rien.
Oui, vous avez raison, mon courroux, je l'avoue;
Relier tant de fois ce qu'un brouillon dénoue,
C'est trop de patience; et je dois en sortir,
Après de si beaux coups qu'il a su divertir.
Mais aussi raisonnons un peu sans violence.
Si je suis maintenant ma juste impatience,
On dira que je cède à la difficulté,
Que je me trouve à bout de ma subtilité.
Et que deviendra lors cette publique estime
Qui te vante par-tout pour un fourbe sublime,
Et que tu t'es acquise en tant d'occasions
A ne t'être jamais vu court d'inventions?
L'honneur, ô Mascarille, est une belle chose!
A tes nobles travaux ne fais aucune pause;
Et quoi qu'un maître ait fait pour te faire enrager,
Achève pour ta gloire, et non pour l'obliger.
Mais quoi! que feras-tu que de l'eau toute claire?
Traversé sans repos par ce démon contraire,
Tu vois qu'à chaque instant il te fait déchanter,
Et que c'est battre l'eau de prétendre arrêter
Ce torrent effréné qui de tes artifices
Renverse en un moment les plus beaux édifices.

Hé bien ! pour toute grace, encore un coup du moins,
Au hasard du succès sacrifions des soins ;
Et s'il poursuit encore à rompre notre chance,
J'y consens, ôtons-lui toute notre assistance.
Cependant notre affaire encor n'iroit pas mal,
Si par-là nous pouvions perdre notre rival,
Et que Léandre enfin, lassé de sa poursuite,
Nous laissât jour entier pour ce que je médite.
Oui, je roule en ma tête un trait ingénieux,
Dont je promettrois bien un succès glorieux,
Si je puis n'avoir plus cet obstacle à combattre.
Bon : voyons si son feu se rend opiniâtre.

SCÈNE II.

LÉANDRE, MASCARILLE.

MASCARILLE.

Monsieur, j'ai perdu temps ; votre homme se dédit.

LÉANDRE.

De la chose lui-même il m'a fait le récit :
Mais c'est bien plus ; j'ai su que tout ce beau mystère
D'un rapt d'Égyptiens, d'un grand seigneur pour père
Qui doit partir d'Espagne et venir en ces lieux,
N'est qu'un pur stratagème, un trait facétieux,
Une histoire à plaisir, un conte dont Lélie
A voulu détourner notre achat de Célie.

MASCARILLE.

Voyez un peu la fourbe !

LÉANDRE.

                Et pourtant Trufaldin
Est si bien imprimé de ce conte badin,
Mord si bien à l'appât de cette foible ruse,

ACTE III, SCÈNE II.

Qu'il ne veut point souffrir que l'on le désabuse.
MASCARILLE.
C'est pourquoi désormais il la gardera bien,
Et je ne vois pas lieu d'y prétendre plus rien.
LÉANDRE.
Si d'abord à mes yeux elle parut aimable,
Je viens de la trouver tout-à-fait adorable ;
Et je suis en suspens si, pour me l'acquérir,
Aux extrêmes moyens je ne dois point courir,
Par le don de ma foi rompre sa destinée,
Et changer ses liens en ceux de l'hyménée.
MASCARILLE.
Vous pourriez l'épouser ?
LÉANDRE.
Je ne sais : mais enfin,
Si quelque obscurité se trouve en son destin,
Sa grace et sa vertu sont de douces amorces
Qui, pour tirer les cœurs, ont d'incroyables forces.
MASCARILLE.
Sa vertu, dites-vous ?
LÉANDRE.
Quoi ? que murmures-tu ?
Achève : explique-toi sur ce mot de vertu.
MASCARILLE.
Monsieur, votre visage en un moment s'altère,
Et je ferai bien mieux peut-être de me taire.
LÉANDRE.
Non, non, parle.
MASCARILLE.
Hé bien donc, très charitablement
Je vous veux retirer de votre aveuglement.
Cette fille...

LÉANDRE.
Poursuis.
MASCARILLE.
N'est rien moins qu'inhumaine;
Dans le particulier elle oblige sans peine;
Et son cœur, croyez-moi, n'est point roche après tout
A quiconque la sait prendre par le bon bout :
Elle fait la sucrée, et veut passer pour prude.
Mais je puis en parler avecque certitude :
Vous savez que je suis quelque peu du métier
A me devoir connoître en un pareil gibier.
LÉANDRE.
Célie...
MASCARILLE.
Oui, sa pudeur n'est que franche grimace,
Qu'une ombre de vertu qui garde mal la place,
Et qui s'évanouit, comme l'on peut savoir,
Aux rayons du soleil qu'une bourse fait voir.
LÉANDRE.
Las ! que dis-tu ? Croirai-je un discours de la sorte ?
MASCARILLE.
Monsieur, les volontés sont libres ; que m'importe ?
Non, ne me croyez pas, suivez votre dessein :
Prenez cette matoise, et lui donnez la main ;
Toute la ville en corps reconnoîtra ce zèle,
Et vous épouserez le bien public en elle.
LÉANDRE.
Quelle surprise étrange !
MASCARILLE, *à part.*
Il a pris l'hameçon.
Courage ! s'il se peut enferrer tout de bon,
Nous nous ôtons du pied une fâcheuse épine.

ACTE III, SCÈNE II.

LÉANDRE.

Oui, d'un coup étonnant ce discours m'assassine.

MASCARILLE.

Quoi ! vous pourriez...?

LÉANDRE.

Va-t'en jusqu'à la poste, et voi
Je ne sais quel paquet qui doit venir pour moi.

(*seul, après avoir rêvé.*)

Qui ne s'y fût trompé ? Jamais l'air d'un visage,
Si ce qu'il dit est vrai, n'imposa davantage.

SCÈNE III.

LÉLIE, LÉANDRE.

LÉLIE.

Du chagrin qui vous tient quel peut être l'objet ?

LÉANDRE.

Moi ?

LÉLIE.

Vous-même.

LÉANDRE.

Pourtant je n'en ai point sujet.

LÉLIE.

Je vois bien ce que c'est, Célie en est la cause.

LÉANDRE.

Mon esprit ne court pas après si peu de chose.

LÉLIE.

Pour elle vous aviez pourtant de grands desseins :
Mais il faut dire ainsi, lorsqu'ils se trouvent vains.

LÉANDRE.

Si j'étois assez sot pour chérir ses caresses,
Je me moquerois bien de toutes vos finesses.

LÉLIE.

Quelles finesses donc?

LÉANDRE.

Mon dieu! nous savons tout.

LÉLIE.

Quoi?

LÉANDRE.

Votre procédé de l'un à l'autre bout.

LÉLIE.

C'est de l'hébreu pour moi, je n'y puis rien comprendre.

LÉANDRE.

Feignez, si vous voulez, de ne me pas entendre;
Mais, croyez-moi, cessez de craindre pour un bien
Où je serois fâché de vous disputer rien.
J'aime fort la beauté qui n'est point profanée,
Et ne veux point brûler pour une abandonnée.

LÉLIE.

Tout beau, tout beau, Léandre!

LÉANDRE.

Ah! que vous êtes bon!
Allez, vous dis-je encor, servez-la sans soupçon;
Vous pourrez vous nommer homme à bonnes fortunes.
Il est vrai, sa beauté n'est pas des plus communes;
Mais en revanche aussi le reste est fort commun.

LÉLIE.

Léandre, arrêtez là ce discours importun.
Contre moi tant d'efforts qu'il vous plaira pour elle,
Mais sur-tout retenez cette atteinte mortelle.
Sachez que je m'impute à trop de lâcheté
D'entendre mal parler de ma divinité,
Et que j'aurai toujours bien moins de répugnance
A souffrir votre amour qu'un discours qui l'offense.

ACTE III, SCÈNE III.

LÉANDRE.

Ce que j'avance ici me vient de bonne part.

LÉLIE.

Quiconque vous l'a dit est un lâche, un pendard.
On ne peut imposer de tache à cette fille,
Je connois bien son cœur.

LÉANDRE.

                Mais enfin Mascarille
D'un semblable procès est juge compétent;
C'est lui qui la condamne.

LÉLIE.

          Oui !

LÉANDRE.

              Lui-même.

LÉLIE.

                    Il prétend
D'une fille d'honneur insolemment médire,
Et que peut-être encor je n'en ferai que rire ?
Gage qu'il se dédit.

LÉANDRE.

        Et moi, gage que non.

LÉLIE.

Parbleu ! je le ferois mourir sous le bâton,
S'il m'avoit soutenu des faussetés pareilles.

LÉANDRE.

Moi, je lui couperois sur-le-champ les oreilles,
S'il n'étoit pas garant de tout ce qu'il m'a dit.

SCÈNE IV.
LÉLIE, LÉANDRE, MASCARILLE.

LÉLIE.

Ah ! bon, bon, le voilà ! Venez çà, chien maudit.

MASCARILLE.

Quoi ?

LÉLIE.

Langue de serpent fertile en impostures,
Vous osez sur Célie attacher vos morsures,
Et lui calomnier la plus rare vertu
Qui puisse faire éclat sous un sort abattu ?

MASCARILLE, *bas à Lélie.*

Doucement ; ce discours est de mon industrie.

LÉLIE.

Non, non, point de clin d'œil et point de raillerie :
Je suis aveugle à tout, sourd à quoi que ce soit ;
Fût-ce mon propre frère, il me la paieroit ;
Et sur ce que j'adore oser porter le blâme,
C'est me faire une plaie au plus tendre de l'ame.
Tous ces signes sont vains. Quels discours as-tu faits ?

MASCARILLE.

Mon dieu ! ne cherchons point querelle, ou je m'en vais.

LÉLIE.

Tu n'échapperas pas.

MASCARILLE.

Ahi !

LÉLIE.

Parle donc, confesse.

MASCARILLE, *bas à Lélie.*

Laissez-moi ; je vous dis que c'est un tour d'adresse.

ACTE III, SCÈNE IV.

LÉLIE.

Dépêche, qu'as-tu dit, vide entre nous ce point.

MASCARILLE, *bas à Lélie.*

J'ai dit ce que j'ai dit : ne vous emportez point.

LÉLIE, *mettant l'épée à la main.*

Ah ! je vous ferai bien parler d'une autre sorte.

LÉANDRE, *l'arrêtant.*

Alte un peu ; retenez l'ardeur qui vous emporte.

MASCARILLE, *à part.*

Fut-il jamais au monde un esprit moins sensé ?

LÉLIE.

Laissez-moi contenter mon courage offensé.

LÉANDRE.

C'est trop que de vouloir le battre en ma présence.

LÉLIE.

Quoi ! châtier mes gens n'est pas en ma puissance ?

LÉANDRE.

Comment vos gens ?

MASCARILLE, *à part.*

Encore ! il va tout découvrir.

LÉLIE.

Quand j'aurois volonté de le battre à mourir,
Hé bien ! c'est mon valet.

LÉANDRE.

C'est maintenant le nôtre.

LÉLIE.

Le trait est admirable ! Et comment donc le vôtre ?

LÉANDRE.

Sans doute.

MASCARILLE, *bas à Lélie.*

Doucement.

LÉLIE.
Hem, que veux-tu conter?
MASCARILLE, à part.
Ah! le double bourreau, qui me va tout gâter,
Et qui ne comprend rien, quelque signe qu'on donne!
LÉLIE.
Vous rêvez bien, Léandre, et me la baillez bonne.
Il n'est pas mon valet?
LÉANDRE.
Pour quelque mal commis,
Hors de votre service il n'a pas été mis?
LÉLIE.
Je ne sais ce que c'est.
LÉANDRE.
Et, plein de violence,
Vous n'avez pas chargé son dos avec outrance?
LÉLIE.
Point du tout. Moi, l'avoir chassé, roué de coups?
Vous vous moquez de moi, Léandre, ou lui de vous.
MASCARILLE, à part.
Pousse, pousse, bourreau; tu fais bien tes affaires.
LÉANDRE, à Mascarille.
Donc les coups de bâton ne sont qu'imaginaires!
MASCARILLE.
Il ne sait ce qu'il dit; sa mémoire...
LÉANDRE.
Non, non,
Tous ces signes pour toi ne disent rien de bon.
Oui, d'un tour délicat mon esprit te soupçonne;
Mais pour l'invention, va, je te le pardonne.
C'est bien assez pour moi qu'il m'ait désabusé,

De voir par quels motifs tu m'avois imposé,
Et que, m'étant commis à ton zèle hypocrite,
A si bon compte encor je m'en sois trouvé quitte.
Ceci doit s'appeler *un avis au lecteur*.
Adieu, Lélie, adieu ; très humble serviteur.

SCÈNE V.

LÉLIE, MASCARILLE.

MASCARILLE.

Courage, mon garçon ! tout heur nous accompagne ;
Mettons flamberge au vent, et bravoure en campagne ;
Faisons *l'Olibrius*, *l'occiseur d'innocents*.

LÉLIE.

Il t'avoit accusé de discours médisants
Contre…

MASCARILLE.

Et vous ne pouviez souffrir mon artifice,
Lui laisser son erreur qui vous rendoit service,
Et par qui son amour s'en étoit presque allé ?
Non, il a l'esprit franc et point dissimulé.
Enfin chez son rival je m'ancre avec adresse,
Cette fourbe en mes mains va mettre sa maîtresse :
Il me la fait manquer. Avec de faux rapports
Je veux de son rival ralentir les transports :
Mon brave incontinent vient, qui le désabuse.
J'ai beau lui faire signe, et montrer que c'est ruse :
Point d'affaire ; il poursuit sa pointe jusqu'au bout,
Et n'est point satisfait qu'il n'ait découvert tout.
Grand et sublime effort d'une imaginative
Qui ne le cède point à personne qui vive !

C'est une rare pièce, et digne, sur ma foi,
Qu'on en fasse présent au cabinet d'un roi.

LÉLIE.

Je ne m'étonne pas si je romps tes attentes ;
A moins d'être informé des choses que tu tentes,
J'en ferois encor cent de la sorte.

MASCARILLE.

Tant pis.

LÉLIE.

Au moins pour t'emporter à de justes dépits,
Fais-moi dans tes desseins entrer de quelque chose.
Mais que de leurs ressorts la porte me soit close,
C'est ce qui fait toujours que je suis pris sans verd.

MASCARILLE.

Ah ! voilà tout le mal. C'est cela qui nous perd.
Ma foi, mon cher patron, je vous le dis encore,
Vous ne serez jamais qu'une pauvre pécore.

LÉLIE.

Puisque la chose est faite, il n'y faut plus penser.
Mon rival, en tout cas, ne peut me traverser ;
Et pourvu que tes soins, en qui je me repose...

MASCARILLE.

Laissons là ce discours, et parlons d'autre chose.
Je ne m'apaise pas, non, si facilement ;
Je suis trop en colère. Il faut premièrement
Me rendre un bon office ; et nous verrons ensuite
Si je dois de vos feux reprendre la conduite.

LÉLIE.

S'il ne tient qu'à cela, je n'y résiste pas.
As-tu besoin, dis-moi, de mon sang, de mon bras ?

MASCARILLE.

De quelle vision sa cervelle est frappée !

ACTE III, SCÈNE V.

Vous êtes de l'humeur de ces amis d'épée
Que l'on trouve toujours plus prompts à dégaîner
Qu'à tirer un teston, s'il falloit le donner.

LÉLIE.

Que puis-je donc pour toi?

MASCARILLE.

C'est que de votre père
Il faut absolument apaiser la colère.

LÉLIE.

Nous avons fait la paix.

MASCARILLE.

Oui, mais non pas pour nous.
Je l'ai fait ce matin mort pour l'amour de vous :
La vision le choque; et de pareilles feintes
Aux vieillards comme lui sont de dures atteintes,
Qui, sur l'état prochain de leur condition,
Leur font faire à regret triste réflexion.
Le bon homme, tout vieux, chérit fort la lumière,
Et ne veut point de jeu dessus cette matière;
Il craint le pronostic; et, contre moi fâché,
On m'a dit qu'en justice il m'avoit recherché.
J'ai peur, si le logis du roi fait ma demeure,
De m'y trouver si bien dès le premier quart-d'heure,
Que j'aie peine aussi d'en sortir par après.
Contre moi dès long-temps on a force décrets;
Car enfin la vertu n'est jamais sans envie,
Et dans ce maudit siècle est toujours poursuivie.
Allez donc le fléchir.

LÉLIE.

Oui, nous le fléchirons;
Mais aussi tu promets...

MASCARILLE.

       Ah mon dieu ! nous verrons.
(Lélie sort.)
Ma foi, prenons haleine après tant de fatigues.
Cessons pour quelque temps le cours de nos intrigues,
Et de nous tourmenter de même qu'un lutin.
Léandre pour nous nuire est hors de garde enfin,
Et Célie arrêtée avecque l'artifice...

SCÈNE VI.

ERGASTE, MASCARILLE.

ERGASTE.

Je te cherchois par-tout pour te rendre un service,
Pour te donner avis d'un secret important.

MASCARILLE.

Quoi donc ?

ERGASTE.

    N'ayons-nous point ici quelque écoutant ?

MASCARILLE.

Non.

ERGASTE.

  Nous sommes amis autant qu'on le peut être :
Je sais tous tes desseins et l'amour de ton maître ;
Songez à vous tantôt. Léandre fait parti
Pour enlever Célie ; et je suis averti
Qu'il a mis ordre à tout, et qu'il se persuade
D'entrer chez Trufaldin par une mascarade,
Ayant su qu'en ce temps, assez souvent, le soir,
Des femmes du quartier en masque l'alloient voir.

MASCARILLE.

Oui ? Suffit ; il n'est pas au comble de sa joie :

Je pourrai bien tantôt lui souffler cette proie;
Et contre cet assaut je sais un coup fourré
Par qui je veux qu'il soit de lui-même enferré.
Il ne sait pas les dons dont mon ame est pourvue.
Adieu; nous boirons pinte à la première vue.

SCÈNE VII.
MASCARILLE.

Il faut, il faut tirer à nous ce que d'heureux
Pourroit avoir en soi ce projet amoureux,
Et, par une surprise adroite et non commune,
Sans courir le danger, en tenter la fortune.
Si je vais me masquer pour devancer ses pas,
Léandre assurément ne nous bravera pas;
Et là, premier que lui, si nous faisons la prise,
Il aura fait pour nous les frais de l'entreprise,
Puisque, par son dessein déjà presque éventé,
Le soupçon tombera toujours de son côté,
Et que nous, à couvert de toutes ses poursuites,
De ce coup hasardeux ne craindrons point de suites.
C'est ne se point commettre à faire de l'éclat,
Et tirer les marrons de la patte du chat.
Allons donc nous masquer avec quelques bons frères;
Pour prévenir nos gens, il ne faut tarder guères.
Je sais où gît le lièvre, et me puis sans travail
Fournir en un moment d'hommes et d'attirail.
Croyez que je mets bien mon adresse en usage:
Si j'ai reçu du ciel des fourbes en partage,
Je ne suis point au rang de ces esprits mal nés
Qui cachent les talents que Dieu leur a donnés.

L'ÉTOURDI.

SCÈNE VIII.
LÉLIE, ERGASTE.

LÉLIE.

Il prétend l'enlever avec sa mascarade?

ERGASTE.

Il n'est rien plus certain. Quelqu'un de sa brigade
M'ayant de ce dessein instruit, sans m'arrêter,
A Mascarille alors j'ai couru tout conter,
Qui s'en va, m'a-t-il dit, rompre cette partie
Par une invention dessus le champ bâtie;
Et, comme je vous ai rencontré par hasard,
J'ai cru que je devois du tout vous faire part.

LÉLIE.

Tu m'obliges par trop avec cette nouvelle:
Va, je reconnoîtrai ce service fidèle.

SCÈNE IX.
LÉLIE.

Mon drôle, assurément, leur jouera quelque trait.
Mais je veux de ma part seconder son projet:
Il ne sera pas dit qu'en un fait qui me touche
Je ne me sois non plus remué qu'une souche.
Voici l'heure; ils seront surpris à mon aspect.
Foin! que n'ai-je avec moi pris mon porte-respect!
Mais vienne qui voudra contre notre personne,
J'ai deux bons pistolets, et mon épée est bonne.
Holà, quelqu'un; un mot.

SCÈNE X.

TRUFALDIN, *à sa fenêtre;* LÉLIE.

TRUFALDIN.

Qu'est-ce? Qui me vient voir?

LÉLIE.

Fermez soigneusement votre porte ce soir.

TRUFALDIN.

Pourquoi?

LÉLIE.

Certaines gens font une mascarade
Pour vous venir donner une fâcheuse aubade;
Ils veulent enlever votre Célie.

TRUFALDIN.

O dieux!

LÉLIE.

Et sans doute bientôt ils viendront en ces lieux:
Demeurez; vous pourrez voir tout de la fenêtre.
Hé bien! qu'avois-je dit? Les voyez-vous paroître?
Chut! je veux à vos yeux leur en faire l'affront.
Nous allons voir beau jeu si la corde ne rompt.

SCÈNE XI.

LÉLIE, TRUFALDIN; MASCARILLE
et sa suite, masqués.

TRUFALDIN.

O les plaisants robins qui pensent me surprendre!

LÉLIE.

Masqués, où courez-vous! Le pourroit-on apprendre?
Trufaldin, ouvrez-leur pour jouer un momon.

(*à Mascarille déguisé en femme.*)
Bon dieu ! qu'elle est jolie, et qu'elle a l'air mignon !
Eh quoi ! vous murmurez ? Mais, sans vous faire outrage,
Peut-on lever le masque, et voir votre visage ?

TRUFALDIN.

Allez, fourbes, méchants ; retirez-vous d'ici,
Canaille. Et vous, seigneur, bon soir, et grand merci.

SCÈNE XII.

LÉLIE, MASCARILLE.

LÉLIE, *après avoir démasqué Mascarille.*
MASCARILLE, est-ce toi ?

MASCARILLE.

Nenni-dà, c'est quelque autre.

LÉLIE.

Hélas ! quelle surprise ! et quel sort est le nôtre !
L'aurois-je deviné n'étant point averti
Des secrètes raisons qui t'avoient travesti ?
Malheureux que je suis d'avoir dessous ce masque
Été, sans y penser, te faire cette frasque !
Il me prendroit envie, en mon juste courroux,
De me battre moi-même et me donner cent coups.

MASCARILLE.

Adieu, sublime esprit, rare imaginative.

LÉLIE.

Las ! si de ton secours ta colère me prive,
A quel saint me vouerai-je ?

MASCARILLE.

Au grand diable d'enfer.

LÉLIE.

Ah ! si ton cœur pour moi n'est de bronze ou de fer,

Qu'encore un coup du moins mon imprudence ait grace !
S'il faut, pour l'obtenir, que tes genoux j'embrasse,
Vois-moi...

MASCARILLE.

Tarare ! Allons, camarades, allons;
J'entends venir des gens qui sont sur nos talons.

SCÈNE XIII.

LÉANDRE *et sa suite, masqués;*
TRUFALDIN, *à sa fenêtre.*

LÉANDRE.

SANS bruit; ne faisons rien que de la bonne sorte.

TRUFALDIN.

Quoi ! masques toute nuit assiègeront ma porte !
Messieurs, ne gagnez point de rhumes à plaisir;
Tout cerveau qui le fait est, certes, de loisir.
Il est un peu trop tard pour enlever Célie;
Dispensez-l'en ce soir, elle vous en supplie :
La belle est dans le lit, et ne peut vous parler.
J'en suis fâché pour vous : mais, pour vous régaler
Du souci qui pour elle ici vous inquiète,
Elle vous fait présent de cette cassolette.

LÉANDRE.

Fi ! cela sent mauvais, et je suis tout gâté.
Nous sommes découverts; tirons de ce côté.

FIN DU TROISIÈME ACTE.

ACTE QUATRIÈME.

SCÈNE I.

LÉLIE, *déguisé en Arménien*; MASCARILLE.

MASCARILLE.

Vous voilà fagoté d'une plaisante sorte!

LÉLIE.

Tu ranimes par-là mon espérance morte.

MASCARILLE.

Toujours de ma colère on me voit revenir;
J'ai beau jurer, pester, je ne m'en puis tenir.

LÉLIE.

Aussi crois, si jamais je suis dans la puissance,
Que tu seras content de ma reconnoissance,
Et que, quand je n'aurois qu'un seul morceau de pain...

MASCARILLE.

Baste; songez à vous dans ce nouveau dessein.
Au moins, si l'on vous voit commettre une sottise,
Vous n'imputerez plus l'erreur à la surprise;
Votre rôle en ce jeu par cœur doit être su.

LÉLIE.

Mais comment Trufaldin chez lui t'a-t-il reçu?

MASCARILLE.

D'un zèle simulé j'ai bridé le bon sire;
Avec empressement je suis venu lui dire,
S'il ne songeoit à lui, que l'on le surprendroit;

Que l'on couchoit en joue, et de plus d'un endroit,
Celle dont il a vu qu'une lettre en avance
Avoit si faussement divulgué la naissance ;
Qu'on avoit bien voulu m'y mêler quelque peu,
Mais que j'avois tiré mon épingle du jeu ;
Et que, touché d'ardeur pour ce qui le regarde,
Je venois l'avertir de se donner de garde.
De là, moralisant, j'ai fait de grands discours
Sur les fourbes qu'on voit ici-bas tous les jours ;
Que pour moi, las du monde et de sa vie infâme,
Je voulois travailler au salut de mon ame,
A m'éloigner du trouble, et pouvoir longuement
Près de quelque honnête homme être paisiblement ;
Que, s'il le trouvoit bon, je n'aurois d'autre envie
Que de passer chez lui le reste de ma vie ;
Et que même à tel point il m'avoit su ravir,
Que, sans lui demander gages pour le servir,
Je mettrois en ses mains, que je tenois certaines,
Quelque bien de mon père, et le fruit de mes peines,
Dont, avenant que Dieu de ce monde m'ôtât,
J'entendois tout de bon que lui seul héritât.
C'étoit le vrai moyen d'acquérir sa tendresse.
Et comme, pour résoudre avec votre maîtresse
Des biais qu'on doit prendre à terminer vos vœux,
Je voulois en secret vous aboucher tous deux,
Lui-même a su m'ouvrir une voie assez belle
De pouvoir hautement vous loger avec elle,
Venant m'entretenir d'un fils privé du jour,
Dont cette nuit en songe il a vu le retour :
A ce propos, voici l'histoire qu'il m'a dite,
Et sur quoi j'ai tantôt notre fourbe construite.

L'ÉTOURDI.

LÉLIE.
C'est assez, je sais tout : tu me l'as dit deux fois.
MASCARILLE.
Oui, oui ; mais quand j'aurois passé jusques à trois,
Peut-être encor qu'avec toute sa suffisance
Votre esprit manquera dans quelque circonstance.
LÉLIE.
Mais à tant différer je me fais de l'effort.
MASCARILLE.
Ah ! de peur de tomber, ne courons pas si fort :
Voyez-vous ? vous avez la caboche un peu dure.
Rendez-vous affermi dessus cette aventure.
Autrefois Trufaldin de Naples est sorti,
Et s'appeloit alors Zanobio Ruberti.
Un parti qui causa quelque émeute civile,
Dont il fut seulement soupçonné dans sa ville
(De fait, il n'est pas homme à troubler un état),
L'obligea d'en sortir une nuit sans éclat.
Une fille fort jeune et sa femme laissées
A quelque temps de là se trouvant trépassées,
Il en eut la nouvelle ; et dans ce grand ennui,
Voulant dans quelque ville emmener avec lui,
Outre ses biens, l'espoir qui restoit de sa race,
Un sien fils écolier, qui se nommoit Horace,
Il écrit à Bologne, où, pour mieux être instruit,
Un certain maître Albert jeune l'avoit conduit.
Mais pour se joindre tous le rendez-vous qu'il donne
Durant deux ans entiers ne lui fit voir personne :
Si bien que, les jugeant morts après ce temps-là,
Il vint en cette ville, et prit le nom qu'il a,
Sans que de cet Albert ni de ce fils Horace
Douze ans aient découvert jamais la moindre trace.

Voilà l'histoire en gros, redite seulement
Afin de vous servir ici de fondement.
Maintenant vous serez un marchand d'Arménie,
Qui les aurez vus sains l'un et l'autre en Turquie.
Si j'ai plus tôt qu'aucun un tel moyen trouvé
Pour les ressusciter sur ce qu'il a rêvé,
C'est qu'en fait d'aventure il est très ordinaire
De voir gens pris sur mer par quelque Turc corsaire,
Puis être à leur famille à point nommé rendus
Après quinze ou vingt ans qu'on les a crus perdus.
Pour moi, j'ai vu déjà cent contes de la sorte.
Sans nous alambiquer, servons-nous-en ; qu'importe ?
Vous leur aurez ouï leur disgrace conter,
Et leur aurez fourni de quoi se racheter ;
Mais que, parti plus tôt pour chose nécessaire,
Horace vous chargea de voir ici son père,
Dont il a su le sort, et chez qui vous devez
Attendre quelques jours qu'ils y soient arrivés.
Je vous ai fait tantôt des leçons étendues.

LÉLIE.

Ces répétitions ne sont que superflues ;
Dès l'abord mon esprit a compris tout le fait.

MASCARILLE.

Je m'en vais là-dedans donner le premier trait.

LÉLIE.

Écoute, Mascarille ; un seul point me chagrine.
S'il alloit de son fils me demander la mine ?

MASCARILLE.

Belle difficulté ! Devez-vous pas savoir
Qu'il étoit fort petit alors qu'il l'a pu voir ?
Et puis, outre cela, le temps et l'esclavage
Pourroient-ils pas avoir changé tout son visage ?

LÉLIE.

Il est vrai. Mais, dis-moi, s'il connoît qu'il m'a vu,
Que faire?

MASCARILLE.

De mémoire êtes-vous dépourvu?
Nous avons dit tantôt qu'outre que votre image
N'avoit dans son esprit pu faire qu'un passage,
Pour ne vous avoir vu que durant un moment,
Et le poil et l'habit déguisent grandement.

LÉLIE.

Fort bien. Mais, à propos, cet endroit de Turquie?

MASCARILLE.

Tout, vous dis-je, est égal, Turquie ou Barbarie.

LÉLIE.

Mais le nom de la ville où j'aurai pu les voir?

MASCARILLE.

Tunis. Il me tiendra, je crois, jusques au soir.
La répétition, dit-il, est inutile,
Et j'ai déjà nommé douze fois cette ville.

LÉLIE.

Va, va-t'en commencer; il ne me faut plus rien.

MASCARILLE.

Au moins soyez prudent, et vous conduisez bien :
Ne donnez point ici de l'imaginative.

LÉLIE.

Laisse-moi gouverner. Que ton ame est craintive!

MASCARILLE.

Horace, dans Bologne écolier; Trufaldin,
Zanobio Ruberti, dans Naples citadin;
Le précepteur, Albert.....

LÉLIE.

Ah! c'est me faire honte

Que de me tant prêcher ! Suis-je un sot, à ton compte ?
MASCARILLE.
Non, pas du tout, mais bien quelque chose approchant.

SCÈNE II.

LÉLIE.

Quand il m'est inutile, il fait le chien couchant ;
Mais parcequ'il sent bien le secours qu'il me donne,
Sa familiarité jusques-là s'abandonne.
Je vais être de près éclairé des beaux yeux
Dont la force m'impose un joug si précieux ;
Je m'en vais sans obstacle, avec des traits de flamme,
Peindre à cette beauté les tourments de mon ame ;
Je saurai quel arrêt je dois..... Mais les voici.

SCÈNE III.

TRUFALDIN, LÉLIE, MASCARILLE.

TRUFALDIN.
Sois béni, juste ciel, de mon sort adouci !
MASCARILLE.
C'est à vous de rêver et de faire des songes,
Puisqu'en vous il est faux que songes sont mensonges.
TRUFALDIN, *à Lélie.*
Quelle grace, quels biens vous rendrai-je, seigneur,
Vous que je dois nommer l'ange de mon bonheur ?
LÉLIE.
Ce sont soins superflus, et je vous en dispense.
TRUFALDIN, *à Mascarille.*
J'ai, je ne sais pas où, vu quelque ressemblance
De cet Arménien.

MASCARILLE.
C'est ce que je disois;
Mais on voit des rapports admirables parfois.
TRUFALDIN.
Vous avez vu ce fils où mon espoir se fonde?
LÉLIE.
Oui, seigneur Trufaldin, le plus gaillard du monde.
TRUFALDIN.
Il vous a dit sa vie, et parlé fort de moi?
LÉLIE.
Plus de dix mille fois.
MASCARILLE.
Quelque peu moins, je croi.
LÉLIE.
Il vous a dépeint tel que je vous vois paroître,
Le visage, le port....
TRUFALDIN.
Cela pourroit-il être,
Si lorsqu'il m'a pu voir il n'avoit que sept ans,
Et si son précepteur même, depuis ce temps,
Auroit peine à pouvoir connoître mon visage?
MASCARILLE.
Le sang, bien autrement, conserve cette image;
Par des traits si profonds ce portrait est tracé,
Que mon père.....
TRUFALDIN.
Suffit. Où l'avez-vous laissé?
LÉLIE.
En Turquie, à Turin.
TRUFALDIN.
Turin? Mais cette ville
Est, je pense, en Piémont.

ACTE IV, SCÈNE III.

MASCARILLE, *à part.*
O cerveau malhabile !
(*à Trufaldin.*)
Vous ne l'entendez pas, il veut dire Tunis ;
Et c'est en effet là qu'il laissa votre fils :
Mais les Arméniens ont tous par habitude
Certain vice de langue à nous autres fort rude ;
C'est que dans tous les mots ils changent *nis* en *rin*,
Et pour dire Tunis ils prononcent Turin.

TRUFALDIN.
Il falloit, pour l'entendre, avoir cette lumière.
Quel moyen vous dit-il de rencontrer son père ?

MASCARILLE.
(*à part.*) (*à Trufaldin, après s'être escrimé.*)
Voyez s'il répondra ! Je repassois un peu
Quelque leçon d'escrime : autrefois en ce jeu
Il n'étoit point d'adresse à mon adresse égale,
Et j'ai battu le fer en mainte et mainte salle.

TRUFALDIN, *à Mascarille.*
Ce n'est pas maintenant ce que je veux savoir.
(*à Lélie.*)
Quel autre nom dit-il que je devois avoir ?

MASCARILLE.
Ah ! seigneur Zanobio Ruberti, quelle joie
Est celle maintenant que le ciel vous envoie !

LÉLIE.
C'est là votre vrai nom, et l'autre est emprunté.

TRUFALDIN.
Mais où vous a-t-il dit qu'il reçut la clarté ?

MASCARILLE.
Naples est un séjour qui paroît agréable ;
Mais pour vous ce doit être un lieu fort haïssable.

TRUFALDIN.

Ne peux-tu, sans parler, souffrir notre discours?

LÉLIE.

Dans Naples son destin a commencé son cours.

TRUFALDIN.

Où l'envoyai-je jeune, et sous quelle conduite?

MASCARILLE.

Ce pauvre maître Albert a beaucoup de mérite
D'avoir depuis Bologne accompagné ce fils
Qu'à sa discrétion vos soins avoient commis!

TRUFALDIN.

Ah!

MASCARILLE, *à part.*

Nous sommes perdus si cet entretien dure.

TRUFALDIN.

Je voudrois bien savoir de vous leur aventure,
Sur quel vaisseau le sort qui m'a su travailler.....

MASCARILLE.

Je ne sais ce que c'est, je ne fais que bâiller.
Mais, seigneur Trufaldin, songez-vous que peut-être
Ce monsieur l'étranger a besoin de repaître,
Et qu'il est tard aussi?

LÉLIE.

Pour moi point de repas.

MASCARILLE.

Ah! vous avez plus faim que vous ne pensez pas.

TRUFALDIN.

Entrez donc.

LÉLIE.

Après vous.

MASCARILLE, *à Trufaldin.*

Monsieur, en Arménie

Les maîtres du logis sont sans cérémonie.
(à Lélie, après que Trufaldin est entré dans sa
maison.)
Pauvre esprit ! pas deux mots !
LÉLIE.
D'abord il m'a surpris :
Mais n'appréhende plus, je reprends mes esprits,
Et m'en vais débiter avecque hardiesse.....
MASCARILLE.
Voici notre rival, qui ne sait pas la pièce.
(Ils entrent dans la maison de Trufaldin.)

SCÈNE IV.
ANSELME, LÉANDRE.
ANSELME.

ARRÊTEZ-VOUS, Léandre, et souffrez un discours
Qui cherche le repos et l'honneur de vos jours.
Je ne vous parle point en père de ma fille,
En homme intéressé pour ma propre famille;
Mais comme votre père, ému pour votre bien,
Sans vouloir vous flatter et vous déguiser rien;
Bref, comme je voudrois d'une ame franche et pure
Que l'on fît à mon sang en pareille aventure.
Savez-vous de quel œil chacun voit cet amour
Qui dedans une nuit vient d'éclater au jour ?
A combien de discours et de traits de risée
Votre entreprise d'hier est par-tout exposée ?
Quel jugement on fait du choix capricieux
Qui pour femme, dit-on, vous désigne en ces lieux
Un rebut de l'Égypte, une fille coureuse,
De qui le noble emploi n'est qu'un métier de gueuse ?
J'en ai rougi pour vous encor plus que pour moi

Qui me trouve compris dans l'éclat que je voi;
Moi, dis-je, dont la fille, à vos ardeurs promise,
Ne peut, sans quelque affront, souffrir qu'on la méprise.
Ah! Léandre, sortez de cet abaissement;
Ouvrez un peu les yeux sur votre aveuglement.
Si notre esprit n'est pas sage à toutes les heures,
Les plus courtes erreurs sont toujours les meilleures.
Quand on ne prend en dot que la seule beauté,
Le remords est bien près de la solennité;
Et la plus belle femme a très peu de défense
Contre cette tiédeur qui suit la jouissance.
Je vous le dis encor, ces bouillants mouvements,
Ces ardeurs de jeunesse et ces emportements,
Nous font trouver d'abord quelques nuits agréables;
Mais ces félicités ne sont guère durables,
Et notre passion, alentissant son cours,
Après ces bonnes nuits, donne de mauvais jours:
De là viennent les soins, les soucis, les misères,
Les fils déshérités par le courroux des pères.

LÉANDRE.

Dans tout votre discours je n'ai rien écouté
Que mon esprit déjà ne m'ait représenté.
Je sais combien je dois à cet honneur insigne
Que vous me voulez faire, et dont je suis indigne;
Et vois, malgré l'effort dont je suis combattu,
Ce que vaut votre fille, et quelle est sa vertu:
Aussi veux-je tâcher.....

ANSELME.

On ouvre cette porte:
Retirons-nous plus loin, de crainte qu'il n'en sorte
Quelque secret poison dont vous seriez surpris.

SCÈNE V.
LÉLIE, MASCARILLE.

MASCARILLE.

Bientôt de notre fourbe on verra le débris
Si vous continuez des sottises si grandes.

LÉLIE.

Dois-je éternellement ouïr tes réprimandes ?
De quoi te peux-tu plaindre ? Ai-je pas réussi
En tout ce que j'ai dit depuis ?

MASCARILLE.

Couci-couci :
Témoins les Turcs par vous appelés hérétiques,
Et que vous assurez par serments authentiques
Adorer pour leurs dieux la lune et le soleil.
Passe. Ce qui me donne un dépit nompareil,
C'est qu'ici votre amour étrangement s'oublie ;
Près de Célie, il est ainsi que la bouillie,
Qui par un trop grand feu s'enfle, croît jusqu'aux bords,
Et de tous les côtés se répand au dehors.

LÉLIE.

Pourroit-on se forcer à plus de retenue ?
Je ne l'ai presque point encore entretenue.

MASCARILLE.

Oui : mais ce n'est pas tout que de ne parler pas ;
Par vos gestes, durant un moment de repas,
Vous avez aux soupçons donné plus de matière
Que d'autres ne feroient dans une année entière.

LÉLIE.

Et comment donc ?

MASCARILLE.

Comment ? Chacun a pu le voir.

A table où Trufaldin l'oblige de se seoir,
Vous n'avez toujours fait qu'avoir les yeux sur elle,
Rouge, tout interdit, jouant de la prunelle,
Sans prendre jamais garde à ce qu'on vous servoit;
Vous n'aviez point de soif qu'alors qu'elle buvoit;
Et dans ses propres mains vous saisissant du verre,
Sans le vouloir rincer, sans rien jeter à terre,
Vous buviez sur son reste, et montriez d'affecter
Le côté qu'à sa bouche elle avoit su porter;
Sur les morceaux touchés de sa main délicate,
Ou mordus de ses dents, vous étendiez la patte
Plus brusquement qu'un chat dessus une souris,
Et les avaliez tous ainsi que des pois gris.
Puis, outre tout cela, vous faisiez sous la table
Un bruit, un triquetrac de pieds insupportable,
Dont Trufaldin, heurté de deux coups trop pressants,
A puni par deux fois deux chiens très innocents,
Qui, s'ils eussent osé, vous eussent fait querelle.
Et puis après cela votre conduite est belle?
Pour moi, j'en ai souffert la gêne sur mon corps.
Malgré le froid, je sue encor de mes efforts;
Attaché dessus vous comme un joueur de boule
Après le mouvement de la sienne qui roule,
Je pensois retenir toutes vos actions,
En faisant de mon corps mille contorsions.

LÉLIE.

Mon dieu! qu'il t'est aisé de condamner des choses
Dont tu ne ressens pas les agréables causes!
Je veux bien néanmoins, pour te plaire une fois,
Faire force à l'amour qui m'impose des lois:
Désormais...

SCÈNE VI.

TRUFALDIN, LÉLIE, MASCARILLE.

MASCARILLE.
Nous parlions des fortunes d'Horace.
TRUFALDIN.
(à Lélie.)
C'est bien fait. Cependant me ferez-vous la grace
Que je puisse lui dire un seul mot en secret.
LÉLIE.
Il faudroit autrement être fort indiscret.
(Lélie entre dans la maison de Trufaldin.)

SCÈNE VII.

TRUFALDIN, MASCARILLE.

TRUFALDIN.
Écoute : sais-tu bien ce que je viens de faire ?
MASCARILLE.
Non ; mais, si vous voulez, je ne tarderai guère,
Sans doute, à le savoir.
TRUFALDIN.
D'un chêne grand et fort,
Dont près de deux cents ans ont déjà fait le sort,
Je viens de détacher une branche admirable,
Choisie expressément de grosseur raisonnable,
Dont j'ai fait sur-le-champ, avec beaucoup d'ardeur,
(Il montre son bras.)
Un bâton à peu près... oui, de cette grandeur,
Moins gros par l'un des bouts, mais, plus que trente gaules,
Propre, comme je pense, à rosser les épaules ;
Car il est bien en main, vert, noueux, et massif.

MASCARILLE.

Mais pour qui, je vous prie, un tel préparatif?

TRUFALDIN.

Pour toi premièrement; puis pour ce bon apôtre,
Qui veut m'en donner d'une, et m'en jouer d'une autre,
Pour cet Arménien, ce marchand déguisé,
Introduit sous l'appât d'un conte supposé.

MASCARILLE.

Quoi! vous ne croyez pas...?

TRUFALDIN.

Ne cherche point d'excuse:
Lui-même heureusement a découvert sa ruse,
En disant à Célie, en lui serrant la main,
Que pour elle il venoit sous ce prétexte vain;
Il n'a pas aperçu Jeannette, ma fillole,
Laquelle a tout ouï, parole pour parole :
Et je ne doute point, quoiqu'il n'en ait rien dit,
Que tu ne sois de tout le complice maudit.

MASCARILLE.

Ah! vous me faites tort! S'il faut qu'on vous affronte,
Croyez qu'il m'a trompé le premier à ce conte.

TRUFALDIN.

Veux-tu me faire voir que tu dis vérité?
Qu'à le chasser mon bras soit du tien assisté;
Donnons-en à ce fourbe et du long et du large;
Et de tout crime, après, mon esprit te décharge.

MASCARILLE.

Oui-dà, très volontiers; je l'épousterai bien,
Et par-là vous verrez que je n'y trempe en rien.
            (à part.)
Ah! vous serez rossé, monsieur de l'Arménie,
Qui toujours gâtez tout!

SCÈNE VIII.
LÉLIE, TRUFALDIN, MASCARILLE.

TRUFALDIN, *à Lélie, après avoir heurté à sa porte.*

Un mot, je vous supplie.
Donc, monsieur l'imposteur, vous osez aujourd'hui
Duper un honnête homme, et vous jouer de lui ?

MASCARILLE.

Feindre avoir vu son fils en une autre contrée,
Pour vous donner chez lui plus librement entrée ?

TRUFALDIN *bat Lélie.*

Vidons, vidons sur l'heure.

LÉLIE, *à Mascarille qui le bat aussi.*

Ah coquin !

MASCARILLE.

C'est ainsi
Que les fourbes...

LÉLIE.

Bourreau !

MASCARILLE.

Sont ajustés ici.
Gardez-moi bien cela.

LÉLIE.

Quoi donc ! je serois homme...

MASCARILLE, *le battant toujours et le chassant.*

Tirez, tirez, vous dis-je, ou bien je vous assomme.

TRUFALDIN.

Voilà qui me plaît fort ; rentre, je suis content.
(*Mascarille suit Trufaldin qui rentre dans sa maison.*)

LÉLIE, *revenant.*

A moi par un valet cet affront éclatant !
L'auroit-on pu prévoir l'action de ce traître

Qui vient insolemment de maltraiter son maître?

MASCARILLE, *à la fenêtre de Trufaldin.*

Peut-on vous demander comment va votre dos?

LÉLIE.

Quoi! tu m'oses encor tenir un tel propos?

MASCARILLE.

Voilà, voilà que c'est de ne voir pas Jeannette,
Et d'avoir en tout temps une langue indiscrète.
Mais pour cette fois-ci je n'ai point de courroux,
Je cesse d'éclater, de pester contre vous;
Quoique de l'action l'imprudence soit haute,
Ma main sur votre échine a lavé votre faute.

LÉLIE.

Ah! je me vengerai de ce trait déloyal.

MASCARILLE.

Vous vous êtes causé vous-même tout le mal.

LÉLIE.

Moi?

MASCARILLE.

Si vous n'étiez pas une cervelle folle,
Quand vous avez parlé naguère à votre idole,
Vous auriez aperçu Jeannette sur vos pas,
Dont l'oreille subtile a découvert le cas.

LÉLIE.

On auroit pu surprendre un mot dit à Célie?

MASCARILLE.

Et d'où doncques viendroit cette prompte sortie?
Oui, vous n'êtes dehors que par votre caquet.
Je ne sais si souvent vous jouez au piquet;
Mais au moins faites-vous des écarts admirables.

LÉLIE.

O le plus malheureux de tous les misérables!

ACTE IV, SCÈNE VIII.

Mais encore, pourquoi me voir chassé par toi ?

MASCARILLE.

Je ne fis jamais mieux que d'en prendre l'emploi ;
Par-là, j'empêche au moins que de cet artifice
Je ne sois soupçonné d'être auteur ou complice.

LÉLIE.

Tu devois donc pour toi frapper plus doucement.

MASCARILLE.

Quelque sot. Trufaldin lorgnoit exactement :
Et puis, je vous dirai, sous ce prétexte utile
Je n'étois point fâché d'évaporer ma bile.
Enfin, la chose est faite ; et, si j'ai votre foi
Qu'on ne vous verra point vouloir venger sur moi,
Soit ou directement, ou par quelque autre voie,
Les coups sur votre rable assenés avec joie,
Je vous promets, aidé par le poste où je suis,
De contenter vos vœux avant qu'il soit deux nuits.

LÉLIE.

Quoique ton traitement ait un peu de rudesse,
Qu'est-ce que dessus moi ne peut cette promesse ?

MASCARILLE.

Vous le promettez donc ?

LÉLIE.

Oui, je te le promets.

MASCARILLE.

Ce n'est pas encor tout : promettez que jamais
Vous ne vous mêlerez dans quoi que j'entreprenne.

LÉLIE.

Soit.

MASCARILLE.

Si vous y manquez, votre fièvre quartaine....

LÉLIE.
Mais tiens-moi donc parole, et songe à mon repos.
MASCARILLE.
Allez quitter l'habit et graisser votre dos.
LÉLIE, *seul.*
Faut-il que le malheur qui me suit à la trace
Me fasse voir toujours disgrace sur disgrace !
MASCARILLE, *sortant de chez Trufaldin.*
Quoi ! vous n'êtes pas loin ! sortez vite d'ici ;
Mais, sur-tout, gardez-vous de prendre aucun souci.
Puisque je suis pour vous, que cela vous suffise :
N'aidez point mon projet de la moindre entreprise ;
Demeurez en repos.
LÉLIE, *en sortant.*
Oui, va, je m'y tiendrai.
MASCARILLE, *seul.*
Il faut voir maintenant quel biais je prendrai.

SCÈNE IX.
ERGASTE, MASCARILLE.

ERGASTE.
Mascarille, je viens te dire une nouvelle
Qui donne à tes desseins une atteinte cruelle.
A l'heure que je parle, un jeune Égyptien,
Qui n'est pas noir pourtant, et sent assez son bien,
Arrive accompagné d'une vieille fort hâve,
Et vient chez Trufaldin racheter cette esclave
Que vous vouliez : pour elle il paroît fort zélé.
MASCARILLE.
Sans doute c'est l'amant dont Célie a parlé.
Fut-il jamais destin plus brouillé que le nôtre !
Sortant d'un embarras, nous entrons dans un autre.

ACTE IV, SCÈNE IX.

En vain nous apprenons que Léandre est au point
De quitter la partie, et ne nous troubler point;
Que son père, arrivé contre toute espérance,
Du côté d'Hippolyte emporte la balance,
Qu'il a tout fait changer par son autorité,
Et va dès aujourd'hui conclure le traité :
Lorsqu'un rival s'éloigne, un autre plus funeste
S'en vient nous enlever tout l'espoir qui nous reste !
Toutefois, par un trait merveilleux de mon art,
Je crois que je pourrai retarder leur départ,
Et me donner le temps qui sera nécessaire
Pour tâcher de finir cette fameuse affaire.
Il s'est fait un grand vol : par qui ? l'on n'en sait rien :
Eux autres rarement passent pour gens de bien ;
Je veux adroitement, sur un soupçon frivole,
Faire pour quelques jours emprisonner ce drôle.
Je sais des officiers de justice altérés,
Qui sont pour de tels coups de vrais délibérés :
Dessus l'avide espoir de quelque paraguante,
Il n'est rien que leur art aveuglément ne tente ;
Et du plus innocent, toujours à leur profit,
La bourse est criminelle, et paye son délit.

FIN DU QUATRIÈME ACTE.

ACTE CINQUIÈME.

SCÈNE I.

MASCARILLE, ERGASTE.

MASCARILLE.

Ah chien ! ah double chien ! mâtine de cervelle,
Ta persécution sera-t-elle éternelle ?

ERGASTE.

Par les soins vigilants de l'exempt Balafré,
Ton affaire alloit bien, le drôle étoit coffré,
Si ton maître au moment ne fût venu lui-même,
En vrai désespéré, rompre ton stratagème :
Je ne saurois souffrir, a-t-il dit hautement,
Qu'un honnête homme soit traîné honteusement,
J'en réponds sur sa mine, et je le cautionne.
Et, comme on résistoit à lâcher sa personne,
D'abord il a chargé si bien sur les recors,
Qui sont gens d'ordinaire à craindre pour leur corps,
Qu'à l'heure que je parle ils sont encore en fuite,
Et pensent tous avoir un Lélie à leur suite.

MASCARILLE.

Le traître ne sait pas que cet Egyptien
Est déjà là-dedans pour lui ravir son bien.

ERGASTE.

Adieu. Certaine affaire à te quitter m'oblige.

SCÈNE II.

MASCARILLE.

Oui, je suis stupéfait de ce dernier prodige.
On diroit, et pour moi j'en suis persuadé,
Que ce démon brouillon dont il est possedé
Se plaise à me braver, et me l'aille conduire
Par-tout où sa présence est capable de nuire.
Pourtant je veux poursuivre, et, malgré tous ses coups,
Voir qui l'emportera de ce diable ou de nous.
Célie est quelque peu de notre intelligence,
Et ne voit son départ qu'avecque répugnance.
Je tâche à profiter de cette occasion.
Mais ils viennent, songeons à l'exécution.
Cette maison meublée est en ma bienséance,
Je puis en disposer avec grande licence :
Si le sort nous en dit, tout sera bien réglé ;
Nul que moi ne s'y tient, et j'en garde la clé.
O dieu ! qu'en peu de temps on a vu d'aventures,
Et qu'un fourbe est contraint de prendre de figures !

SCÈNE III.

CÉLIE, ANDRÈS.

ANDRÈS.

Vous le savez, Célie, il n'est rien que mon cœur
N'ait fait pour vous prouver l'excès de son ardeur.
Chez les Vénitiens, dès un assez jeune âge,
La guerre en quelque estime avoit mis mon courage,
Et j'y pouvois un jour, sans trop croire de moi,
Prétendre, en les servant, un honorable emploi ;

Lorsqu'on me vit pour vous oublier toute chose,
Et que le prompt effet d'une métamorphose
Qui suivit de mon cœur le soudain changement
Parmi vos compagnons sut ranger votre amant;
Sans que mille accidents, ni votre indifférence,
Aient pu me détacher de ma persévérance.
Depuis, par un hasard, d'avec vous séparé
Pour beaucoup plus de temps que je n'eusse auguré,
Je n'ai, pour vous rejoindre, épargné temps ni peine :
Enfin, ayant trouvé la vieille Égyptienne,
Et plein d'impatience apprenant votre sort,
Que, pour certain argent qui leur importoit fort,
Et qui de tous vos gens détourna le naufrage,
Vous aviez en ces lieux été mise en otage,
J'accours vite y briser ces chaînes d'intérêt,
Et recevoir de vous les ordres qu'il vous plaît.
Cependant on vous voit une morne tristesse
Alors que dans vos yeux doit briller l'allégresse.
Si pour vous la retraite avoit quelques appas,
Venise, du butin fait parmi les combats,
Me garde pour tous deux de quoi pouvoir y vivre :
Que si, comme devant, il vous faut encor suivre,
J'y consens, et mon cœur n'ambitionnera
Que d'être auprès de vous tout ce qu'il vous plaira.

CÉLIE.

Votre zèle pour moi visiblement éclate;
Pour en paroître triste il faudroit être ingrate :
Et mon visage aussi, par son émotion,
N'explique point mon cœur en cette occasion;
Une douleur de tête y peint sa violence :
Et, si j'avois sur vous quelque peu de puissance,
Notre voyage, au moins pour trois ou quatre jours,

Attendroit que ce mal eût pris un autre cours.

ANDRÈS.

Autant que vous voudrez faites qu'il se diffère ;
Toutes mes volontés ne butent qu'à vous plaire.
Cherchons une maison à vous mettre en repos.
L'écriteau que voici s'offre tout à propos.

SCÈNE IV.

CÉLIE, ANDRÈS; MASCARILLE, déguisé en Suisse.

ANDRÈS.

Seigneur Suisse, êtes-vous de ce logis le maître ?

MASCARILLE.

Moi pour serfir à fous.

ANDRÈS.

Pourrions-nous y bien être ?

MASCARILLE.

Oui ; moi pour d'étrancher chappons champre garni.
Mas che non point locher te gente méchant vi.

ANDRÈS.

Je crois votre maison franche de tout ombrage.

MASCARILLE.

Fous nouveau dans sti fil, moi foir à la fissage.

ANDRÈS.

Oui.

MASCARILLE.

La matame est-il mariage al monsieur ?

ANDRÈS.

Quoi ?

MASCARILLE.

S'il être son fame, ou s'il être son sœur ?

ANDRÈS.
Non.
MASCARILLE.
Mon foi, pien choli. Fenir pour marchandice,
Ou bien pour temanter à la palais choustice?
La procès il faut rien, il coûter tant t'archant!
La procurer larron, l'afocat pien méchant.
ANDRÈS.
Ce n'est pas pour cela.
MASCARILLE.
Fous tonc mener sti file
Pour fenir pourmener et recarter la file?
ANDRÈS.
(à Célie.)
Il n'importe. Je suis à vous dans un moment.
Je vais faire venir la vieille promptement,
Contremander aussi notre voiture prête.
MASCARILLE.
Li ne porte pas pien.
ANDRÈS.
Elle a mal à la tête.
MASCARILLE.
Moi chavoir de pon fin, et de fromache pon.
Entre fous, entre fous dans mon petit maison.
(Célie, Andrès et Mascarille entrent dans la maison.)

SCÈNE V.
LÉLIE.

Quel que soit le transport d'une ame impatiente,
Ma parole m'engage à rester en attente,

A laisser faire un autre, et voir, sans rien oser,
Comme de mes destins le ciel veut disposer.

SCÈNE VI.
ANDRÈS, LÉLIE.

LÉLIE, *à Andrès qui sort de la maison*:
Demandiez-vous quelqu'un dedans cette demeure?

ANDRÈS.
C'est un logis garni que j'ai pris tout à l'heure.

LÉLIE.
A mon père pourtant la maison appartient;
Et mon valet, la nuit, pour la garder s'y tient.

ANDRÈS.
Je ne sais : l'écriteau marque au moins qu'on la loue.
Lisez.

LÉLIE.
  Certes, ceci me surprend, je l'avoue.
Qui diantre l'auroit mis? et par quel intérêt...?
Ah! ma foi, je devine à peu près ce que c'est:
Cela ne peut venir que de ce que j'augure.

ANDRÈS.
Peut-on vous demander quelle est cette aventure?

LÉLIE.
Je voudrois à tout autre en faire un grand secret;
Mais pour vous il n'importe, et vous serez discret.
Sans doute l'écriteau que vous voyez paroître,
Comme je conjecture au moins, ne sauroit être
Que quelque invention du valet que je di,
Que quelque nœud subtil qu'il doit avoir ourdi
Pour mettre en mon pouvoir certaine Égyptienne
Dont j'ai l'ame piquée, et qu'il faut que j'obtienne.
Je l'ai déjà manquée, et même plusieurs coups.

ANDRÈS.
Vous l'appelez ?
LÉLIE.
Célie.
ANDRÈS.
Hé ! que ne disiez-vous ?
Vous n'aviez qu'à parler, je vous aurois sans doute
Épargné tous les soins que ce projet vous coûte.
LÉLIE.
Quoi ! vous la connoissez ?
ANDRÈS.
C'est moi qui maintenant
Viens de la racheter.
LÉLIE.
O discours surprenant !
ANDRÈS.
Sa santé de partir ne nous pouvant permettre,
Au logis que voilà je venois de la mettre ;
Et je suis très ravi, dans cette occasion,
Que vous m'ayez instruit de votre intention.
LÉLIE.
Quoi ! j'obtiendrois de vous le bonheur que j'espère ?
Vous pourriez... ?
ANDRÈS, *allant frapper à la porte.*
Tout à l'heure on va vous satisfaire.
LÉLIE.
Que pourrai-je vous dire ? Et quel remercîment... ?
ANDRÈS.
Non, ne m'en faites point, je n'en veux nullement.

SCÈNE VII.
LÉLIE, ANDRÈS, MASCARILLE.

MASCARILLE, *à part.*

HÉ BIEN ! ne voilà pas mon enragé de maître !
Il nous va faire encor quelque nouveau bicêtre.

LÉLIE.

Sous ce grotesque habit qui l'auroit reconnu !
Approche, Mascarille, et sois le bien venu.

MASCARILLE.

Moi souisse ein chant t'honneur, moi non point maquerille,
Chai point fentre chamais le fame ni le fille.

LÉLIE.

Le plaisant baragouin ! Il est bon, sur ma foi !

MASCARILLE.

Allez fous pourmener, sans toi rire te moi.

LÉLIE.

Va, va, lève le masque et reconnois ton maître.

MASCARILLE.

Partieu, tiable, mon foi, chamais toi chai connoître.

LÉLIE.

Tout est accommodé, ne te déguise point.

MASCARILLE.

Si toi point en aller, chai paille ein cou te poing.

LÉLIE.

Ton jargon allemand est superflu, te dis-je ;
Car nous sommes d'accord, et sa bonté m'oblige.
J'ai tout ce que mes vœux lui peuvent demander,
Et tu n'as pas sujet de rien appréhender.

MASCARILLE.

Si vous êtes d'accord par un bonheur extrême,

Je me dessuisse donc, et redeviens moi-même.
ANDRÈS.
Ce valet vous servoit avec beaucoup de feu.
Mais je reviens à vous, demeurez quelque peu.

SCÈNE VIII.

LÉLIE, MASCARILLE.

LÉLIE.
HÉ BIEN ! que diras-tu ?
MASCARILLE.
Que j'ai l'ame ravie
De voir d'un beau succès notre peine suivie.
LÉLIE.
Tu feignois à sortir de ton déguisement,
Et ne pouvois me croire en cet évènement.
MASCARILLE.
Comme je vous connois, j'étois dans l'épouvante,
Et trouve l'aventure aussi fort surprenante.
LÉLIE.
Mais confesse qu'enfin c'est avoir fait beaucoup.
Au moins j'ai réparé mes fautes à ce coup,
Et j'aurai cet honneur d'avoir fini l'ouvrage.
MASCARILLE.
Soit; vous aurez été bien plus heureux que sage.

SCÈNE IX.

CÉLIE, ANDRÈS, LÉLIE, MASCARILLE.

ANDRÈS.
N'EST-CE pas là l'objet dont vous m'avez parlé ?

ACTE V, SCÈNE IX.

LÉLIE.

Ah ! quel bonheur au mien pourroit être égalé !

ANDRÈS.

Il est vrai, d'un bienfait je vous suis redevable ;
Si je ne l'avouois, je serois condamnable :
Mais enfin ce bienfait auroit trop de rigueur
S'il falloit le payer aux dépens de mon cœur.
Jugez, dans le transport où sa beauté me jette,
Si je dois à ce prix vous acquitter ma dette ;
Vous êtes généreux, vous ne le voudriez pas.
Adieu pour quelques jours : retournons sur nos pas.

SCÈNE X.

LÉLIE, MASCARILLE.

MASCARILLE, *après avoir chanté.*

Je chante, et toutefois je n'en ai guère envie.
Vous voilà bien d'accord, il vous donne Célie ;
Hem, vous m'entendez bien.

LÉLIE.

C'est trop, je ne veux plus
Te demander pour moi des secours superflus.
Je suis un chien, un traître, un bourreau détestable,
Indigne d'aucun soin, de rien faire incapable.
Va, cesse tes efforts pour un malencontreux
Qui ne sauroit souffrir que l'on le rende heureux.
Après tant de malheurs, après mon imprudence,
Le trépas me doit seul prêter son assistance.

SCÈNE XI.

MASCARILLE.

Voilà le vrai moyen d'achever son destin ;
Il ne lui manque plus que de mourir enfin
Pour le couronnement de toutes ses sottises.
Mais en vain son dépit pour ses fautes commises
Lui fait licencier mes soins et mon appui ;
Je veux, quoi qu'il en soit, le servir malgré lui,
Et dessus son lutin obtenir la victoire.
Plus l'obstacle est puissant, plus on reçoit de gloire :
Et les difficultés dont on est combattu
Sont les dames d'atour qui parent la vertu.

SCÈNE XII.

CÉLIE, MASCARILLE.

CÉLIE, *à Mascarille qui lui a parlé bas.*

Quoi que tu veuilles dire, et que l'on se propose,
De ce retardement j'attends fort peu de chose.
Ce qu'on voit de succès peut bien persuader
Qu'ils ne sont pas encor fort près de s'accorder :
Et je t'ai déjà dit qu'un cœur comme le nôtre
Ne voudroit pas pour l'un faire injustice à l'autre ;
Et que très fortement par de différents nœuds
Je me trouve attachée au parti de tous deux.
Si Lélie a pour lui l'amour et sa puissance,
Andrès pour son partage a la reconnoissance,
Qui ne souffrira point que mes pensers secrets
Consultent jamais rien contre ses intérêts :

ACTE V, SCÈNE XII.

Oui, s'il ne peut avoir plus de place en mon ame,
Si le don de mon cœur ne couronne sa flamme,
Au moins dois-je le prix à ce qu'il fait pour moi
De n'en choisir point d'autre au mépris de sa foi,
Et de faire à mes vœux autant de violence
Que j'en fais aux désirs qu'il met en évidence.
Sur ces difficultés qu'oppose mon devoir,
Juge ce que tu peux te permettre d'espoir.

MASCARILLE.

Ce sont, à dire vrai, de très fâcheux obstacles ;
Et je ne sais point l'art de faire des miracles :
Mais je vais employer mes efforts plus puissants,
Remuer terre et ciel, m'y prendre de tous sens,
Pour tâcher de trouver un biais salutaire,
Et vous dirai bientôt ce qui se pourra faire.

SCÈNE XIII.

HIPPOLYTE, CÉLIE.

HIPPOLYTE.

Depuis votre séjour, les dames de ces lieux
Se plaignent justement des larcins de vos yeux,
Si vous leur dérobez leurs conquêtes plus belles,
Et de tous leurs amants faites des infidèles :
Il n'est guère de cœurs qui puissent échapper
Aux traits dont à l'abord vous savez les frapper ;
Et mille libertés à vos chaînes offertes
Semblent vous enrichir chaque jour de nos pertes.
Quant à moi toutefois je ne me plaindrois pas
Du pouvoir absolu de vos rares appas,
Si, lorsque mes amants sont devenus les vôtres,
Un seul m'eût consolé de la perte des autres :

Mais qu'inhumainement vous me les ôtiez tous,
C'est un dur procédé dont je me plains à vous.

CÉLIE.

Voilà d'un air galant faire une raillerie :
Mais épargnez un peu celle qui vous en prie.
Vos yeux, vos propres yeux se connoissent trop bien
Pour pouvoir de ma part redouter jamais rien ;
Ils sont fort assurés du pouvoir de leurs charmes,
Et ne prendront jamais de pareilles alarmes.

HIPPOLYTE.

Pourtant en ce discours je n'ai rien avancé
Qui dans tous les esprits ne soit déjà passé ;
Et, sans parler du reste, on sait bien que Célie
A causé des désirs à Léandre et Lélie.

CÉLIE.

Je crois qu'étant tombés dans cet aveuglement
Vous vous consoleriez de leur perte aisément,
Et trouveriez pour vous l'amant peu souhaitable
Qui d'un si mauvais choix se trouveroit capable.

HIPPOLYTE.

Au contraire, j'agis d'un air tout différent,
Et trouve en vos beautés un mérite si grand,
J'y vois tant de raisons capables de défendre
L'inconstance de ceux qui s'en laissent surprendre,
Que je ne puis blâmer la nouveauté des feux
Dont envers moi Léandre a parjuré ses vœux,
Et le vais voir tantôt, sans haine et sans colère,
Ramené sous mes lois par le pouvoir d'un père.

SCÈNE XIV.

CÉLIE, HIPPOLYTE, MASCARILLE.

MASCARILLE.

Grande, grande nouvelle, et succès surprenant
Que ma bouche vous vient annoncer maintenant !

CÉLIE.

Qu'est-ce donc ?

MASCARILLE.

Écoutez, voici sans flatterie...

CÉLIE.

Quoi ?

MASCARILLE.

La fin d'une vraie et pure comédie.
La vieille Égyptienne à l'heure même...

CÉLIE.

Hé bien ?

MASCARILLE.

Passoit dedans la place et ne songeoit à rien,
Alors qu'une autre vieille assez défigurée,
L'ayant de près au nez long-temps considérée,
Par un bruit enroué de mots injurieux
A donné le signal d'un combat furieux,
Qui pour armes pourtant, mousquets, dagues, ou flèches,
Ne faisoit voir en l'air que quatre griffes sèches,
Dont ces deux combattants s'efforçoient d'arracher
Ce peu que sur leurs os les ans laissent de chair.
On n'entend que ces mots, chienne, louve, bagasse.
D'abord leurs escoffions ont volé par la place,
Et, laissant voir à nu deux têtes sans cheveux,

Ont rendu le combat risiblement affreux.
Andrès et Trufaldin, à l'éclat du murmure,
Ainsi que force monde, accourus d'aventure,
Ont à les décharpir eu de la peine assez,
Tant leurs esprits étoient par la fureur poussés.
Cependant que chacune, après cette tempête,
Songe à cacher aux yeux la honte de sa tête,
Et que l'on veut savoir qui causoit cette humeur ;
Celle qui la première avoit fait la rumeur,
Malgré la passion dont elle étoit émue,
Ayant sur Trufaldin tenu long-temps la vue :
C'est vous, si quelque erreur n'abuse ici mes yeux,
Qu'on m'a dit qui vivez inconnu dans ces lieux,
A-t-elle dit tout haut. O rencontre opportune !
Oui, seigneur Zanobio Ruberti, la fortune
Me fait vous reconnoître, et dans le même instant
Que pour votre intérêt je me tourmentois tant,
Lorsque Naples vous vit quitter votre famille,
J'avois, vous le savez, en mes mains votre fille
Dont j'élevois l'enfance, et qui, par mille traits,
Faisoit voir dès quatre ans sa grace et ses attraits.
Celle que vous voyez, cette infâme sorcière,
Dedans notre maison se rendant familière,
Me vola ce trésor. Hélas ! de ce malheur
Votre femme, je crois, conçut tant de douleur,
Que cela servit fort pour avancer sa vie.
Si bien qu'entre mes mains cette fille ravie
Me faisant redouter un reproche fâcheux,
Je vous fis annoncer la mort de toutes deux.
Mais il faut maintenant, puisque je l'ai connue,
Qu'elle fasse savoir ce qu'elle est devenue.
  Au nom de Zanobio Ruberti, que sa voix

ACTE V, SCÈNE XIV.

Pendant tout ce récit répétoit plusieurs fois,
Andrès, ayant changé quelque temps de visage,
A Trufaldin surpris a tenu ce langage :
Quoi donc ! le ciel me fait trouver heureusement
Celui que jusqu'ici j'ai cherché vainement,
Et que j'avois pu voir sans pourtant reconnoître
La source de mon sang et l'auteur de mon être !
Oui, mon père, je suis Horace votre fils.
D'Albert, qui me gardoit, les jours étant finis,
Me sentant naître au cœur d'autres inquiétudes,
Je sortis de Bologne, et, quittant mes études,
Portai durant six ans mes pas en divers lieux,
Selon que me poussoit un désir curieux.
Pourtant, après ce temps, une secrète envie
Me pressa de revoir les miens et ma patrie :
Mais dans Naples, hélas ! je ne vous trouvai plus,
Et n'y sus votre sort que par des bruits confus.
Si bien qu'à votre quête ayant perdu mes peines,
Venise pour un temps borna mes courses vaines :
Et j'ai vécu depuis, sans que de ma maison
J'eusse d'autres clartés que d'en savoir le nom.

Je vous laisse à juger si, pendant ces affaires,
Trufaldin ressentoit des transports ordinaires.
Enfin, pour retrancher ce que plus à loisir
Vous aurez le moyen de vous faire éclaircir
Par la confession de votre Égyptienne,
Trufaldin maintenant vous reconnoît pour sienne ;
Andrès est votre frère ; et, comme de sa sœur
Il ne peut plus songer à se voir possesseur,
Une obligation qu'il prétend reconnoître
A fait qu'il vous obtient pour épouse à mon maître,
Dont le père, témoin de tout l'évènement,

Donne à cet hyménée un plein consentement,
Et, pour mettre une joie entière en sa famille,
Pour le nouvel Horace a proposé sa fille.
Voyez que d'incidents à la fois enfantés !

CÉLIE.

Je demeure immobile à tant de nouveautés.

MASCARILLE.

Tous viennent sur mes pas, hors les deux championnes,
Qui du combat encor remettent leurs personnes.
Léandre est de la troupe, et votre père aussi.
Moi, je vais avertir mon maître de ceci,
Et que, lorsqu'à ses vœux on croit le plus d'obstacle,
Le ciel en sa faveur produit comme un miracle.

(*Mascarille sort.*)

HIPPOLYTE.

Un tel ravissement rend mes esprits confus,
Que pour mon propre sort je n'en aurois pas plus.
Mais les voici venir.

SCÈNE XV.

TRUFALDIN, ANSELME, PANDOLFE, CÉLIE, HIPPOLYTE, LÉANDRE, ANDRÈS.

TRUFALDIN.

Ah ma fille !

CÉLIE.

— Ah mon père !

TRUFALDIN.

Sais-tu déjà comment le ciel nous est prospère ?

ACTE V, SCÈNE XV.

CÉLIE.

J'en viens d'entendre ici le succès merveilleux.

HIPPOLYTE, à *Léandre.*

En vain vous parleriez pour excuser vos feux,
Si j'ai devant les yeux ce que vous pouvez dire.

LÉANDRE.

Un généreux pardon est ce que je désire :
Mais j'atteste les cieux qu'en ce retour soudain
Mon père fait bien moins que mon propre dessein.

ANDRÈS, à *Célie.*

Qui l'auroit jamais cru que cette ardeur si pure
Pût être condamnée un jour par la nature !
Toutefois tant d'honneur la sut toujours régir,
Qu'en y changeant fort peu je puis la retenir.

CÉLIE.

Pour moi, je me blâmois et croyois faire faute
Quand je n'avois pour vous qu'une estime très haute :
Je ne pouvois savoir quel obstacle puissant
M'arrêtoit sur un pas si doux et si glissant,
Et détournoit mon cœur de l'aveu d'une flamme
Que mes sens s'efforçoient d'introduire en mon ame.

TRUFALDIN, à *Célie.*

Mais, en te recouvrant, que diras-tu de moi,
Si je songe aussitôt à me priver de toi,
Et t'engage à son fils sous les lois d'hyménée ?

CÉLIE.

Que de vous maintenant dépend ma destinée.

SCÈNE XVI.

TRUFALDIN, ANSELME, PANDOLFE, CÉLIE, HIPPOLYTE, LÉLIE, LÉANDRE, ANDRÈS, MASCARILLE.

MASCARILLE, *à Lélie.*

Voyons si votre diable aura bien le pouvoir
De détruire à ce coup un si solide espoir,
Et si, contre l'excès du bien qui nous arrive,
Vous armerez encor votre imaginative.
Par un coup imprévu des destins les plus doux,
Vos vœux sont couronnés, et Célie est à vous.

LÉLIE.

Croirai-je que du ciel la puissance absolue...?

TRUFALDIN.

Oui, mon gendre, il est vrai.

PANDOLFE.

La chose est résolue.

ANDRÈS, *à Lélie.*

Je m'acquitte par-là de ce que je vous dois.

LÉLIE, *à Mascarille.*

Il faut que je t'embrasse et mille et mille fois.
Dans cette joie...

MASCARILLE.

Aïe! Aïe! doucement, je vous prie.
Il m'a presque étouffé. Je crains fort pour Célie,
Si vous la caressez avec tant de transport.
De vos embrassements on se passeroit fort.

TRUFALDIN, *à Lélie.*

Vous savez le bonheur que le ciel me renvoie.

Mais puisqu'un même jour nous met tous dans la joie,
Ne nous séparons point qu'il ne soit terminé;
Et que son père aussi nous soit vite amené.

MASCARILLE.

Vous voilà tous pourvus. N'est-il point quelque fille
Qui pût accommoder le pauvre Mascarille ?
A voir chacun se joindre à sa chacune ici,
J'ai des démangeaisons de mariage aussi.

ANSELME.

J'ai ton fait.

MASCARILLE.

  Allons donc; et que les cieux prospères
Nous donnent des enfants dont nous soyons les pères !

FIN DE L'ÉTOURDI.

LE
DÉPIT AMOUREUX,

COMÉDIE EN CINQ ACTES,

Représentée, pour la première fois, aux États de Béziers en 1654; et à Paris, sur le théâtre du Petit-Bourbon, en décembre 1658.

PERSONNAGES.

ALBERT, père de Lucile et d'Ascagne.
POLIDORE, père de Valère.
LUCILE, fille d'Albert.
ASCAGNE, fille d'Albert, déguisée en homme.
ÉRASTE, amant de Lucile.
VALÈRE, fils de Polidore.
MARINETTE, suivante de Lucile.
FROSINE, confidente d'Ascagne.
MÉTAPHRASTE, pédant.
GROS-RENÉ, valet d'Éraste.
MASCARILLE, valet de Valère.
LA RAPIÈRE, bretteur.

La scène est à Paris.

LE DÉPIT AMOUREUX.

ACTE PREMIER.

SCÈNE I.
ÉRASTE, GROS-RENÉ.

ÉRASTE.

Veux-tu que je te die ? une atteinte secrète
Ne laisse point mon ame en une bonne assiette :
Oui, quoi qu'à mon amour tu puisses repartir,
Il craint d'être la dupe, à ne te point mentir ;
Qu'en faveur d'un rival ta foi ne se corrompe,
Ou du moins qu'avec moi toi-même on ne te trompe.

GROS-RENÉ.

Pour moi, me soupçonner de quelque mauvais tour,
Je dirai, n'en déplaise à monsieur votre amour,
Que c'est injustement blesser ma prud'hommie,
Et se connoître mal en physionomie.
Les gens de mon minois ne sont point accusés
D'être, graces à Dieu, ni fourbes, ni rusés.
Cet honneur qu'on nous fait, je ne le démens guères,
Et suis homme fort rond de toutes les manières.
Pour que l'on me trompât, cela se pourroit bien,
Le doute est mieux fondé, pourtant je n'en crois rien.

Je ne vois point encore, ou je suis une bête,
Sur quoi vous avez pu prendre martel en tête.
Lucile, à mon avis, vous montre assez d'amour;
Elle vous voit, vous parle à toute heure du jour;
Et Valère, après tout, qui cause votre crainte,
Semble n'être à présent souffert que par contrainte.

ÉRASTE.

Souvent d'un faux espoir un amant est nourri,
Le mieux reçu toujours n'est pas le plus chéri;
Et tout ce que d'ardeur font paroître les femmes
Parfois n'est qu'un beau voile à couvrir d'autres flammes.
Valère enfin, pour être un amant rebuté,
Montre depuis un temps trop de tranquillité;
Et ce qu'à ces faveurs dont tu crois l'apparence
Il témoigne de joie ou bien d'indifférence
M'empoisonne à tous coups leurs plus charmants appas,
Me donne ce chagrin que tu ne comprends pas,
Tient mon bonheur en doute, et me rend difficile
Une entière croyance aux propos de Lucile.
Je voudrois, pour trouver un tel destin bien doux,
Y voir entrer un peu de son transport jaloux;
Et, sur ses déplaisirs et son impatience,
Mon ame prendroit lors une pleine assurance.
Toi-même penses-tu qu'on puisse, comme il fait,
Voir chérir un rival d'un esprit satisfait?
Et si tu n'en crois rien, dis-moi, je t'en conjure,
Si j'ai lieu de rêver dessus cette aventure.

GROS-RENÉ.

Peut-être que son cœur a changé de désirs,
Connoissant qu'il poussoit d'inutiles soupirs.

ÉRASTE.

Lorsque par les rebuts une ame est détachée,

Elle veut fuir l'objet dont elle fut touchée,
Et ne rompt point sa chaîne avec si peu d'éclat
Qu'elle puisse rester en un paisible état :
De ce qu'on a chéri la fatale présence
Ne nous laisse jamais dedans l'indifférence ;
Et, si de cette vue on n'accroît son dédain,
Notre amour est bien près de nous rentrer au sein.
Enfin, crois-moi, si bien qu'on éteigne une flamme,
Un peu de jalousie occupe encore une ame ;
Et l'on ne sauroit voir, sans en être piqué,
Possédé par un autre un cœur qu'on a manqué.

GROS-RENÉ.

Pour moi, je ne sais point tant de philosophie ;
Ce que voient mes yeux, franchement je m'y fie,
Et ne suis point de moi si mortel ennemi,
Que je m'aille affliger sans sujet ni demi.
Pourquoi subtiliser, et faire le capable
A chercher des raisons pour être misérable ?
Sur des soupçons en l'air je m'irois alarmer !
Laissons venir la fête avant que la chômer.
Le chagrin me paroît une incommode chose :
Je n'en prends point, pour moi, sans bonne et juste cause;
Et mêmes à mes yeux cent sujets d'en avoir
S'offrent le plus souvent, que je ne veux pas voir.
Avec vous en amour je cours même fortune ;
Celle que vous aurez me doit être commune :
La maîtresse ne peut abuser votre foi,
A moins que la suivante en fasse autant pour moi ;
Mais j'en fuis la pensée avec un soin extrême.
Je veux croire les gens, quand on me dit, je t'aime ;
Et ne vais point chercher, pour m'estimer heureux,
Si Mascarille ou non s'arrache les cheveux.

Que tantôt Marinette endure qu'à son aise
Jodelet par plaisir la caresse et la baise,
Et que ce beau rival en rie ainsi qu'un fou;
A son exemple aussi j'en rirai tout mon soûl,
Et l'on verra qui rit avec meilleure grace.

ÉRASTE.

Voilà de tes discours.

GROS-RENÉ.
Mais je la vois qui passe.

SCÈNE II.

ÉRASTE, MARINETTE, GROS-RENÉ.

GROS-RENÉ.

S't, Marinette !

MARINETTE.
Ho, ho ! que fais-tu là ?

GROS-RENÉ.
Ma foi,
Demande; nous étions tout à l'heure sur toi.

MARINETTE.
Vous êtes aussi là, monsieur ! Depuis une heure
Vous m'avez fait trotter comme un Basque, ou je meure.

ÉRASTE.
Comment ?

MARINETTE.
Pour vous chercher j'ai fait dix mille pas,
Et vous promets, ma foi...

ÉRASTE.
Quoi ?

ACTE I, SCÈNE II.

MARINETTE.

Que vous n'êtes pas
Au temple, au cours, chez vous, ni dans la grande place.

GROS-RENÉ.

Il en falloit jurer.

ÉRASTE.

Apprends-moi donc, de grace,
Qui te fait me chercher.

MARINETTE.

Quelqu'un, en vérité,
Qui pour vous n'a pas trop mauvaise volonté ;
Ma maîtresse, en un mot.

ÉRASTE.

Ah ! chère Marinette,
Ton discours de son cœur est-il bien l'interprète ?
Ne me déguise point un mystère fatal ;
Je ne t'en voudrai pas pour cela plus de mal :
Au nom des dieux, dis-moi si ta belle maîtresse
N'abuse point mes vœux d'une fausse tendresse.

MARINETTE.

Hé, hé ! d'où vous vient donc ce plaisant mouvement ?
Elle ne fait pas voir assez son sentiment !
Quel garant est-ce encor que votre amour demande ?
Que lui faut-il ?

GROS-RENÉ.

A moins que Valère se pende,
Bagatelle ; son cœur ne s'assurera point.

MARINETTE.

Comment ?

GROS-RENÉ.

Il est jaloux jusques en un tel point.

MARINETTE.

De Valère? Ah! vraiment la pensée est bien belle!
Elle peut seulement naître en votre cervelle.
Je vous croyois du sens, et jusqu'à ce moment
J'avois de votre esprit quelque bon sentiment;
Mais, à ce que je vois, je m'étois fort trompée.
Ta tête de ce mal est-elle aussi frappée?

GROS-RENÉ.

Moi, jaloux! Dieu m'en garde, et d'être assez badin
Pour m'aller amaigrir avec un tel chagrin!
Outre que de ton cœur ta foi me cautionne,
L'opinion que j'ai de moi-même est trop bonne
Pour croire auprès de moi que quelque autre te plût.
Où diantre pourrois-tu trouver qui me valût?

MARINETTE.

En effet, tu dis bien; voilà comme il faut être.
Jamais de ces soupçons qu'un jaloux fait paroître:
Tout le fruit qu'on en cueille est de se mettre mal,
Et d'avancer par-là les desseins d'un rival.
Au mérite souvent de qui l'éclat vous blesse
Vos chagrins font ouvrir les yeux d'une maîtresse;
Et j'en sais tel qui doit son destin le plus doux
Aux soins trop inquiets de son rival jaloux.
Enfin, quoi qu'il en soit, témoigner de l'ombrage,
C'est jouer en amour un mauvais personnage,
Et se rendre, après tout, misérable à crédit.
Cela, seigneur Éraste, en passant vous soit dit.

ÉRASTE.

Hé bien, n'en parlons plus. Que venois-tu m'apprendre?

MARINETTE.

Vous mériteriez bien que l'on vous fît attendre,
Qu'afin de vous punir je vous tinsse caché

ACTE I, SCÈNE II. 139

Le grand secret pourquoi je vous ai tant cherché.
Tenez, voyez ce mot, et sortez hors de doute.
Lisez-le donc tout haut, personne ici n'écoute.

ÉRASTE *lit.*

« Vous m'avez dit que votre amour
« Étoit capable de tout faire ;
« Il se couronnera lui-même dans ce jour,
« S'il peut avoir l'aveu d'un père.
« Faites parler les droits qu'on a dessus mon cœur,
« Je vous en donne la licence ;
« Et, si c'est en votre faveur,
« Je vous réponds de mon obéissance. »

Ah quel bonheur ! O toi, qui me l'as apporté,
Je te dois regarder comme une déité !

GROS-RENÉ.

Je vous le disois bien : contre votre croyance,
Je ne me trompe guère aux choses que je pense.

ÉRASTE *relit.*

« Faites parler les droits qu'on a dessus mon cœur,
« Je vous en donne la licence ;
« Et, si c'est en votre faveur,
« Je vous réponds de mon obéissance. »

MARINETTE.

Si je lui rapportois vos foiblesses d'esprit,
Elle désavoueroit bientôt un tel écrit.

ÉRASTE.

Ah ! cache-lui, de grace, une peur passagère
Où mon ame a cru voir quelque peu de lumière ;
Ou, si tu la lui dis, ajoute que ma mort
Est prête d'expier l'erreur de ce transport ;
Que je vais à ses pieds, si j'ai pu lui déplaire,
Sacrifier ma vie à sa juste colère.

MARINETTE.
Ne parlons point de mort, ce n'en est pas le temps.
ÉRASTE.
Au reste, je te dois beaucoup, et je prétends
Reconnoître dans peu, de la bonne manière,
Les soins d'une si noble et si belle courrière.
MARINETTE.
A propos; savez-vous où je vous ai cherché
Tantôt encore?
ÉRASTE.
Hé bien?
MARINETTE.
     Tout proche du marché,
Où vous savez.
ÉRASTE.
Où donc?
MARINETTE.
    Là... dans cette boutique
Où dès le mois passé votre cœur magnifique
Me promit, de sa grace, une bague.
ÉRASTE.
       Ah! j'entends.
GROS-RENÉ.
La matoise!
ÉRASTE.
   Il est vrai, j'ai tardé trop long-temps
A m'acquitter vers toi d'une telle promesse :
Mais...
MARINETTE.
  Ce que j'en ai dit n'est pas que je vous presse.
GROS-RENÉ.
Ho! que non!

ACTE I, SCÈNE II.

ÉRASTE *lui donne sa bague.*
          Celle-ci peut-être aura de quoi
Te plaire ; accepte-la pour celle que je doi.

MARINETTE.
Monsieur, vous vous moquez ; j'aurois honte à la prendre.

GROS-RENÉ.
Pauvre honteuse, prends, sans davantage attendre ;
Refuser ce qu'on donne est bon à faire aux fous.

MARINETTE.
Ce sera pour garder quelque chose de vous.

ÉRASTE.
Quand puis-je rendre grace à cet ange adorable ?

MARINETTE.
Travaillez à vous rendre un père favorable.

ÉRASTE.
Mais, s'il me rebutoit, dois-je... ?

MARINETTE.
                    Alors comme alors ;
Pour vous on emploiera toutes sortes d'efforts.
D'une façon ou d'autre il faut qu'elle soit vôtre.
Faites vôtre pouvoir, et nous ferons le nôtre.

ÉRASTE.
Adieu : nous en saurons le succès dans ce jour.
     (*Eraste relit la lettre tout bas.*)

MARINETTE, *à Gros-René.*
Et nous, que dirons-nous aussi de notre amour ?
Tu ne m'en parles point.

GROS-RENÉ.
                    Un hymen qu'on souhaite,
Entre gens comme nous, est chose bientôt faite.
Je te veux ; me veux-tu de même ?

MARINETTE.

Avec plaisir.

GROS-RENÉ.

Touche : il suffit.

MARINETTE.

Adieu, Gros-René, mon désir.

GROS-RENÉ.

Adieu, mon astre.

MARINETTE.

Adieu, beau tison de ma flamme.

GROS-RENÉ.

Adieu, chère comète, arc-en-ciel de mon ame.
(*Marinette sort.*)
Le bon Dieu soit loué, nos affaires vont bien ;
Albert n'est pas un homme à vous refuser rien.

ÉRASTE.

Valère vient à nous.

GROS-RENÉ.

Je plains le pauvre hère,
Sachant ce qui se passe.

SCÈNE III.

VALÈRE, ÉRASTE, GROS-RENÉ.

ÉRASTE.

Hé bien, seigneur Valère ?

VALÈRE.

Hé bien, seigneur Éraste ?

ÉRASTE.

En quel état l'amour ?

VALÈRE.

En quel état vos feux ?

ACTE I, SCÈNE III.

ÉRASTE.
Plus forts de jour en jour.

VALÈRE.
Et mon amour plus fort.

ÉRASTE.
Pour Lucile ?

VALÈRE.
Pour elle.

ÉRASTE.
Certes, je l'avouerai, vous êtes le modèle
D'une rare constance.

VALÈRE.
Et votre fermeté
Doit être un rare exemple à la postérité.

ÉRASTE.
Pour moi, je suis peu fait à cet amour austère
Qui dans les seuls regards trouve à se satisfaire,
Et je ne forme point d'assez beaux sentiments
Pour souffrir constamment les mauvais traitements :
Enfin, quand j'aime bien, j'aime fort que l'on m'aime.

VALÈRE.
Il est très naturel, et j'en suis bien de même.
Le plus parfait objet dont je serois charmé
N'auroit pas mes tributs, n'en étant point aimé.

ÉRASTE.
Lucile cependant...

VALÈRE.
Lucile dans son ame
Rend tout ce que je veux qu'elle rende à ma flamme.

ÉRASTE.
Vous êtes donc facile à contenter ?

LE DÉPIT AMOUREUX.

VALÈRE.

                    Pas tant
Que vous pourriez penser.

ÉRASTE.

                    Je puis croire pourtant,
Sans trop de vanité, que je suis en sa grace.

VALÈRE.

Moi, je sais que j'y tiens une assez bonne place.

ÉRASTE.

Ne vous abusez point, croyez-moi.

VALÈRE.

                    Croyez-moi,
Ne laissez point duper vos yeux à trop de foi.

ÉRASTE.

Si j'osois vous montrer une preuve assurée
Que son cœur... Non, votre ame en seroit altérée.

VALÈRE.

Si je vous osois, moi, découvrir un secret...
Mais je vous fâcherois, et veux être discret.

ÉRASTE.

Vraiment, vous me poussez; et, contre mon envie,
Votre présomption veut que je l'humilie.
Lisez.

VALÈRE, *après avoir lu.*

Ces mots sont doux.

ÉRASTE.

                Vous connoissez la main?

VALÈRE.

Oui, de Lucile.

ÉRASTE.

Hé bien! cet espoir si certain...

VALÈRE, *riant et s'en allant.*

Adieu, seigneur Éraste.

GROS-RENÉ.

Il est fou, le bon sire :
Où vient-il donc pour lui d'avoir le mot pour rire ?

ÉRASTE.

Certes, il me surprend ; et j'ignore, entre nous,
Quel diable de mystère est caché là-dessous.

GROS-RENÉ.

Son valet vient, je pense.

ÉRASTE.

Oui, je le vois paroître.
Feignons, pour le jeter sur l'amour de son maître.

SCÈNE IV.

ÉRASTE, MASCARILLE, GROS-RENÉ.

MASCARILLE, *à part.*
Non, je ne trouve point d'état plus malheureux
Que d'avoir un patron jeune et fort amoureux.

GROS-RENÉ.

Bon jour.

MASCARILLE.

Bon jour.

GROS-RENÉ.

Où tend Mascarille à cette heure ?
Que fait-il ? Revient-il ? va-t-il ? ou s'il demeure ?

MASCARILLE.

Non, je ne reviens pas, car je n'ai pas été ;
Je ne vais pas aussi, car je suis arrêté ;
Et ne demeure pas, car, tout de ce pas même,
Je prétends m'en aller.

ÉRASTE.

La rigueur est extrême :
Doucement, Mascarille.

MASCARILLE.

Ah ! monsieur, serviteur.

ÉRASTE.

Vous nous fuyez bien vite ! hé quoi ! vous fais-je peur ?

MASCARILLE.

Je ne crois pas cela de votre courtoisie.

ÉRASTE.

Touche : nous n'avons plus sujet de jalousie ;
Nous devenons amis ; et mes feux que j'éteins
Laissent la place libre à vos heureux desseins.

MASCARILLE.

Plût à Dieu !

ÉRASTE.

Gros-René sait qu'ailleurs je me jette.

GROS-RENÉ.

Sans doute ; et je te cède aussi la Marinette.

MASCARILLE.

Passons sur ce point-là ; notre rivalité
N'est pas pour en venir à grande extrémité.
Mais est-ce un coup bien sûr que votre seigneurie
Soit désenamourée ? ou si c'est raillerie ?

ÉRASTE.

J'ai su qu'en ses amours ton maître étoit trop bien ;
Et je serois un fou de prétendre plus rien
Aux étroites faveurs qu'il a de cette belle.

MASCARILLE.

Certes, vous me plaisez avec cette nouvelle :
Outre qu'en nos projets je vous craignois un peu,
Vous tirez sagement votre épingle du jeu.

ACTE 1, SCÈNE IV.

Oui, vous avez bien fait de quitter une place
Où l'on vous caressoit pour la seule grimace;
Et mille fois, sachant tout ce qui se passoit,
J'ai plaint le faux espoir dont on vous repaissoit :
On offense un brave homme alors que l'on l'abuse.
Mais d'où diantre, après tout, avez-vous su la ruse?
Car cet engagement mutuel de leur foi
N'eut pour témoins, la nuit, que deux autres et moi ;
Et l'on croit jusqu'ici la chaîne fort secrète
Qui rend de nos amants la flamme satisfaite.

ÉRASTE.

Hé ! que dis-tu ?

MASCARILLE.

Je dis que je suis interdit,
Et ne sais pas, monsieur, qui peut vous avoir dit
Que sous ce faux semblant, qui trompe tout le monde
En vous trompant aussi, leur ardeur sans seconde
D'un secret mariage a serré le lien.

ÉRASTE.

Vous en avez menti.

MASCARILLE.

Monsieur, je le veux bien.

ÉRASTE

Vous êtes un coquin.

MASCARILLE.

D'accord.

ÉRASTE.

Et cette audace
Mériteroit cent coups de bâton sur la place.

MASCARILLE.

Vous avez tout pouvoir.

ÉRASTE.

Ah ! Gros-René !

GROS-RENÉ.

Monsieur.

ÉRASTE.

Je démens un discours dont je n'ai que trop peur.
(*à Mascarille.*)
Tu penses fuir.

MASCARILLE.

Nenni.

ÉRASTE.

Quoi ! Lucile est la femme...?

MASCARILLE.

Non, monsieur ; je raillois.

ÉRASTE.

Ah ! vous raillez, infâme !

MASCARILLE.

Non, je ne raillois point.

ÉRASTE.

Il est donc vrai ?

MASCARILLE.

Non pas :
Je ne dis pas cela.

ÉRASTE.

Que dis-tu donc ?

MASCARILLE.

Hélas !
Je ne dis rien, de peur de mal parler.

ÉRASTE.

Assure
Ou si c'est chose vraie, ou si c'est imposture.

ACTE I, SCÈNE IV.

MASCARILLE.

C'est ce qu'il vous plaira ; je ne suis pas ici
Pour vous rien contester.

ÉRASTE, *tirant son épée:*

Veux-tu dire ? Voici,
Sans marchander, de quoi te délier la langue.

MASCARILLE.

Elle ira faire encor quelque sotte harangue.
Hé ! de grace, plutôt, si vous le trouvez bon,
Donnez-moi vitement quelques coups de bâton,
Et me laissez tirer mes chausses sans murmure.

ÉRASTE.

Tu mourras, ou je veux que la vérité pure
S'exprime par ta bouche.

MASCARILLE.

Hélas ! je la dirai :
Mais peut-être, monsieur, que je vous fâcherai.

ÉRASTE.

Parle : mais prends bien garde à ce que tu vas faire.
A ma juste fureur rien ne te peut soustraire,
Si tu mens d'un seul mot en ce que tu diras.

MASCARILLE.

J'y consens, rompez-moi les jambes et les bras ;
Faites-moi pis encor, tuez-moi, si j'impose,
En tout ce que j'ai dit ici, la moindre chose.

ÉRASTE.

Ce mariage est vrai ?

MASCARILLE.

Ma langue en cet endroit
A fait un pas de clerc dont elle s'aperçoit :
Mais enfin cette affaire est comme vous la dites ;
Et c'est après cinq jours de nocturnes visites,

Tandis que vous serviez à mieux couvrir leur jeu,
Que depuis avant-hier ils sont joints de ce nœud;
Et Lucile depuis fait encor moins paroître
Le violent amour qu'elle porte à mon maître,
Et veut absolument que tout ce qu'il verra,
Et qu'en votre faveur son cœur témoignera,
Il l'impute à l'effet d'une haute prudence,
Qui veut de leurs secrets ôter la connoissance.
Si, malgré mes serments, vous doutez de ma foi,
Gros-René peut venir une nuit avec moi;
Et je lui ferai voir, étant en sentinelle,
Que nous avons dans l'ombre un libre accès chez elle.

ÉRASTE.

Ote-toi de mes yeux, maraud.

MASCARILLE.

Et de grand cœur;
C'est ce que je demande.

SCÈNE V.

ÉRASTE, GROS-RENÉ.

ÉRASTE.

Hé bien?

GROS-RENÉ.

Hé bien, monsieur,
Nous en tenons tous deux, si l'autre est véritable.

ÉRASTE.

Las! il ne l'est que trop, le bourreau détestable!
Je vois trop d'apparence à tout ce qu'il a dit;
Et ce qu'a fait Valère en voyant cet écrit
Marque bien leur concert, et que c'est une baie
Qui sert sans doute aux feux dont l'ingrate le paie.

SCÈNE VI.

ÉRASTE, MARINETTE, GROS-RENÉ.

MARINETTE.

Je viens vous avertir que tantôt, sur le soir,
Ma maîtresse au jardin vous permet de la voir.

ÉRASTE.

Oses-tu me parler ? ame double et traîtresse !
Va, sors de ma présence; et dis à ta maîtresse
Qu'avecque ses écrits elle me laisse en paix,
Et que voilà l'état, infâme ! que j'en fais.

(*Il déchire la lettre, et sort.*)

MARINETTE.

Gros-René, dis-moi donc quelle mouche le pique ?

GROS-RENÉ.

M'oses-tu bien encor parler ? femelle inique,
Crocodile trompeur, de qui le cœur félon
Est pire qu'un satrape, ou bien qu'un Lestrigon !
Va, va rendre réponse à ta bonne maîtresse;
Et lui dis bien et beau que, malgré sa souplesse,
Nous ne sommes plus sots, ni mon maître, ni moi,
Et désormais qu'elle aille au diable avecque toi.

MARINETTE, *seule*.

Ma pauvre Marinette, es-tu bien éveillée ?
De quel démon est donc leur ame travaillée ?
Quoi ! faire un tel accueil à nos soins obligeants !
Oh ! que ceci chez nous va surprendre les gens !

FIN DU PREMIER ACTE.

ACTE SECOND.

SCÈNE I.

ASCAGNE, FROSINE.

FROSINE.

Ascagne, je suis fille à secret, Dieu merci.

ASCAGNE.

Mais, pour un tel discours, sommes-nous bien ici ?
Prenons garde qu'aucun ne nous vienne surprendre,
Ou que de quelque endroit on ne nous puisse entendre.

FROSINE.

Nous serions au logis beaucoup moins sûrement :
Ici de tous côtés on découvre aisément,
Et nous pouvons parler avec toute assurance.

ASCAGNE.

Hélas ! que j'ai de peine à rompre mon silence !

FROSINE.

Ouais ! ceci doit donc être un important secret !

ASCAGNE.

Trop, puisque je le dis à vous-même à regret,
Et que, si je pouvois le cacher davantage,
Vous ne le sauriez point.

FROSINE.
    Ah ! c'est me faire outrage !
Feindre à s'ouvrir à moi, dont vous avez connu
Dans tous vos intérêts l'esprit si retenu !

Moi, nourrie avec vous, et qui tiens sous silence
Des choses qui vous sont de si grande importance !
Qui sais...

ASCAGNE.

Oui, vous savez la secrète raison
Qui cache aux yeux de tous mon sexe et ma maison :
Vous savez que dans celle où passa mon bas âge
Je suis pour y pouvoir retenir l'héritage
Que relâchoit ailleurs le jeune Ascagne mort,
Dont mon déguisement fait revivre le sort ;
Et c'est aussi pourquoi ma bouche se dispense
A vous ouvrir mon cœur avec plus d'assurance.
Mais avant que passer, Frosine, à ce discours,
Éclaircissez un doute où je tombe toujours.
Se pourroit-il qu'Albert ne sût rien du mystère
Qui masque ainsi mon sexe, et l'a rendu mon père ?

FROSINE.

En bonne foi, ce point sur quoi vous me pressez
Est une affaire aussi qui m'embarrasse assez :
Le fond de cette intrigue est pour moi lettre close :
Et ma mère ne put m'éclaircir mieux la chose.
Quand il mourut ce fils, l'objet de tant d'amour,
Au destin de qui même, avant qu'il vînt au jour,
Le testament d'un oncle abondant en richesses
D'un soin particulier avoit fait des largesses ;
Et que sa mère fit un secret de sa mort,
De son époux absent redoutant le transport
S'il voyoit chez un autre aller tout l'héritage
Dont sa maison tiroit un si grand avantage ;
Quand, dis-je, pour cacher un tel évènement,
La supposition fut de son sentiment,
Et qu'on vous prit chez nous où vous étiez nourrie

(Votre mère d'accord de cette tromperie
Qui remplaçoit ce fils à sa garde commis),
En faveur des présents le secret fut promis.
Albert ne l'a point su de nous ; et pour sa femme,
L'ayant plus de douze ans conservé dans son ame,
Comme le mal fut prompt dont on la vit mourir,
Son trépas imprévu ne put rien découvrir.
Mais cependant je vois qu'il garde intelligence
Avec celle de qui vous tenez la naissance :
J'ai su qu'en secret même il lui faisoit du bien,
Et peut-être cela ne se fait pas pour rien.
D'autre part, il vous veut porter au mariage
Et comme il le prétend, c'est un mauvais langage.
Je ne sais s'il sauroit la supposition
Sans le déguisement. Mais la digression
Tout insensiblement pourroit trop loin s'étendre :
Revenons au secret que je brûle d'apprendre.

ASCAGNE.

Sachez donc que l'Amour ne sait point s'abuser,
Que mon sexe à ses yeux n'a pu se déguiser,
Et que ses traits subtils, sous l'habit que je porte,
Ont su trouver le cœur d'une fille peu forte :
J'aime enfin.

FROSINE.

Vous aimez !

ASCAGNE.

Frosine, doucement :
N'entrez pas tout-à-fait dedans l'étonnement,
Il n'est pas temps encore ; et ce cœur, qui soupire,
A bien pour vous surprendre autre chose à vous dire.

FROSINE.

Et quoi ?

ACTE II, SCÈNE I.

ASCAGNE.

J'aime Valère.

FROSINE.

Ah! vous avez raison :
L'objet de votre amour, lui, dont à la maison
Votre imposture enlève un puissant héritage,
Et qui, de votre sexe ayant le moindre ombrage,
Verroit incontinent ce bien lui retourner !
C'est encore un plus grand sujet de s'étonner.

ASCAGNE.

J'ai de quoi, toutefois, surprendre plus votre ame :
Je suis sa femme.

FROSINE.

O dieux ! sa femme !

ASCAGNE.

Oui, sa femme.

FROSINE.

Ah ! certes, celui-là l'emporte, et vient à bout
De toute ma raison.

ASCAGNE.

Ce n'est pas encor tout.

FROSINE.

Encore ?

ASCAGNE.

Je la suis, dis-je, sans qu'il le pense,
Ni qu'il ait de mon sort la moindre connoissance.

FROSINE.

Ho ! poussez ; je le quitte, et ne raisonne plus,
Tant mes sens, coup sur coup, se trouvent confondus.
A ces énigmes-là je ne puis rien comprendre.

ASCAGNE.

Je vais vous l'expliquer, si vous voulez m'entendre.

Valère, dans les fers de ma sœur arrêté,
Me sembloit un amant digne d'être écouté;
Je ne pouvois souffrir qu'on rebutât sa flamme,
Sans qu'un peu d'intérêt touchât pour lui mon ame;
Je voulois que Lucile aimât son entretien;
Je blâmois ses rigueurs; et les blâmai si bien,
Que moi-même j'entrai, sans pouvoir m'en défendre,
Dans tous les sentiments qu'elle ne pouvoit prendre.
C'étoit, en lui parlant, moi qu'il persuadoit;
Je me laissois gagner aux soupirs qu'il perdoit;
Et ses vœux, rejetés de l'objet qui l'enflamme,
Étoient comme vainqueurs reçus dedans mon ame.
Ainsi mon cœur, Frosine, un peu trop foible, hélas!
Se rendit à des soins qu'on ne lui rendoit pas,
Par un coup réfléchi reçut une blessure,
Et paya pour un autre avec beaucoup d'usure.
Enfin, ma chère, enfin, l'amour que j'eus pour lui
Se voulut expliquer, mais sous le nom d'autrui.
Dans ma bouche, une nuit, cet amant trop aimable
Crut rencontrer Lucile à ses vœux favorable;
Et je sus ménager si bien cet entretien,
Que du déguisement il ne reconnut rien.
Sous ce voile trompeur, qui flattoit sa pensée,
Je lui dis que pour lui mon ame étoit blessée,
Mais que, voyant mon père en d'autres sentiments,
Je devois une feinte à ses commandements;
Qu'ainsi de notre amour nous ferions un mystère,
Dont la nuit seulement seroit dépositaire;
Et qu'entre nous, de jour, de peur de rien gâter,
Tout entretien secret se devoit éviter;
Qu'il me verroit alors la même indifférence
Qu'avant que nous eussions aucune intelligence;

Et que de son côté, de même que du mien,
Geste, parole, écrit, ne m'en dît jamais rien.
Enfin, sans m'arrêter sur toute l'industrie
Dont j'ai conduit le fil de cette tromperie,
J'ai poussé jusqu'au bout un projet si hardi,
Et me suis assuré l'époux que je vous di.

FROSINE.

Ho, ho! les grands talents que votre esprit possède!
Diroit-on qu'elle y touche avec sa mine froide?
Cependant vous avez été bien vite ici;
Car, je veux que la chose ait d'abord réussi,
Ne jugez-vous pas bien, à regarder l'issue,
Qu'elle ne peut long-temps éviter d'être sue?

ASCAGNE.

Quand l'amour est bien fort, rien ne peut l'arrêter :
Ses projets seulement vont à se contenter;
Et, pourvu qu'il arrive au but qu'il se propose,
Il croit que tout le reste après est peu de chose.
Mais enfin aujourd'hui je me découvre à vous,
Afin que vos conseils... Mais voici cet époux.

SCÈNE II.

VALÈRE, ASCAGNE, FROSINE.

VALÈRE.

Si vous êtes tous deux en quelque conférence
Où je vous fasse tort de mêler ma présence,
Je me retirerai.

ASCAGNE.

Non, non; vous pouvez bien,
Puisque vous le faisiez, rompre notre entretien.

VALÈRE.
Moi ?

ASCAGNE.
Vous-même.

VALÈRE.
Et comment ?

ASCAGNE.
Je disois que Valère
Auroit, si j'étois fille, un peu trop su me plaire ;
Et que, si je faisois tous les vœux de son cœur,
Je ne tarderois guère à faire son bonheur.

VALÈRE.
Ces protestations ne coûtent pas grand'chose,
Alors qu'à leur effet un pareil si s'oppose :
Mais vous seriez bien pris si quelque évènement
Alloit mettre à l'épreuve un si doux compliment.

ASCAGNE.
Point du tout : je vous dis que, régnant dans votre ame,
Je voudrois de bon cœur couronner votre flamme.

VALÈRE.
Et si c'étoit quelqu'une où par votre secours
Vous pussiez être utile au bonheur de mes jours ?

ASCAGNE.
Je pourrois assez mal répondre à votre attente.

VALÈRE.
Cette confession n'est pas fort obligeante.

ASCAGNE.
Hé quoi ! vous voudriez, Valère, injustement
Qu'étant fille, et mon cœur vous aimant tendrement,
Je m'allasse engager avec une promesse
De servir vos ardeurs pour quelque autre maîtresse ?

Un si pénible effort pour moi m'est interdit.
VALÈRE.
Mais cela n'étant pas?
ASCAGNE.
Ce que je vous ai dit,
Je l'ai dit comme fille, et vous le devez prendre
Tout de même.
VALÈRE.
Ainsi donc il ne faut rien prétendre,
Ascagne, à des bontés que vous auriez pour nous,
A moins que le ciel fasse un grand miracle en vous;
Bref, si vous n'êtes fille, adieu votre tendresse,
Il ne vous reste rien qui pour nous s'intéresse.
ASCAGNE.
J'ai l'esprit délicat plus qu'on ne peut penser,
Et le moindre scrupule a de quoi m'offenser
Quand il s'agit d'aimer. Enfin je suis sincère,
Je ne m'engage point à vous servir, Valère,
Si vous ne m'assurez, au moins, absolument
Que vous avez pour moi le même sentiment;
Que pareille chaleur d'amitié vous transporte;
Et que, si j'étois fille, une flamme plus forte
N'outrageroit point celle où je vivrois pour vous.
VALÈRE.
Je n'avois jamais vu ce scrupule jaloux;
Mais, tout nouveau qu'il est, ce mouvement m'oblige,
Et je vous fais ici tout l'aveu qu'il exige.
ASCAGNE.
Mais sans fard?
VALÈRE.
Oui, sans fard.

ASCAGNE.

                        S'il est vrai, désormais
Vos intérêts seront les miens, je vous promets.

VALÈRE.

J'ai bientôt à vous dire un important mystère,
Où l'effet de ces mots me sera nécessaire.

ASCAGNE.

Et j'ai quelque secret de même à vous ouvrir,
Où votre cœur pour moi se pourra découvrir.

VALÈRE.

Hé ! de quelle façon cela pourroit-il être ?

ASCAGNE.

C'est que j'ai de l'amour qui n'oseroit paroître,
Et vous pourriez avoir sur l'objet de mes vœux
Un empire à pouvoir rendre mon sort heureux.

VALÈRE.

Expliquez-vous, Ascagne, et croyez par avance
Que votre heur est certain, s'il est en ma puissance.

ASCAGNE.

Vous promettez ici plus que vous ne croyez.

VALÈRE.

Non, non : dites l'objet pour qui vous m'employez.

ASCAGNE.

Il n'est pas encor temps ; mais c'est une personne
Qui vous touche de près.

VALÈRE.

                    Votre discours m'étonne.
Plût à Dieu que ma sœur...

ASCAGNE.

                    Ce n'est pas la saison
De m'expliquer, vous dis-je.

VALÈRE.
Et pourquoi?
ASCAGNE.
Pour raison:
Vous saurez mon secret quand je saurai le vôtre.
VALÈRE.
J'ai besoin pour cela de l'aveu de quelque autre.
ASCAGNE.
Ayez-le donc; et lors, nous expliquant nos vœux,
Nous verrons qui tiendra mieux parole des deux.
VALÈRE.
Adieu, j'en suis content.
ASCAGNE.
Et moi content, Valère.
(*Valère sort.*)
FROSINE.
Il croit trouver en vous l'assistance d'un frère.

SCÈNE III.

LUCILE, ASCAGNE, FROSINE, MARINETTE.

LUCILE, *à Marinette les trois premiers vers.*
C'EN est fait; c'est ainsi que je puis me venger;
Et si cette action a de quoi l'affliger,
C'est toute la douceur que mon cœur s'y propose.
Mon frère, vous voyez une métamorphose:
Je veux chérir Valère après tant de fierté,
Et mes vœux maintenant tournent de son côté.
ASCAGNE.
Que dites-vous, ma sœur? Comment! courir au change!
Cette inégalité me semble trop étrange.

14.

LUCILE.

La vôtre me surprend avec plus de sujet.
De vos soins autrefois Valère étoit l'objet;
Je vous ai vu pour lui m'accuser de caprice,
D'aveugle cruauté, d'orgueil et d'injustice :
Et quand je veux l'aimer, mon dessein vous déplaît !
Et je vous vois parler contre son intérêt !

ASCAGNE.

Je le quitte, ma sœur, pour embrasser le vôtre.
Je sais qu'il est rangé dessous les lois d'une autre;
Et ce seroit un trait honteux à vos appas,
Si vous le rappeliez, et qu'il ne revînt pas.

LUCILE.

Si ce n'est que cela, j'aurai soin de ma gloire;
Et je sais, pour son cœur, tout ce que j'en dois croire;
Il s'explique à mes yeux intelligiblement :
Ainsi découvrez-lui, sans peur, mon sentiment;
Ou, si vous refusez de le faire, ma bouche
Lui va faire savoir que son ardeur me touche...
Quoi ! mon frère, à ces mots vous restez interdit !

ASCAGNE.

Ah ! ma sœur, si sur vous je puis avoir crédit,
Si vous êtes sensible aux prières d'un frère,
Quittez un tel dessein, et n'ôtez point Valère
Aux vœux d'un jeune objet dont l'intérêt m'est cher,
Et qui, sur ma parole, a droit de vous toucher.
La pauvre infortunée aime avec violence :
A moi seul de ses feux elle fait confidence,
Et je vois dans son cœur de tendres mouvements
A domter la fierté des plus durs sentiments.
Oui, vous auriez pitié de l'état de son ame,
Connoissant de quel coup vous menacez sa flamme;

Et je ressens si bien la douleur qu'elle aura,
Que je suis assuré, ma sœur, qu'elle en mourra
Si vous lui dérobez l'amant qui peut lui plaire.
Éraste est un parti qui doit vous satisfaire ;
Et des feux mutuels...

LUCILE.

Mon frère, c'est assez.
Je ne sais point pour qui vous vous intéressez ;
Mais, de grace, cessons ce discours, je vous prie,
Et me laissez un peu dans quelque rêverie.

ASCAGNE.

Allez, cruelle sœur, vous me désespérez
Si vous effectuez vos desseins déclarés.

SCÈNE IV.

LUCILE, MARINETTE.

MARINETTE.

LA résolution, madame, est assez prompte.

LUCILE.

Un cœur ne pèse rien alors que l'on l'affronte ;
Il court à sa vengeance, et saisit promptement
Tout ce qu'il croit servir à son ressentiment.
Le traître ! Faire voir cette insolence extrême !

MARINETTE.

Vous m'en voyez encor toute hors de moi-même :
Et quoique là-dessus je rumine sans fin,
L'aventure me passe, et j'y perds mon latin.
Car enfin aux transports d'une bonne nouvelle
Jamais cœur ne s'ouvrit d'une façon plus belle ;
De l'écrit obligeant le sien tout transporté

Ne me donnoit pas moins que de la déité :
Et cependant jamais, à cet autre message,
Fille ne fut traitée avecque tant d'outrage.
Je ne sais, pour causer de si grands changements,
Ce qui s'est pu passer entre ces courts moments.

LUCILE.

Rien ne s'est pu passer dont il faille être en peine,
Puisque rien ne le doit défendre de ma haine.
Quoi ! tu voudrois chercher hors de sa lâcheté
La secrète raison de cette indignité ?
Cet écrit malheureux, dont mon ame s'accuse,
Peut-il à son transport souffrir la moindre excuse ?

MARINETTE.

En effet, je comprends que vous avez raison,
Et que cette querelle est pure trahison.
Nous en tenons, madame : et puis prêtons l'oreille
Aux bons chiens de pendards qui nous chantent merveille,
Qui pour nous accrocher feignent tant de langueur ;
Laissons à leurs beaux mots fondre notre rigueur ;
Rendons-nous à leurs vœux, trop foibles que nous sommes !
Foin de notre sottise, et peste soit des hommes !

LUCILE.

Hé bien, bien, qu'il s'en vante, et rie à nos dépens ;
Il n'aura pas sujet d'en triompher long-temps :
Et je lui ferai voir qu'en une ame bien faite
Le mépris suit de près la faveur qu'on rejette.

MARINETTE.

Au moins, en pareil cas, est-ce un bonheur bien doux,
Quand on sait qu'on n'a point d'avantage sur nous.
Marinette eut bon nez, quoi qu'on en puisse dire,
De ne permettre rien un soir qu'on vouloit rire.
Quelque autre, sous l'espoir du *matrimonion*,

Auroit ouvert l'oreille à la tentation ;
Mais moi, *nescio vos.*

LUCILE.

Que tu dis de folies,
Et choisis mal ton temps pour de telles saillies !
Enfin je suis touchée au cœur sensiblement ;
Et si jamais celui de ce perfide amant,
Par un coup de bonheur, dont j'aurois tort, je pense,
De vouloir à présent concevoir l'espérance
(Car le ciel a trop pris plaisir de m'affliger
Pour me donner celui de me pouvoir venger) ;
Quand, dis-je, par un sort à mes désirs propice,
Il reviendroit m'offrir sa vie en sacrifice,
Détester à mes pieds l'action d'aujourd'hui,
Je te défends, sur-tout, de me parler pour lui.
Au contraire, je veux que ton zèle s'exprime
A me bien mettre aux yeux la grandeur de son crime ;
Et même, si mon cœur étoit pour lui tenté
De descendre jamais à quelque lâcheté,
Que ton affection me soit alors sévère,
Et tienne, comme il faut, la main à ma colère.

MARINETTE.

Vraiment, n'ayez point peur, et laissez faire à nous ;
J'ai pour le moins autant de colère que vous ;
Et je serois plutôt fille toute ma vie,
Que mon gros traître aussi me redonnât envie....
S'il vient...

SCÈNE V.

ALBERT, LUCILE, MARINETTE.

ALBERT.

Rentrez, Lucile, et me faites venir
Le précepteur ; je veux un peu l'entretenir,
Et m'informer de lui, qui me gouverne Ascagne,
S'il sait point quel ennui depuis peu l'accompagne.

SCÈNE VI.

ALBERT.

En quel gouffre de soins et de perplexité
Nous jette une action faite sans équité !
D'un enfant supposé par mon trop d'avarice,
Mon cœur depuis long-temps souffre bien le supplice,
Et quand je vois les maux où je me suis plongé,
Je voudrois à ce bien n'avoir jamais songé.
Tantôt je crains de voir, par la fourbe éventée,
Ma famille en opprobre et misère jetée ;
Tantôt pour ce fils-là qu'il me faut conserver
Je crains cent accidents qui peuvent arriver.
S'il advient que dehors quelque affaire m'appelle,
J'appréhende au retour cette triste nouvelle :
Las ! vous ne savez pas ? vous l'a-t-on annoncé ?
Votre fils a la fièvre, ou jambe, ou bras cassé.
Enfin, à tous moments, sur quoi que je m'arrête,
Cent sortes de chagrins me roulent par la tête.
Ah !....

SCÈNE VII.

ALBERT, MÉTAPHRASTE.

MÉTAPHRASTE.
Mandatum tuum curo diligenter.
ALBERT.
Maître, j'ai voulu...
MÉTAPHRASTE.
Maître est dit *a magis ter*.
C'est comme qui diroit trois fois plus grand.
ALBERT.
Je meure
Si je savois cela. Mais, soit, à la bonne heure.
Maître donc....
MÉTAPHRASTE.
Poursuivez.
ALBERT.
Je veux poursuivre aussi :
Mais ne poursuivez point, vous, d'interrompre ainsi.
Donc, encore une fois, maître, c'est la troisième,
Mon fils me rend chagrin : vous savez que je l'aime,
Et que soigneusement je l'ai toujours nourri.
MÉTAPHRASTE.
Il est vrai ; *Filio non potest præferri,*
Nisi filius.
ALBERT.
Maître, en discourant ensemble,
Ce jargon n'est pas fort nécessaire, me semble.
Je vous crois grand latin, et grand docteur juré ;
Je m'en rapporte à ceux qui m'en ont assuré :
Mais, dans un entretien qu'avec vous je destine,

N'allez point déployer toute votre doctrine,
Faire le pédagogue, et cent mots me cracher,
Comme si vous étiez en chaire pour prêcher.
Mon père, quoiqu'il eût la tête des meilleures,
Ne m'a jamais rien fait apprendre que mes heures,
Qui, depuis cinquante ans dites journellement,
Ne sont encor pour moi que du haut allemand.
Laissez donc en repos votre science auguste,
Et que votre langage à mon foible s'ajuste.

MÉTAPHRASTE.

Soit.

ALBERT.

A mon fils l'hymen me paroît faire peur ;
Et, sur quelque parti que je sonde son cœur,
Pour un pareil lien il est froid et recule.

MÉTAPHRASTE.

Peut-être a-t-il l'humeur du frère de Marc-Tulle,
Dont avec Atticus le même fait *sermon*,
Et comme aussi les Grecs disent, *Athanaton*....

ALBERT.

Mon dieu ! maître éternel, laissez là, je vous prie,
Les Grecs, les Albanois, avec l'Esclavonie,
Et tous ces autres gens dont vous voulez parler ;
Eux et mon fils n'ont rien ensemble à démêler.

MÉTAPHRASTE.

Hé bien donc, votre fils ?

ALBERT.

Je ne sais si dans l'ame
Il ne sentiroit point une secrète flamme ;
Quelque chose le trouble, ou je suis fort déçu ;
Et je l'aperçus hier, sans en être aperçu,
Dans un recoin du bois où nul ne se retire.

ACTE II, SCÈNE VII.

MÉTAPHRASTE.

Dans un lieu reculé du bois, voulez-vous dire,
Un endroit écarté, *latinè, secessus*;
Virgile l'a dit, *Est in secessu locus*.....

ALBERT.

Comment auroit-il pu l'avoir dit ce Virgile,
Puisque je suis certain que, dans ce lieu tranquille,
Ame du monde enfin n'étoit lors, que nous deux?

MÉTAPHRASTE.

Virgile est nommé là comme un auteur fameux
D'un terme plus choisi que le mot que vous dites,
Et non comme témoin de ce qu'hier vous vîtes.

ALBERT.

Et moi, je vous dis, moi, que je n'ai pas besoin
De terme plus choisi, d'auteur, ni de témoin,
Et qu'il suffit ici de mon seul témoignage.

MÉTAPHRASTE.

Il faut choisir pourtant les mots mis en usage
Par les meilleurs auteurs : *Tu vivendo bonos,*
Comme on dit, *scribendo sequare peritos.*

ALBERT.

Homme, ou démon, veux-tu m'entendre sans conteste?

MÉTAPHRASTE.

Quintilien en fait le précepte.....

ALBERT.

     La peste
Soit du causeur !

MÉTAPHRASTE.

    Et dit là-dessus doctement
Un mot que vous serez bien aise assurément
D'entendre.

ALBERT.
Je serai le diable qui t'emporte,
Chien d'homme ! Ho ! que je suis tenté d'étrange sorte
De faire sur ce mufle une application !

MÉTAPHRASTE.
Mais qui cause, seigneur, votre inflammation ?
Que voulez-vous de moi ?

ALBERT.
Je veux que l'on m'écoute,
Vous ai-je dit vingt fois, quand je parle.

MÉTAPHRASTE.
Ah ! sans doute ;
Vous serez satisfait, s'il ne tient qu'à cela :
Je me tais.

ALBERT.
Vous ferez sagement.

MÉTAPHRASTE.
Me voilà
Tout prêt à vous ouïr.

ALBERT.
Tant mieux.

MÉTAPHRASTE.
Que je trépasse,
Si je dis plus mot.

ALBERT.
Dieu vous en fasse la grace

MÉTAPHRASTE.
Vous n'accuserez point mon caquet désormais.

ALBERT.
Ainsi soit-il !

MÉTAPHRASTE.
Parlez quand vous voudrez....
ALBERT.
J'y vais.
MÉTAPHRASTE.
Et n'appréhendez plus l'interruption nôtre.
ALBERT.
C'est assez dit.
MÉTAPHRASTE.
Je suis exact plus qu'aucun autre.
ALBERT.
Je le crois.
MÉTAPHRASTE.
J'ai promis que je ne dirai rien.
ALBERT.
Suffit.
MÉTAPHRASTE.
Dès à présent je suis muet.
ALBERT.
Fort bien.
MÉTAPHRASTE.
Parlez; courage! au moins, je vous donne audience.
Vous ne vous plaindrez pas de mon peu de silence :
Je ne desserre pas la bouche seulement.
ALBERT, *à part*.
Le traître !
MÉTAPHRASTE.
Mais, de grace, achevez vitement.
Depuis long-temps j'écoute; il est bien raisonnable
Que je parle à mon tour.

ALBERT.

           Donc, bourreau détestable.....

MÉTAPHRASTE.

Hé! bon dieu! voulez-vous que j'écoute à jamais ?
Partageons le parler du moins; ou je m'en vais.

ALBERT.

Ma patience est bien...

MÉTAPHRASTE.

           Quoi ! voulez-vous poursuivre ?
Ce n'est pas encor fait ? *Per Jovem*, je suis ivre !

ALBERT.

Je n'ai pas dit...

MÉTAPHRASTE.

           Encor? Bon dieu ! que de discours !
Rien n'est-il suffisant d'en arrêter le cours ?

ALBERT.

J'enrage.

MÉTAPHRASTE.

           Derechef ? O l'étrange torture !
Hé! laissez-moi parler un peu, je vous conjure ;
Un sot qui ne dit mot ne se distingue pas
D'un savant qui se tait.

ALBERT.

           Parbleu! tu te tairas.

SCÈNE VIII.

MÉTAPHRASTE.

D'où vient fort à propos cette sentence expresse
D'un philosophe : Parle, afin qu'on te connoisse.
Doncques si de parler le pouvoir m'est ôté,

Pour moi, j'aime autant perdre aussi l'humanité,
Et changer mon essence en celle d'une bête.
Me voilà pour huit jours avec un mal de tête...
Oh! que les grands parleurs par moi sont détestés!
Mais quoi! si les savants ne sont pas écoutés,
Si l'on veut que toujours ils aient la bouche close,
Il faut donc renverser l'ordre de chaque chose;
Que les poules dans peu dévorent les renards;
Que les jeunes enfants remontrent aux vieillards;
Qu'à poursuivre les loups les agnelets s'ébattent;
Qu'un fou fasse les lois; que les femmes combattent;
Que par les criminels les juges soient jugés,
Et par les écoliers les maîtres fustigés;
Que le malade au sain présente le remède;
Que le lièvre craintif...

SCÈNE IX.

ALBERT, MÉTAPHRASTE.

Albert sonne, aux oreilles de Métaphraste, une cloche de mulet, qui le fait fuir.

MÉTAPHRASTE, *fuyant.*
        MISÉRICORDE! à l'aide!

♥

FIN DU SECOND ACTE.

ACTE TROISIÈME.

SCÈNE I.

MASCARILLE.

Le ciel parfois seconde un dessein téméraire,
Et l'on sort comme on peut d'une méchante affaire.
Pour moi, qu'une imprudence a trop fait discourir,
Le remède plus prompt où j'ai su recourir,
C'est de pousser ma pointe, et dire en diligence
A notre vieux patron toute la manigance.
Son fils, qui m'embarrasse, est un évaporé :
L'autre, diable ! disant ce que j'ai déclaré,
Gare une irruption sur notre friperie.
Au moins, avant qu'on puisse échauffer sa furie,
Quelque chose de bon nous pourra succéder,
Et les vieillards entre eux se pourront accorder.
C'est ce qu'on va tenter ; et de la part du nôtre,
Sans perdre un seul moment, je m'en vais trouver l'autre.
(Il frappe à la porte d'Albert.)

SCÈNE II.

ALBERT, MASCARILLE.

ALBERT.

Qui frappe?

MASCARILLE.

Ami.

ALBERT.
Oh! oh! qui te peut amener,
Mascarille?

MASCARILLE.
Je viens, monsieur, pour vous donner
Le bon jour.

ALBERT.
Ah! vraiment tu prends beaucoup de peine.
De tout mon cœur, bon jour.
(Il s'en va.)

MASCARILLE.
La réplique est soudaine.
Quel homme brusque!
(Il heurte.)

ALBERT.
Encor?

MASCARILLE.
Vous n'avez pas ouï,
Monsieur...

ALBERT.
Ne m'as-tu pas donné le bon jour?

MASCARILLE.
Oui.

ALBERT.
Hé bien! bon jour, te dis-je.
(Il s'en va; Mascarille l'arrête.)

MASCARILLE.
Oui, mais je viens encore
Vous saluer au nom du seigneur Polidore.

ALBERT.
Ah! c'est un autre fait. Ton maître t'a chargé
De me saluer?

MASCARILLE.
Oui.
ALBERT.
Je lui suis obligé.
Va, que je lui souhaite une joie infinie.
(Il s'en va.)
MASCARILLE.
Cet homme est ennemi de la cérémonie.
(Il heurte.)
Je n'ai pas achevé, monsieur, son compliment :
Il voudroit vous prier d'une chose instamment.
ALBERT.
Hé bien ! quand il voudra, je suis à son service.
MASCARILLE, *l'arrêtant.*
Attendez, et souffrez qu'en deux mots je finisse.
Il souhaite un moment, pour vous entretenir
D'une affaire importante, et doit ici venir.
ALBERT.
Eh ! quelle est-elle encor l'affaire qui l'oblige
A me vouloir parler ?
MASCARILLE.
Un grand secret, vous dis-je,
Qu'il vient de découvrir en ce même moment,
Et qui, sans doute, importe à tous deux grandement.
Voilà mon ambassade.

SCÈNE III.

ALBERT.

O juste ciel ! je tremble !
Car enfin nous avons peu de commerce ensemble.
Quelque tempête va renverser mes desseins,

Et ce secret, sans doute, est celui que je crains.
L'espoir de l'intérêt m'a fait quelque infidèle,
Et voilà sur ma vie une tache éternelle.
Ma fourbe est découverte. Oh! que la vérité
Se peut cacher long-temps avec difficulté!
Et qu'il eût mieux valu pour moi, pour mon estime,
Suivre les mouvements d'une peur légitime,
Par qui je me suis vu tenté plus de vingt fois
De rendre à Polidore un bien que je lui dois,
De prévenir l'éclat où ce coup-ci m'expose,
Et faire qu'en douceur passât toute la chose!
Mais, hélas! c'en est fait, il n'est plus de saison;
Et ce bien, par la fraude entré dans ma maison,
N'en sera point tiré que dans cette sortie
Il n'entraîne du mien la meilleure partie.

SCÈNE IV.

POLIDORE, ALBERT.

POLIDORE, *les quatre premiers vers sans voir Albert.*

S'ÊTRE ainsi marié sans qu'on en ait su rien!
Puisse cette action se terminer à bien!
Je ne sais qu'en attendre; et je crains fort du père
Et la grande richesse et la juste colère.
Mais je l'aperçois seul.

ALBERT.

Ciel! Polidore vient!

POLIDORE.

Je tremble à l'aborder.

ALBERT.

La crainte me retient.

POLIDORE.
Par où lui débuter ?

ALBERT.
Quel sera mon langage ?

POLIDORE.
Son ame est tout émue.

ALBERT.
Il change de visage.

POLIDORE.
Je vois, seigneur Albert, au trouble de vos yeux,
Que vous savez déjà qui m'amène en ces lieux.

ALBERT.
Hélas ! oui.

POLIDORE.
La nouvelle a droit de vous surprendre,
Et je n'eusse pas cru ce que je viens d'apprendre.

ALBERT.
J'en dois rougir de honte et de confusion.

POLIDORE.
Je trouve condamnable une telle action ;
Et je ne prétends point excuser le coupable.

ALBERT.
Dieu fait miséricorde au pécheur misérable.

POLIDORE.
C'est ce qui doit par vous être considéré.

ALBERT.
Il faut être chrétien.

POLIDORE.
Il est très assuré.

ALBERT.
Grace, au nom de Dieu ! grace, ô seigneur Polidore !

POLIDORE.
Hé! c'est moi qui de vous présentement l'implore.
ALBERT.
Afin de l'obtenir je me jette à genoux.
POLIDORE.
Je dois en cet état être plutôt que vous.
ALBERT.
Prenez quelque pitié de ma triste aventure.
POLIDORE.
Je suis le suppliant dans une telle injure.
ALBERT.
Vous me fendez le cœur avec cette bonté.
POLIDORE.
Vous me rendez confus de tant d'humilité.
ALBERT.
Pardon, encore un coup!
POLIDORE.
    Hélas! pardon vous-même!
ALBERT.
J'ai de cette action une douleur extrême.
POLIDORE.
Et moi, j'en suis touché de même au dernier point.
ALBERT.
J'ose vous conjurer qu'elle n'éclate point.
POLIDORE.
Hélas! seigneur Albert, je ne veux autre chose.
ALBERT.
Conservons mon honneur.
POLIDORE.
    Hé! oui je m'y dispose,

ALBERT.
Quant au bien qu'il faudra, vous-même en résoudrez.

POLIDORE.
Je ne veux de vos biens que ce que vous voudrez;
De tous ces intérêts je vous ferai le maître;
Et je suis trop content si vous le pouvez être.

ALBERT.
Ah! quel homme de Dieu! Quel excès de douceur!

POLIDORE.
Quelle douceur, vous-même, après un tel malheur!

ALBERT.
Que puissiez-vous avoir toutes choses prospères!

POLIDORE.
Le bon Dieu vous maintienne!

ALBERT.
Embrassons-nous en frères.

POLIDORE.
J'y consens de grand cœur, et me réjouis fort
Que tout soit terminé par un heureux accord.

ALBERT.
J'en rends graces au ciel.

POLIDORE.
Il ne vous faut rien feindre,
Votre ressentiment me donnoit lieu de craindre;
Et Lucile tombée en faute avec mon fils,
Comme on vous voit puissant et de biens et d'amis...

ALBERT.
Hé! que parlez-vous là de faute et de Lucile?

POLIDORE.
Soit, ne commençons point un discours inutile.
Je veux bien que mon fils y trempe grandement :

Même, si cela fait à votre allègement,
J'avouerai qu'à lui seul en est toute la faute ;
Que votre fille avoit une vertu trop haute
Pour avoir jamais fait ce pas contre l'honneur,
Sans l'incitation d'un méchant suborneur ;
Que le traître a séduit sa pudeur innocente,
Et de votre conduite ainsi détruit l'attente.
Puisque la chose est faite, et que, selon mes vœux,
Un esprit de douceur nous met d'accord tous deux,
Ne ramentevons rien, et réparons l'offense
Par la solennité d'une heureuse alliance.

ALBERT, *à part.*

O dieu ! quelle méprise ! et qu'est-ce qu'il m'apprend ?
Je rentre ici d'un trouble en un autre aussi grand.
Dans ces divers transports je ne sais que répondre ;
Et, si je dis un mot, j'ai peur de me confondre.

POLIDORE.

A quoi pensez-vous là, seigneur Albert ?

ALBERT.

A rien.
Remettons, je vous prie, à tantôt l'entretien.
Un mal subit me prend, qui veut que je vous laisse.

SCÈNE V.

POLIDORE.

Je lis dedans son ame, et vois ce qui le presse.
A quoi que sa raison l'eût déjà disposé,
Son déplaisir n'est pas encor tout apaisé.
L'image de l'affront lui revient ; et sa fuite
Tâche à me déguiser le trouble qui l'agite.

Je prends part à sa honte, et son deuil m'attendrit.
Il faut qu'un peu de temps remette son esprit :
La douleur trop contrainte aisément se redouble.
Voici mon jeune fou d'où nous vient tout ce trouble.

SCÈNE VI.
POLIDORE, VALÈRE.

POLIDORE.

Enfin, le beau mignon, vos beaux déportements
Troubleront les vieux jours d'un père à tous moments ;
Tous les jours vous ferez de nouvelles merveilles,
Et nous n'aurons jamais autre chose aux oreilles.

VALÈRE.

Que fais-je tous les jours qui soit si criminel ?
En quoi mériter tant le courroux paternel ?

POLIDORE.

Je suis un étrange homme, et d'une humeur terrible,
D'accuser un enfant si sage et si paisible !
Las ! il vit comme un saint, et dedans la maison
Du matin jusqu'au soir il est en oraison !
Dire qu'il pervertit l'ordre de la nature,
Et fait du jour la nuit : ô la grande imposture !
Qu'il n'a considéré père, ni parenté,
En vingt occasions : horrible fausseté !
Que de fraîche mémoire un furtif hyménée
A la fille d'Albert a joint sa destinée,
Sans craindre de la suite un désordre puissant :
On le prend pour un autre ; et le pauvre innocent
Ne sait pas seulement ce que je lui veux dire !
Ah ! chien, que j'ai reçu du ciel pour mon martyre,
Te croiras-tu toujours ? et ne pourrai-je pas
Te voir être une fois sage avant mon trépas ?

ACTE III, SCÈNE VI.

VALÈRE, *seul, rêvant.*

D'où peut venir ce coup ? Mon ame embarrassée
Ne voit que Mascarille où jeter sa pensée.
Il ne sera pas homme à m'en faire un aveu :
Il faut user d'adresse et me contraindre un peu
Dans ce juste courroux.

SCÈNE VII.

VALÈRE, MASCARILLE.

VALÈRE.

Mascarille, mon père,
Que je viens de trouver, sait toute notre affaire.

MASCARILLE.

Il la sait ?

VALÈRE.

Oui.

MASCARILLE.

D'où diantre a-t-il pu la savoir ?

VALÈRE.

Je ne sais point sur qui ma conjecture asseoir ;
Mais enfin d'un succès cette affaire est suivie,
Dont j'ai tous les sujets d'avoir l'ame ravie.
Il ne m'en a pas dit un mot qui fût fâcheux ;
Il excuse ma faute, il approuve mes feux :
Et je voudrois savoir qui peut être capable
D'avoir pu rendre ainsi son esprit si traitable.
Je ne puis t'exprimer l'aise que j'en reçoi.

MASCARILLE.

Et que me diriez-vous, monsieur, si c'étoit moi
Qui vous eût procuré cette heureuse fortune ?

VALÈRE.

Bon ! bon ! tu voudrois bien ici m'en donner d'une.

MASCARILLE.

C'est moi, vous dis-je, moi, dont le patron le sait,
Et qui vous ai produit ce favorable effet.

VALÈRE.

Mais, là, sans te railler ?

MASCARILLE.

Que le diable m'emporte
Si je fais raillerie, et s'il n'est de la sorte !

VALÈRE, *mettant l'épée à la main.*

Et qu'il m'entraîne, moi, si tout présentement
Tu n'en vas recevoir le juste paiement !

MASCARILLE.

Ah ! monsieur, qu'est-ce ci ? Je défends la surprise.

VALÈRE.

C'est la fidélité que tu m'avois promise ?
Sans ma feinte, jamais tu n'eusses avoué
Le trait que j'ai bien cru que tu m'avois joué.
Traître, de qui la langue à causer trop habile
D'un père contre moi vient d'échauffer la bile,
Qui me perds tout-à-fait, il faut, sans discourir,
Que tu meures.

MASCARILLE.

Tout beau ; mon ame, pour mourir,
N'est pas en bon état. Daignez, je vous conjure,
Attendre le succès qu'aura cette aventure.
J'ai de fortes raisons qui m'ont fait révéler
Un hymen que vous-même aviez peine à celer.
C'étoit un coup d'état ; et vous verrez l'issue
Condamner la fureur que vous avez conçue.
De quoi vous fâchez-vous, pourvu que vos souhaits
Se trouvent par mes soins pleinement satisfaits,

ACTE III, SCÈNE VII.

Et voient mettre à fin la contrainte où vous êtes ?
VALÈRE.
Et si tous ces discours ne sont que des sornettes ?
MASCARILLE.
Toujours serez-vous lors à temps pour me tuer.
Mais enfin mes projets pourront s'effectuer.
Dieu fera pour les siens; et, content dans la suite,
Vous me remercîrez de ma rare conduite.
VALÈRE.
Nous verrons. Mais Lucile....
MASCARILLE.
Alte; son père sort.

SCÈNE VIII.

ALBERT, VALÈRE, MASCARILLE.

ALBERT, *les cinq premiers vers sans voir Valère.*
Plus je reviens du trouble où j'ai donné d'abord,
Plus je me sens piqué de ce discours étrange
Sur qui ma peur prenoit un si dangereux change :
Car Lucile soutient que c'est une chanson,
Et m'a parlé d'un air à m'ôter tout soupçon....
Ah ! monsieur, est-ce vous de qui l'audace insigne
Met en jeu mon honneur, et fait ce conte indigne ?
MASCARILLE.
Seigneur Albert, prenez un ton un peu plus doux,
Et contre votre gendre ayez moins de courroux.
ALBERT.
Comment, gendre ? Coquin ! tu portes bien la mine
De pousser les ressorts d'une telle machine,
Et d'en avoir été le premier inventeur.

MASCARILLE.

Je ne vois ici rien à vous mettre en fureur.

ALBERT.

Trouves-tu beau, dis-moi, de diffamer ma fille,
Et faire un tel scandale à toute une famille ?

MASCARILLE.

Le voilà prêt à faire en tout vos volontés.

ALBERT.

Que voudrois-je, sinon qu'il dît des vérités ?
Si quelque intention le pressoit pour Lucile,
La recherche en pouvoit être honnête et civile ;
Il falloit l'attaquer du côté du devoir,
Il falloit de son père implorer le pouvoir,
Et non pas recourir à cette lâche feinte
Qui porte à la pudeur une sensible atteinte.

MASCARILLE.

Quoi ! Lucile n'est pas sous des liens secrets
A mon maître ?

ALBERT.

Non, traître ! et n'y sera jamais.

MASCARILLE.

Tout doux : et s'il est vrai que ce soit chose faite,
Voulez-vous l'approuver cette chaîne secrète ?

ALBERT.

Et s'il est constant, toi, que cela ne soit pas,
Veux-tu te voir casser les jambes et les bras ?

VALÈRE.

Monsieur, il est aisé de vous faire paroître
Qu'il dit vrai.

ALBERT

Bon ! voilà l'autre encor, digne maître

D'un semblable valet ! O les menteurs hardis !
MASCARILLE.
D'homme d'honneur, il est ainsi que je le dis.
VALÈRE.
Quel seroit notre but de vous en faire accroire ?
ALBERT, à part.
Ils s'entendent tous deux comme larrons en foire.
MASCARILLE.
Mais venons à la preuve; et, sans nous quereller,
Faites sortir Lucile, et la laissez parler.
ALBERT.
Et si le démenti par elle vous en reste ?
MASCARILLE.
Elle n'en fera rien, monsieur, je vous proteste.
Promettez à leurs vœux votre consentement,
Et je veux m'exposer au plus dur châtiment,
Si de sa propre bouche elle ne vous confesse
Et la foi qui l'engage, et l'ardeur qui la presse.
ALBERT.
Il faut voir cette affaire.
(Il va frapper à sa porte.)
MASCARILLE, à Valère.
Allez, tout ira bien.
ALBERT.
Holà, Lucile ! un mot.
VALÈRE, à Mascarille.
Je crains....
MASCARILLE.
Ne craignez rien.

SCÈNE IX.

LUCILE, ALBERT, VALÈRE, MASCARILLE.

MASCARILLE.

Seigneur Albert, silence au moins. Enfin, madame,
Toute chose conspire au bonheur de votre ame ;
Et monsieur votre père, averti de vos feux,
Vous laisse votre époux, et confirme vos vœux,
Pourvu que, bannissant toutes craintes frivoles,
Deux mots de votre aveu confirment nos paroles.

LUCILE.

Que me vient donc conter ce coquin assuré ?

MASCARILLE.

Bon ! me voilà déjà d'un beau titre honoré.

LUCILE.

Sachons un peu, monsieur, quelle belle saillie
Fait ce conte galant qu'aujourd'hui l'on publie.

VALÈRE.

Pardon, charmant objet : un valet a parlé ;
Et j'ai vu, malgré moi, notre hymen révélé.

LUCILE.

Notre hymen ?

VALÈRE.

On sait tout, adorable Lucile ;
Et vouloir déguiser est un soin inutile.

LUCILE.

Quoi ! l'ardeur de mes feux vous a fait mon époux ?

VALÈRE.

C'est un bien qui me doit faire mille jaloux :
Mais j'impute bien moins ce bonheur de ma flamme

A l'ardeur de vos feux qu'aux bontés de votre ame.
Je sais que vous avez sujet de vous fâcher,
Que c'étoit un secret que vous vouliez cacher;
Et j'ai de mes transports forcé la violence
A ne point violer votre expresse défense :
Mais...

MASCARILLE.
Hé bien ! oui, c'est moi : le grand mal que voilà ?

LUCILE.
Est-il une imposture égale à celle-là ?
Vous l'osez soutenir en ma présence même,
Et pensez m'obtenir par ce beau stratagème ?
O le plaisant amant, dont la galante ardeur
Veut blesser mon honneur au défaut de mon cœur,
Et que mon père, ému de l'éclat d'un sot conte,
Paye avec mon hymen qui me couvre de honte !
Quand tout contribueroit à votre passion,
Mon père, les destins, mon inclination,
On me verroit combattre, en ma juste colère,
Mon inclination, les destins, et mon père,
Perdre même le jour, avant que de m'unir
A qui par ce moyen auroit cru m'obtenir.
Allez ; et si mon sexe avecque bienséance
Se pouvoit emporter à quelque violence,
Je vous apprendrois bien à me traiter ainsi.

VALÈRE, *à Mascarille.*
C'en est fait, son courroux ne peut être adouci.

MASCARILLE.
Laissez-moi lui parler. Hé ! madame, de grace,
A quoi bon maintenant toute cette grimace ?
Quelle est votre pensée ? et quel bourru transport
Contre vos propres vœux vous fait roidir si fort ?

Si monsieur votre père étoit homme farouche,
Passe : mais il permet que la raison le touche ;
Et lui-même m'a dit qu'une confession
Vous va tout obtenir de son affection.
Vous sentez, je crois bien, quelque petite honte
A faire un libre aveu de l'amour qui vous dompte :
Mais s'il vous a fait prendre un peu de liberté,
Par un bon mariage on voit tout rajusté ;
Et, quoi que l'on reproche au feu qui vous consomme,
Le mal n'est pas si grand que de tuer un homme.
On sait que la chair est fragile quelquefois,
Et qu'une fille enfin n'est ni caillou ni bois.
Vous n'avez pas été sans doute la première,
Et vous ne serez pas, que je crois, la dernière.

LUCILE.

Quoi ! vous pouvez ouïr ces discours effrontés,
Et vous ne dites mot à ces indignités ?

ALBERT.

Que veux-tu que je die ? Une telle aventure
Me met tout hors de moi.

MASCARILLE.

     Madame, je vous jure
Que déjà vous devriez avoir tout confessé.

LUCILE.

Et quoi donc confesser ?

MASCARILLE.

     Quoi ? ce qu' s'est passé
Entre mon maître et vous. La belle raillerie !

LUCILE.

Et que s'est-il passé, monstre d'effronterie,
Entre ton maître et moi ?

MASCARILLE.

Vous devez, que je croi,
En savoir un peu plus de nouvelles que moi ;
Et pour vous cette nuit fut trop douce pour croire
Que vous puissiez si vite en perdre la mémoire.

LUCILE.

C'est trop souffrir, mon père, un impudent valet.
(Elle lui donne un soufflet.)

SCÈNE X.

ALBERT, VALÈRE, MASCARILLE.

MASCARILLE.

Je crois qu'elle me vient de donner un soufflet.

ALBERT.

Va, coquin, scélérat, sa main vient sur ta joue
De faire une action dont son père la loue.

MASCARILLE.

Et, nonobstant cela, qu'un diable en cet instant
M'emporte, si j'ai dit rien que de très constant !

ALBERT.

Et, nonobstant cela, qu'on me coupe une oreille,
Si tu portes fort loin une audace pareille !

MASCARILLE.

Voulez-vous deux témoins qui me justifieront ?

ALBERT.

Veux-tu deux de mes gens qui te bâtonneront ?

MASCARILLE.

Leur rapport doit au mien donner toute créance.

LE DÉPIT AMOUREUX.

ALBERT.
Leurs bras peuvent du mien réparer l'impuissance.

MASCARILLE.
Je vous dis que Lucile agit par honte ainsi.

ALBERT.
Je te dis que j'aurai raison de tout ceci.

MASCARILLE.
Connoissez-vous Ormin, ce gros notaire habile ?...

ALBERT.
Connois-tu bien Grimpant, le bourreau de la ville ?...

MASCARILLE.
Et Simon le tailleur, jadis si recherché ?

ALBERT.
Et la potence mise au milieu du marché ?

MASCARILLE.
Vous verrez confirmer par eux cet hyménée.

ALBERT.
Tu verras achever par eux ta destinée.

MASCARILLE.
Ce sont eux qu'ils ont pris pour témoins de leur foi.

ALBERT.
Ce sont eux qui dans peu me vengeront de toi.

MASCARILLE.
Et ces yeux les ont vus s'entre-donner parole.

ALBERT.
Et ces yeux te verront faire la capriole.

MASCARILLE.
Et, pour signe, Lucile avoit un voile noir.

ALBERT.
Et, pour signe, ton front nous le fait assez voir.

ACTE III, SCENE X.

MASCARILLE.

O l'obstiné vieillard !

ALBERT.

O le fourbe damnable !
Va, rends grace à mes ans qui me font incapable
De punir sur-le-champ l'affront que tu me fais :
Tu n'en perds que l'attente, et je te le promets.

SCÈNE XI.

VALÈRE, MASCARILLE.

VALÈRE.

Hé bien ? ce beau succès que tu devois produire ?...

MASCARILLE.

J'entends à demi-mot ce que vous voulez dire.
Tout s'arme contre moi ; pour moi de tous côtés
Je vois coups de bâtons et gibets apprêtés.
Aussi, pour être en paix dans ce désordre extrême,
Je me vais d'un rocher précipiter moi-même,
Si, dans le désespoir dont mon cœur est outré,
Je puis en rencontrer d'assez haut à mon gré.
Adieu, monsieur.

VALÈRE.

Non, non, ta fuite est superflue ;
Si tu meurs, je prétends que ce soit à ma vue.

MASCARILLE.

Je ne saurois mourir quand je suis regardé,
Et mon trépas ainsi se verroit retardé.

VALÈRE.

Suis-moi, traître, suis-moi ; mon amour en furie

Te fera voir si c'est matière à raillerie.

MASCARILLE, *seul.*

Malheureux Mascarille, à quels maux aujourd'hui !
Te vois-tu condamné pour le péché d'autrui !

FIN DU TROISIÉME ACTE.

ACTE QUATRIÈME.

SCÈNE I.

ASCAGNE, FROSINE.

FROSINE.

L'Aventure est fâcheuse.

ASCAGNE.

      Ah ! ma chère Frosine,
Le sort absolument a conclu ma ruine.
Cette affaire venue au point où la voilà
N'est pas absolument pour en demeurer la,
Il faut qu'elle passe outre : et Lucile et Valère,
Surpris des nouveautés d'un semblable mystère,
Voudront chercher un jour dans ces obscurités,
Par qui tous mes projets se verront avortés.
Car enfin, soit qu'Albert ait part au stratagème,
Ou qu'avec tout le monde on l'ait trompé lui-même,
S'il arrive une fois que mon sort éclairci
Mette ailleurs tout le bien dont le sien a grossi,
Jugez s'il aura lieu de souffrir ma présence :
Son intérêt détruit me laisse à ma naissance ;
C'est fait de sa tendresse. Et quelque sentiment
Où pour ma fourbe alors pût être mon amant,
Voudra-t-il avouer pour épouse une fille
Qu'il verra sans appui de bien et de famille ?

FROSINE.

Je trouve que c'est là raisonner comme il faut :
Mais ces réflexions devoient venir plus tôt.
Qui vous a jusqu'ici caché cette lumière ?
Il ne falloit pas être une grande sorcière
Pour voir, dès le moment de vos desseins pour lui,
Tout ce que votre esprit ne voit que d'aujourd'hui :
L'action le disoit ; et dès que je l'ai sue,
Je n'en ai prévu guère une meilleure issue.

ASCAGNE.

Que dois-je faire enfin ? mon trouble est sans pareil :
Mettez-vous en ma place et me donnez conseil.

FROSINE.

Ce doit être à vous-même, en prenant votre place,
A me donner conseil dessus cette disgrace ;
Car je suis maintenant vous, et vous êtes moi :
Conseillez-moi, Frosine. Au point où je me voi,
Quel remède trouver ? Dites, je vous en prie.

ASCAGNE.

Hélas ! ne traitez point ceci de raillerie ;
C'est prendre peu de part à mes cuisants ennuis
Que de rire et de voir les termes où j'en suis.

FROSINE.

Ascagne, tout de bon, votre ennui m'est sensible,
Et pour vous en tirer je ferois mon possible.
Mais que puis-je, après tout ? Je vois fort peu de jour
A tourner cette affaire au gré de votre amour.

ASCAGNE.

Si rien ne peut m'aider, il faut donc que je meure.

FROSINE.

Ah ! pour cela toujours il est assez bonne heure :
La mort est un remède à trouver quand on veut,

Et l'on s'en doit servir le plus tard que l'on peut.
ASCAGNE.
Non, non, Frosine, non; si vos conseils propices
Ne conduisent mon sort parmi ces précipices,
Je m'abandonne toute aux traits du désespoir.
FROSINE.
Savez-vous ma pensée! il faut que j'aille voir
Là... Mais Éraste vient, qui pourroit nous distraire.
Nous pourrons, en marchant, parler de cette affaire.
Allons, retirons-nous.

SCÈNE II.
ÉRASTE, GROS-RENÉ.

ÉRASTE.
ENCORE rebuté?
GROS-RENÉ.
Jamais ambassadeur ne fut moins écouté.
A peine ai-je voulu lui porter la nouvelle
Du moment d'entretien que vous souhaitiez d'elle,
Qu'elle m'a répondu, tenant son quant à moi,
Va, va, je fais état de lui comme de toi,
Dis-lui qu'il se promène; et, sur ce beau langage,
Pour suivre son chemin, m'a tourné le visage.
Et Marinette aussi, d'un dédaigneux museau
Lâchant un, Laisse-nous, beau valet de carreau,
M'a planté là comme elle. Et mon sort et le vôtre
N'ont rien à se pouvoir reprocher l'un à l'autre.
ÉRASTE.
L'ingrate! recevoir avec tant de fierté
Le prompt retour d'un cœur justement emporté!
Quoi! le premier transport d'un amour qu'on abuse

Sous tant de vraisemblance est indigne d'excuse ?
Et ma plus vive ardeur en ce moment fatal
Devoit être insensible au bonheur d'un rival ?
Tout autre n'eût pas fait même chose à ma place,
Et se fût moins laissé surprendre à tant d'audace ?
De mes justes soupçons suis-je sorti trop tard ?,
Je n'ai point attendu de serments de sa part ;
Et lorsque tout le monde encor ne sait qu'en croire,
Ce cœur impatient lui rend toute sa gloire,
Il cherche à s'excuser ; et le sien voit si peu
Dans ce profond respect la grandeur de mon feu !
Loin d'assurer une ame, et lui fournir des armes
Contre ce qu'un rival lui veut donner d'alarmes,
L'ingrate m'abandonne à mon jaloux transport,
Et rejette de moi message, écrit, abord !
Ah ! sans doute, un amour a peu de violence,
Qu'est capable d'éteindre une si foible offense ;
Et ce dépit si prompt à s'armer de rigueur
Découvre assez pour moi tout le fond de son cœur.
Et de quel prix doit être à présent à mon ame
Tout ce dont son caprice a pu flatter ma flamme ?
Non, je ne prétends plus demeurer engagé
Pour un cœur où je vois le peu de part que j'ai ;
Et puisque l'on témoigne une froideur extrême
A conserver les gens, je veux faire de même.

GROS-RENÉ.

Et moi de même aussi. Soyons tous deux fâchés ;
Et mettons notre amour au rang des vieux péchés.
Il faut apprendre à vivre à ce sexe volage,
Et lui faire sentir que l'on a du courage.
Qui souffre ses mépris les veut bien recevoir.
Si nous avions l'esprit de nous faire valoir,

Les femmes n'auroient pas la parole si haute.
Oh! qu'elles nous sont bien fières par notre faute!
Je veux être pendu, si nous ne les verrions
Sauter à notre cou plus que nous ne voudrions,
Sans tous ces vils devoirs dont la plupart des hommes
Les gâtent tous les jours dans le siècle où nous sommes.

ÉRASTE.

Pour moi, sur toute chose, un mépris me surprend;
Et, pour punir le sien par un autre aussi grand,
Je veux mettre en mon cœur une nouvelle flamme.

GROS-RENÉ.

Et moi, je ne veux plus m'embarrasser de femme;
A toutes je renonce, et crois, en bonne foi,
Que vous feriez fort bien de faire comme moi.
Car, voyez-vous, la femme est, comme on dit, mon maître,
Un certain animal difficile à connoître,
Et de qui la nature est fort encline au mal :
Et comme un animal est toujours animal,
Et ne sera jamais qu'animal, quand sa vie
Dureroit cent mille ans; aussi, sans repartie,
La femme est toujours femme, et jamais ne sera
Que femme, tant qu'entier le monde durera :
D'où vient qu'un certain Grec dit que sa tête passe
Pour un sable mouvant. Car goûtez bien, de grace,
Ce raisonnement-ci, lequel est des plus forts :
Ainsi que la tête est comme le chef du corps,
Et que le corps sans chef est pire qu'une bête,
Si le chef n'est pas bien d'accord avec la tête,
Que tout ne soit pas bien réglé par ses compas,
Nous voyons arriver de certains embarras;
La partie brutale alors veut prendre empire
Dessus la sensitive; et l'on voit que l'un tire

A *dia*, l'autre à *hurhaut*; l'un demande du mou,
L'autre du dur; enfin tout va sans savoir où :
Pour montrer qu'ici-bas, ainsi qu'on l'interprète,
La tête d'une femme est comme une girouette
Au haut d'une maison, qui tourne au premier vent ;
C'est pourquoi le cousin Aristote souvent
La compare à la mer ; d'où vient qu'on dit qu'au monde
On ne peut rien trouver de si stable que l'onde.
Or, par comparaison, car la comparaison
Nous fait distinctement comprendre une raison ;
Et nous aimons bien mieux, nous autres gens d'étude,
Une comparaison qu'une similitude :
Par comparaison donc, mon maître, s'il vous plaît,
Comme on voit que la mer, quand l'orage s'accroît,
Vient à se courroucer, le vent souffle et ravage,
Les flots contre les flots font un remû-ménage
Horrible ; et le vaisseau, malgré le nautonnier,
Va tantôt à la cave et tantôt au grenier :
Ainsi, quand une femme a sa tête fantasque,
On voit une tempête en forme de bourrasque,
Qui veut compétiter par de certains.... propos ;
Et lors un.... certain vent, qui, par.... de certains flots,
De.... certaine façon, ainsi qu'un banc de sable....
Quand.... Les femmes enfin ne valent pas le diable.

ÉRASTE.

C'est fort bien raisonner.

GROS-RENÉ.

Assez bien, Dieu merci.
Mais je les vois, monsieur, qui passent par ici :
Tenez-vous ferme au moins.

ÉRASTE.

Ne te mets pas en peine.

GROS-RENÉ.

J'ai bien peur que ses yeux resserrent votre chaîne.

SCÈNE III.

LUCILE, ÉRASTE, MARINETTE, GROS-RENÉ.

MARINETTE.

Je l'aperçois encor : mais ne vous rendez point.

LUCILE.

Ne me soupçonne pas d'être foible à ce point.

MARINETTE.

Il vient à nous.

ÉRASTE.

Non, non, ne croyez pas, madame,
Que je revienne encor vous parler de ma flamme.
C'en est fait ; je me veux guérir, et connois bien
Ce que de votre cœur a possédé le mien.
Un courroux si constant pour l'ombre d'une offense
M'a trop bien éclairci de votre indifférence ;
Et je dois vous montrer que les traits du mépris
Sont sensibles sur-tout aux généreux esprits.
Je l'avouerai, mes yeux observoient dans les vôtres
Des charmes qu'ils n'ont point trouvés dans tous les autres ;
Et le ravissement où j'étois de mes fers
Les auroit préférés à des sceptres offerts.
Oui, mon amour pour vous sans doute étoit extrême ;
Je vivois tout en vous ; et, je l'avouerai même,
Peut-être qu'après tout j'aurai, quoiqu'outragé,
Assez de peine encore à m'en voir dégagé :
Possible que, malgré la cure qu'elle essaie,
Mon ame saignera long-temps de cette plaie,

Et qu'affranchi d'un joug qui faisoit tout mon bien,
Il faudra me résoudre à n'aimer jamais rien.
Mais enfin il n'importe; et puisque votre haine
Chasse un cœur tant de fois que l'amour vous ramène,
C'est la dernière ici des importunités
Que vous aurez jamais de mes vœux rebutés.

LUCILE.

Vous pouvez faire aux miens la grace tout entière,
Monsieur, et m'épargner encor cette dernière.

ÉRASTE.

Hé bien! madame, hé bien! ils seront satisfaits.
Je romps avecque vous, et j'y romps pour jamais,
Puisque vous le voulez. Que je perde la vie
Lorsque de vous parler je reprendrai l'envie!

LUCILE.

Tant mieux; c'est m'obliger.

ÉRASTE.

Non, non, n'ayez pas peur
Que je fausse parole; eussé-je un foible cœur
Jusques à n'en pouvoir effacer votre image,
Croyez que vous n'aurez jamais cet avantage
De me voir revenir.

LUCILE.

Ce seroit bien en vain.

ÉRASTE.

Moi-même de cent coups je percerois mon sein,
Si j'avois jamais fait cette bassesse insigne
De vous revoir après ce traitement indigne.

LUCILE.

Soit; n'en parlons donc plus.

ÉRASTE.

Oui, oui, n'en parlons plus;

Et, pour trancher ici tous propos superflus,
Et vous donner, ingrate, une preuve certaine
Que je veux, sans retour, sortir de votre chaîne,
Je ne veux rien garder qui puisse retracer
Ce que de mon esprit il me faut effacer.
Voici votre portrait : il présente à la vue
Cent charmes merveilleux dont vous êtes pourvue ;
Mais il cache sous eux cent défauts aussi grands,
Et c'est un imposteur enfin que je vous rends.

GROS RENÉ.

Bon.

LUCILE.

Et moi, pour vous suivre au dessein de tout rendre,
Voilà le diamant que vous m'aviez fait prendre.

MARINETTE.

Fort bien.

ÉRASTE.

Il est à vous encor ce bracelet.

LUCILE.

Et cette agate à vous, qu'on fit mettre en cachet.

ÉRASTE *lit.*

« Vous m'aimez d'une amour extrême,
« Éraste, et de mon cœur voulez être éclairci :
« Si je n'aime Éraste de même,
« Au moins aimé-je fort qu'Éraste m'aime ainsi.
                            « LUCILE. »
Vous m'assuriez par-là d'agréer mon service ;
C'est une fausseté digne de ce supplice.

(*Il déchire la lettre.*)

LUCILE *lit.*

« J'ignore le destin de mon amour ardente,

« Et jusqu'à quand je souffrirai :
« Mais je sais, ô beauté charmante,
« Que toujours je vous aimerai.

« ÉRASTE. »

Voilà qui m'assuroit à jamais de vos feux :
Et la main et la lettre ont menti toutes deux.

(*Elle déchire la lettre.*)

GROS-RENÉ.

Poussez.

ÉRASTE.

Elle est de vous. Suffit, même fortune.

MARINETTE, *à Lucile.*

Ferme.

LUCILE.

J'aurois regret d'en épargner aucune.

GROS-RENÉ, *à Éraste.*

N'ayez pas le dernier.

MARINETTE, *à Lucile.*

Tenez bon jusqu'au bout.

LUCILE.

Enfin voilà le reste.

ÉRASTE.

Et, grace au ciel, c'est tout.
Je sois exterminé, si je ne tiens parole !

LUCILE.

Me confonde le ciel, si la mienne est frivole !

ÉRASTE.

Adieu donc.

LUCILE.

Adieu donc.

ACTE IV, SCÈNE III.

MARINETTE, *à Lucile.*
Voilà qui va des mieux.
GROS-RENÉ, *à Eraste.*
Vous triomphez.
MARINETTE, *à Lucile.*
Allons, ôtez-vous de ses yeux.
GROS-RENÉ, *à Éraste.*
Retirez-vous après cet effort de courage.
MARINETTE, *à Lucile.*
Qu'attendez-vous encor ?
GROS-RENÉ, *à Éraste.*
Que faut il davantage ?

ÉRASTE.

Ah ! Lucile ! Lucile ! un cœur comme le mien
Se fera regretter ; et je le sais fort bien.

LUCILE.

Éraste ! Éraste ! un cœur fait comme est fait le vôtre
Se peut facilement réparer par un autre.

ÉRASTE.

Non, non ; cherchez par-tout, vous n'en aurez jamais
De si passionné pour vous, je vous promets.
Je ne dis pas cela pour vous rendre attendrie ;
J'aurois tort d'en former encore quelque envie.
Mes plus ardents respects n'ont pu vous obliger ;
Vous avez voulu rompre : il n'y faut plus songer.
Mais personne, après moi, quoi qu'on vous fasse entendre,
N'aura jamais pour vous de passion si tendre.

LUCILE.

Quand on aime les gens, on les traite autrement ;
On fait de leur personne un meilleur jugement.

ÉRASTE.

Quand on aime les gens, on peut de jalousie,
Sur beaucoup d'apparence, avoir l'ame saisie :
Mais alors qu'on les aime, on ne peut en effet
Se résoudre à les perdre ; et vous, vous l'avez fait.

LUCILE.

La pure jalousie est plus respectueuse.

ÉRASTE.

On voit d'un œil plus doux une offense amoureuse.

LUCILE.

Non, votre cœur, Éraste, étoit mal enflammé.

ÉRASTE.

Non, Lucile, jamais vous ne m'avez aimé.

LUCILE.

Hé ! je crois que cela foiblement vous soucie.
Peut-être en seroit-il beaucoup mieux pour ma vie,
Si je... Mais laissons là ces discours superflus :
Je ne dis point quels sont mes pensers là-dessus.

ÉRASTE.

Pourquoi ?

LUCILE.

Par la raison que nous rompons ensemble,
Et que cela n'est plus de saison, ce me semble.

ÉRASTE.

Nous rompons ?

LUCILE.

Oui vraiment ; quoi ! n'en est-ce pas fait ?

ÉRASTE.

Et vous voyez cela d'un esprit satisfait ?

LUCILE.

Comme vous.

ÉRASTE.

Comme moi?

LUCILE.

Sans doute. C'est foiblesse
De faire voir aux gens que leur perte nous blesse.

ÉRASTE.

Mais, cruelle, c'est vous qui l'avez bien voulu.

LUCILE.

Moi ? point du tout; c'est vous qui l'avez résolu.

ÉRASTE.

Moi ? Je vous ai cru là faire un plaisir extrême.

LUCILE.

Point; vous avez voulu vous contenter vous-même.

ÉRASTE.

Mais si mon cœur encor revouloit sa prison,
Si, tout fâché qu'il est, il demandoit pardon ?....

LUCILE.

Non, non, n'en faites rien; ma foiblesse est trop grande,
J'aurois peur d'accorder trop tôt votre demande.

ÉRASTE.

Ah ! vous ne pouvez pas trop tôt me l'accorder,
Ni moi sur cette peur trop tôt le demander.
Consentez-y, madame : une flamme si belle
Doit, pour votre intérêt, demeurer immortelle.
Je le demande enfin, me l'accorderez-vous,
Ce pardon obligeant ?

LUCILE.

Remenez-moi chez nous.

SCÈNE IV.

MARINETTE, GROS-RENÉ.

MARINETTE.

O la lâche personne !

GROS-RENÉ.

Ah ! le foible courage !

MARINETTE.

J'en rougis de dépit.

GROS-RENÉ.

J'en suis gonflé de rage.
Ne t'imagine pas que je me rende ainsi.

MARINETTE.

Et ne pense pas, toi, trouver ta dupe aussi.

GROS-RENÉ.

Viens, viens frotter ton nez auprès de ma colère.

MARINETTE.

Tu nous prends pour une autre, et tu n'as pas affaire
A ma sotte maîtresse. Ardez le beau museau,
Pour nous donner envie encore de sa peau !
Moi, j'aurois de l'amour pour ta chienne de face ?
Moi, je te chercherois ? Ma foi, l'on t'en fricasse
Des filles comme nous.

GROS-RENÉ.

Oui ! tu le prends par-là ?
Tiens, tiens, sans y chercher tant de façon, voilà
Ton beau galant de neige, avec ta nonpareille ;
Il n'aura plus l'honneur d'être sur mon oreille.

MARINETTE.

Et toi, pour te montrer que tu m'es à mépris,
Voilà ton demi-cent d'épingles de Paris,

Que tu me donnas hier avec tant de fanfare.
GROS-RENÉ.
Tiens encor ton couteau : la pièce est riche et rare;
Il te coûta six blancs lorsque tu m'en fis don.
MARINETTE.
Tiens tes ciseaux avec ta chaîne de laiton.
GROS-RENÉ.
J'oubliois d'avant-hier ton morceau de fromage;
Tiens. Je voudrois pouvoir rejeter le potage
Que tu me fis manger, pour n'avoir rien à toi.
MARINETTE.
Je n'ai point maintenant de tes lettres sur moi;
Mais j'en ferai du feu jusques à la dernière.
GROS-RENÉ.
Et des tiennes tu sais ce que j'en saurai faire.
MARINETTE.
Prends garde à ne venir jamais me reprier.
GROS-RENÉ.
Pour couper tout chemin à nous rapatrier,
Il faut rompre la paille. Une paille rompue
Rend, entre gens d'honneur, une affaire conclue.
Ne fais point les doux yeux; je veux être fâché.
MARINETTE.
Ne me lorgne point, toi; j'ai l'esprit trop touché.
GROS-RENÉ.
Romps; voilà le moyen de ne s'en plus dédire;
Romps. Tu ris, bonne bête !
MARINETTE.
              Oui, car tu me fais rire.
GROS-RENÉ.
La peste soit ton ris ! voilà tout mon courroux

Déjà dulcifié. Qu'en dis-tu? romprons-nous,
Ou ne romprons-nous pas?

MARINETTE.

Vois.

GROS-RENÉ.

Vois, toi.

MARINETTE.

Vois, toi-même.

GROS-RENÉ.

Est-ce que tu consens que jamais je ne t'aime?

MARINETTE.

Moi? ce que tu voudras.

GROS-RENÉ.

Ce que tu voudras, toi;
Dis.

MARINETTE.

Je ne dirai rien.

GROS-RENÉ.

Ni moi non plus.

MARINETTE.

Ni moi.

GROS-RENÉ.

Ma foi, nous ferons mieux de quitter la grimace.
Touche, je te pardonne.

MARINETTE.

Et moi, je te fais grace.

GROS-RENÉ.

Mon dieu! qu'à tes appas je suis acoquiné!

MARINETTE.

Que Marinette est sotte après son Gros-René!

FIN DU QUATRIÈME ACTE.

ACTE CINQUIÈME.

SCÈNE I.
MASCARILLE.

« Dès que l'obscurité règnera dans la ville,
« Je me veux introduire au logis de Lucile :
« Va vite de ce pas préparer pour tantôt
« Et la lanterne sourde et les armes qu'il faut. »
Quand il m'a dit ces mots, il m'a semblé d'entendre :
Va vitement chercher un licou pour te pendre.
Venez çà, mon patron ; car, dans l'étonnement
Où m'a jeté d'abord un tel commandement,
Je n'ai pas eu le temps de vous pouvoir répondre ;
Mais je vous veux ici parler, et vous confondre :
Défendez-vous donc bien ; et raisonnons sans bruit.
Vous voulez, dites-vous, aller voir, cette nuit,
Lucile ? « Oui, Mascarille. » Et que pensez-vous faire ?
« Une action d'amant qui veut se satisfaire. »
Une action d'un homme à fort petit cerveau,
Que d'aller sans besoin risquer ainsi sa peau.
« Mais tu sais quel motif à ce dessein m'appelle,
« Lucile est irritée. » Eh bien ! tant pis pour elle.
« Mais l'amour veut que j'aille apaiser son esprit. »
Mais l'amour est un sot qui ne sait ce qu'il dit :
Nous garantira-t-il, cet amour, je vous prie,
D'un rival, ou d'un père, ou d'un frère en furie ?
« Penses-tu qu'aucun d'eux songe à nous faire mal ? »
Oui, vraiment, je le pense, et sur-tout ce rival.

« Mascarille, en tout cas, l'espoir où je me fonde,
« Nous irons bien armés; et si quelqu'un nous gronde,
« Nous nous chamaillerons. » Oui ? voilà justement
Ce que votre valet ne prétend nullement.
Moi, chamailler ? Bon dieu ! suis-je un Roland, mon maître,
Ou quelque Ferragus ? C'est fort mal me connoître.
Quand je viens à songer, moi, qui me suis si cher,
Qu'il ne faut que deux doigts d'un misérable fer
Dans le corps pour vous mettre un humain dans la bière,
Je suis scandalisé d'une étrange manière.
« Mais tu seras armé de pied en cap. » Tant pis :
J'en serai moins léger à gagner le taillis;
Et de plus, il n'est point d'armure si bien jointe
Où ne puisse glisser une vilaine pointe.
« Oh ! tu seras ainsi tenu pour un poltron. »
Soit, pourvu que toujours je branle le menton.
A table comptez-moi, si vous voulez, pour quatre;
Mais comptez-moi pour rien s'il s'agit de se battre.
Enfin, si l'autre monde a des charmes pour vous,
Pour moi je trouve l'air de celui-ci fort doux.
Je n'ai pas grande faim de mort ni de blessure;
Et vous ferez le sot tout seul, je vous assure.

SCÈNE II.
VALÈRE, MASCARILLE.
VALÈRE.

JE n'ai jamais trouvé de jour plus ennuyeux :
Le soleil semble s'être oublié dans les cieux;
Et jusqu'au lit qui doit recevoir sa lumière
Je vois rester encore une telle carrière
Que je crois que jamais il ne l'achèvera,
Et que de sa lenteur mon ame enragera.

MASCARILLE.

Et cet empressement pour s'en aller dans l'ombre
Pêcher vite à tâtons quelque sinistre encombre...
Vous voyez que Lucile, entière en ses rebuts...

VALÈRE.

Ne me fais point ici de contes superflus.
Quand j'y devrois trouver cent embûches mortelles,
Je sens de son courroux des gênes trop cruelles ;
Et je veux l'adoucir, ou terminer mon sort.
C'est un point résolu.

MASCARILLE.

J'approuve ce transport :
Mais le mal est, monsieur, qu'il faudra s'introduire
En cachette.

VALÈRE.

Fort bien.

MASCARILLE.

Et j'ai peur de vous nuire.

VALÈRE.

Et comment ?

MASCARILLE.

Une toux me tourmente à mourir,
Dont le bruit importun vous fera découvrir.
(Il tousse.)
De moment en moment.... vous voyez le supplice.

VALÈRE.

Ce mal te passera, prends du jus de réglisse.

MASCARILLE.

Je ne crois pas, monsieur, qu'il se veuille passer.
Je serois ravi, moi, de ne vous point laisser :
Mais j'aurois un regret mortel, si j'étois cause
Qu'il fût à mon cher maître arrivé quelque chose.

SCÈNE III.

VALÈRE, LA RAPIÈRE, MASCARILLE.

LA RAPIÈRE.

Monsieur, de bonne part je viens d'être informé
Qu'Éraste est contre vous fortement animé,
Et qu'Albert parle aussi de faire pour sa fille
Rouer jambes et bras à votre Mascarille.

MASCARILLE.

Moi ? Je ne suis pour rien dans tout cet embarras.
Qu'ai-je fait pour me voir rouer jambes et bras ?
Suis-je donc gardien, pour employer ce style,
De la virginité des filles de la ville ?
Sur la tentation ai-je quelque crédit ?
Et puis-je mais, chétif, si le cœur leur en dit ?

VALÈRE.

Oh ! qu'ils ne seront pas si méchants qu'ils le disent ;
Et, quelque belle ardeur que ses feux lui produisent,
Eraste n'aura pas si bon marché de nous.

LA RAPIÈRE.

S'il vous faisoit besoin, mon bras est tout à vous.
Vous savez de tout temps que je suis un bon frère.

VALÈRE.

Je vous suis obligé, monsieur de la Rapière.

LA RAPIÈRE.

J'ai deux amis aussi que je vous puis donner,
Qui contre tout venant sont gens à dégaîner,
Et sur qui vous pourrez prendre toute assurance.

MASCARILLE.

Acceptez-les, monsieur.

VALÈRE.
C'est trop de complaisance.
LA RAPIÈRE.
Le petit Gille encore eût pu nous assister,
Sans le triste accident qui vient de nous l'ôter.
Monsieur, le grand dommage ! et l'homme de service !
Vous avez su le tour que lui fit la justice :
Il mourut en César ; et, lui cassant les os,
Le bourreau ne lui put faire lâcher deux mots.
VALÈRE.
Monsieur de la Rapière, un homme de la sorte
Doit être regretté. Mais, quant à votre escorte,
Je vous rends graces.
LA RAPIÈRE.
Soit : mais soyez averti
Qu'il vous cherche, et vous peut faire un mauvais parti.
VALÈRE.
Et moi, pour vous montrer combien je l'appréhende,
Je lui veux, s'il me cherche, offrir ce qu'il demande,
Et par toute la ville aller présentement,
Sans être accompagné que de lui seulement.

SCÈNE IV.
VALÈRE, MASCARILLE.
MASCARILLE.
Quoi ! monsieur, vous voulez tenter Dieu ? Quelle audace !
Las ! vous voyez tous deux comme l'on nous menace ;
Combien de tous côtés...
VALÈRE.
Que regardes-tu là ?
MASCARILLE.
C'est qu'il sent le bâton du côté que voilà.

Enfin, si maintenant ma prudence en est crue,
Ne nous obstinons plus à rester dans la rue;
Allons nous renfermer.

VALÈRE.

Nous renfermer! faquin,
Tu m'oses proposer un acte de coquin?
Sus; sans plus de discours, résous-toi de me suivre.

MASCARILLE.

Hé! monsieur, mon cher maître, il est si doux de vivre!
On ne meurt qu'une fois; et c'est pour si long-temps!...

VALÈRE.

Je m'en vais t'assommer de coups, si je t'entends.
Ascagne vient ici; laissons-le : il faut attendre
Quel parti de lui-même il résoudra de prendre.
Cependant avec moi viens prendre à la maison
Pour nous frotter...

MASCARILLE.

Je n'ai nulle démangeaison.
Que maudit soit l'amour, et les filles maudites
Qui veulent en tâter, puis font les chattemites!

SCÈNE V.

ASCAGNE, FROSINE.

ASCAGNE.

Est-il bien vrai, Frosine, et ne rêvé-je point?
De grace, contez-moi bien tout de point en point.

FROSINE.

Vous en saurez assez le détail, laissez faire :
Ces sortes d'incidents ne sont, pour l'ordinaire,
Que redits trop de fois de moment en moment.
Suffit que vous sachiez qu'après ce testament

ACTE V, SCÈNE V.

Qui vouloit un garçon pour tenir sa promesse,
De la femme d'Albert la dernière grossesse
N'accoucha que de vous; et que lui, dessous main,
Ayant depuis long-temps concerté son dessein,
Fit son fils de celui d'Ignès la bouquetière,
Qui vous donna pour sienne à nourrir à ma mère.
La mort ayant ravi ce petit innocent
Quelque dix mois après, Albert étant absent,
La crainte d'un époux et l'amour maternelle
Firent l'évènement d'une ruse nouvelle.
Sa femme en secret lors se rendit son vrai sang,
Vous devîntes celui qui tenoit votre rang;
Et la mort de ce fils mis dans votre famille
Se couvrit pour Albert de celle de sa fille.
Voilà de votre sort un mystère éclairci,
Que votre feinte mère a caché jusqu'ici;
Elle en dit des raisons, et peut en avoir d'autres
Par qui ses intérêts n'étoient pas tous les vôtres.
Enfin cette visite, où j'esperois si peu,
Plus qu'on ne pouvoit croire a servi votre feu.
Cette Ignès vous relâche; et, par votre autre affaire
L'éclat de son secret devenu nécessaire,
Nous en avons nous deux votre père informé.
Un billet de sa femme a le tout confirmé;
Et poussant plus avant encore notre pointe,
Quelque peu de fortune à notre adresse jointe,
Aux intérêts d'Albert, de Polidore, après,
Nous avons ajusté si bien les intérêts,
Si doucément à lui déployé ces mystères,
Pour n'effaroucher pas d'abord trop les affaires;
Enfin, pour dire tout, mené si prudemment
Son esprit pas à pas à l'accommodement,

Qu'autant que votre père il montre de tendresse
A confirmer les nœuds qui font votre allégresse.

ASCAGNE.

Ah ! Frosine, la joie où vous m'acheminez...
Hé ! que ne dois-je point à vos soins fortunés !

FROSINE.

Au reste, le bon homme est en humeur de rire,
Et pour son fils encor nous défend de rien dire.

SCÈNE VI.

POLIDORE, ASCAGNE, FROSINE.

POLIDORE.

Approchez-vous, ma fille, un tel nom m'est permis,
Et j'ai su le secret que cachoient ces habits.
Vous avez fait un trait qui, dans sa hardiesse,
Fait briller tant d'esprit et tant de gentillesse,
Que je vous en excuse, et tiens mon fils heureux
Quand il saura l'objet de ses soins amoureux.
Vous valez tout un monde, et c'est moi qui l'assure.
Mais le voici ; prenons plaisir de l'aventure.
Allez faire venir tous vos gens promptement.

ASCAGNE.

Vous obéir sera mon premier compliment.

SCÈNE VII.

POLIDORE, VALÈRE, MASCARILLE.

MASCARILLE, *à Valère*.

Les disgraces souvent sont du ciel révélées.
J'ai songé cette nuit de perles défilées
Et d'œufs cassés, monsieur : un tel songe m'abot.

ACTE V, SCENE VII.

VALÈRE.

Chien de poltron!

POLIDORE.

Valère, il s'apprête un combat
Où toute ta valeur te sera nécessaire :
Tu vas avoir en tête un puissant adversaire.

MASCARILLE.

Et personne, monsieur, qui se veuille bouger
Pour retenir des gens qui se vont égorger?
Pour moi, je le veux bien; mais au moins, s'il arrive
Qu'un funeste accident de votre fils vous prive,
Ne m'en accusez point.

POLIDORE.

Non, non; en cet endroit,
Je le pousse moi-même à faire ce qu'il doit.

MASCARILLE.

Père dénaturé!

VALÈRE.

Ce sentiment, mon père,
Est d'un homme de cœur, et je vous en révère;
J'ai dû vous offenser, et je suis criminel
D'avoir fait tout ceci sans l'aveu paternel :
Mais, à quelque dépit que ma faute vous porte,
La nature toujours se montre la plus forte;
Et votre honneur fait bien, quand il ne veut pas voir
Que le transport d'Éraste ait de quoi m'émouvoir.

POLIDORE.

On me faisoit tantôt redouter sa menace :
Mais les choses depuis ont bien changé de face;
Et, sans le pouvoir fuir, d'un ennemi plus fort
Tu vas être attaqué.

MASCARILLE.

Point de moyen d'accord?

VALÈRE.

Moi, le fuir! Dieu m'en garde! et qui donc pourroit-ce être?

POLIDORE.

Ascagne.

VALÈRE.

Ascagne?

POLIDORE.

Oui, tu le vas voir paroître.

VALÈRE.

Lui, qui de me servir m'avoit donné sa foi!

POLIDORE.

Oui, c'est lui qui prétend avoir affaire à toi,
Et qui veut, dans le champ où l'honneur vous appelle,
Qu'un combat seul à seul vide votre querelle.

MASCARILLE.

C'est un brave homme; il sait que les cœurs généreux
Ne mettent point les gens en compromis pour eux.

POLIDORE.

Enfin, d'une imposture ils te rendent coupable,
Dont le ressentiment m'a paru raisonnable :
Si bien qu'Albert et moi sommes tombés d'accord
Que tu satisferois Ascagne sur ce tort,
Mais aux yeux d'un chacun, et sans nulles remises,
Dans les formalités en pareil cas requises.

VALÈRE.

Et Lucile, mon père, a d'un cœur endurci...

POLIDORE.

Lucile épouse Éraste, et te condamne aussi,
Et, pour convaincre mieux tes discours d'injustice,
Veut qu'à tes propres yeux cet hymen s'accomplisse.

ACTE V, SCÈNE VII.

VALÈRE.

Ah! c'est une impudence à me mettre en fureur.
Elle a donc perdu sens, foi, conscience, honneur!

SCÈNE VIII.

ALBERT, POLIDORE, LUCILE, ÉRASTE,
VALÈRE, MASCARILLE.

ALBERT.

Hé bien! les combattants? on amène le nôtre.
Avez-vous disposé le courage du vôtre?

VALÈRE.

Oui, oui, me voilà prêt, puisqu'on m'y veut forcer;
Et si j'ai pu trouver sujet de balancer,
Un reste de respect en pouvoit être cause,
Et non pas la valeur du bras que l'on m'oppose.
Mais c'est trop me pousser, ce respect est à bout,
A toute extrémité mon esprit se résout;
Et l'on fait voir un trait de perfidie étrange,
Dont il faut hautement que mon amour se venge.

(à Lucile.)

Non pas que cet amour prétende encore à vous,
Tout son feu se résout en ardeur de courroux;
Et quand j'aurai rendu votre honte publique,
Votre coupable hymen n'aura rien qui me pique.
Allez, ce procédé, Lucile, est odieux;
A peine en puis-je croire au rapport de mes yeux:
C'est de toute pudeur se montrer ennemie,
Et vous devriez mourir d'une telle infamie.

LUCILE.

Un semblable discours me pourroit affliger,
Si je n'avois en main qui m'en saura venger.

Voici venir Ascagne; il aura l'avantage
De vous faire changer bien vite de langage,
Et sans beaucoup d'effort.

SCÈNE IX.

ALBERT, POLIDORE, ASCAGNE, LUCILE, ÉRASTE, VALÈRE, FROSINE, MARINETTE, GROS-RENÉ, MASCARILLE.

VALÈRE.

Il ne le fera pas,
Quand il joindroit au sien encor vingt autres bras.
Je le plains de défendre une sœur criminelle :
Mais puisque son erreur me veut faire querelle,
Nous le satisferons, et vous, mon brave, aussi.

ÉRASTE.

Je prenois intérêt tantôt à tout ceci;
Mais enfin, comme Ascagne a pris sur lui l'affaire,
Je ne veux plus en prendre, et je le laisse faire.

VALÈRE.

C'est bien fait; la prudence est toujours de saison.
Mais...

ÉRASTE.

Il saura pour tous vous mettre à la raison.

VALÈRE.

Lui?

POLIDORE.

Ne t'y trompe pas, tu ne sais pas encore
Quel étrange garçon est Ascagne.

ALBERT.

Il l'ignore;

ACTE V, SCÉNE IX.

Mais il pourra dans peu le lui faire savoir.

VALÈRE.

Sus donc, que maintenant il me le fasse voir.

MARINETTE.

Aux yeux de tous ?

GROS-RENÉ.

Cela ne seroit pas honnête.

VALÈRE.

Se moque-t-on de moi ? Je casserai la tête
A quelqu'un des rieurs. Enfin voyons l'effet.

ASCAGNE.

Non, non, je ne suis pas si méchant qu'on me fait ;
Et, dans cette aventure où chacun m'intéresse,
Vous allez voir plutôt éclater ma foiblesse.
Connoître que le ciel, qui dispose de nous,
Ne me fit pas un cœur pour tenir contre vous,
Et qu'il vous réservoit pour victoire facile
De finir le destin du frère de Lucile.
Oui, bien loin de vanter le pouvoir de mon bras,
Ascagne va par vous recevoir le trépas.
Mais il veut bien mourir, si sa mort nécessaire
Peut avoir maintenant de quoi vous satisfaire,
En vous donnant pour femme, en présence de tous
Celle qui justement ne peut être qu'à vous.

VALÈRE.

Non, quand toute la terre, après sa perfidie
Et les traits effrontés...

ASCAGNE.

Ah ! souffrez que je die,
Valère, que le cœur qui vous est engagé
D'aucun crime envers vous ne peut être chargé

Sa flamme est toujours pure et sa constance extrême,
Et j'en prends à témoin votre père lui-même.

POLIDORE.

Oui, mon fils, c'est assez rire de ta fureur,
Et je vois qu'il est temps de te tirer d'erreur.
Celle à qui par serment ton ame est attachée
Sous l'habit que tu vois à tes yeux est cachée :
Un intérêt de bien, dès ses plus jeunes ans,
Fit ce déguisement qui trompe tant de gens ;
Et depuis peu l'amour en a su faire un autre,
Qui t'abusa, joignant leur famille à la nôtre.
Ne va point regarder à tout le monde aux yeux ;
Je te fais maintenant un discours sérieux.
Oui, c'est elle, en un mot, dont l'adresse subtile,
La nuit, reçut ta foi sous le nom de Lucile,
Et qui, par ce ressort qu'on ne comprenoit pas,
A semé parmi vous un si grand embarras.
Mais puisqu'Ascagne ici fait place à Dorothée,
Il faut voir de vos feux toute imposture ôtée,
Et qu'un nœud plus sacré donne force au premier.

ALBERT.

Et c'est là justement ce combat singulier
Qui devoit envers nous réparer votre offense,
Et pour qui les édits n'ont point fait de défense.

POLIDORE.

Un tel évènement rend tes esprits confus :
Mais en vain tu voudrois balancer là-dessus.

VALÈRE.

Non, non, je ne veux pas songer à m'en défendre ;
Et si cette aventure a lieu de me surprendre,
La surprise me flatte ; et je me sens saisir
De merveille à la fois, d'amour, et de plaisir :

ACTE V, SCÈNE IX.

Se peut-il que ces yeux...?

ALBERT.

Cet habit, cher Valère,
Souffre mal les discours que vous lui pourriez faire.
Allons lui faire en prendre un autre ; et cependant
Vous saurez le détail de tout cet incident.

VALÈRE.

Vous, Lucile, pardon si mon ame abusée...

LUCILE.

L'oubli de cette injure est une chose aisée.

ALBERT.

Allons, ce compliment se fera bien chez nous,
Et nous aurons loisir de nous en faire tous.

ÉRASTE.

Mais vous ne songez pas, en tenant ce langage,
Qu'il reste encore ici des sujets de carnage.
Voilà bien à tous deux notre amour couronné ;
Mais, de son Mascarille et de mon Gros-René,
Par qui doit Marinette être ici possédée,
Il faut que par le sang l'affaire soit vidée.

MASCARILLE.

Nenni, nenni ; mon sang dans mon corps sied trop bien,
Qu'il l'épouse en repos, cela ne me fait rien.
De l'humeur que je sais la chère Marinette,
L'hymen ne ferme pas la porte à la fleurette.

MARINETTE.

Et tu crois que de toi je ferois mon galant ?
Un mari, passe encor, tel qu'il est on le prend ;
On n'y va pas chercher tant de cérémonie :
Mais il faut qu'un galant soit fait à faire envie.

GROS-RENÉ.

Écoute ; quand l'hymen aura joint nos deux peaux,

Je prétends qu'on soit sourde à tous les damoiseaux.

MASCARILLE.

Tu crois te marier pour toi tout seul, compère ?

GROS-RENÉ.

Bien entendu : je veux une femme sévère,
Ou je ferai beau bruit.

MASCARILLE.

Hé ! mon dieu ! tu feras
Comme les autres font, et tu t'adouciras.
Ces gens, avant l'hymen si fâcheux et critiques,
Dégénèrent souvent en maris pacifiques.

MARINETTE.

Va, va, petit mari, ne crains rien de ma foi ;
Les douceurs ne feront que blanchir contre moi,
Et je te dirai tout.

MASCARILLE.

O la fine pratique,
Un mari confident !

MARINETTE.

Taisez-vous, as de pique.

ALBERT.

Pour la troisième fois, allons-nous-en chez nous
Poursuivre en liberté des entretiens si doux.

FIN DU DÉPIT AMOUREUX.

LES PRÉCIEUSES RIDICULES,

COMÉDIE EN UN ACTE,

Représentée, pour la première fois, sur le théâtre du Petit-Bourbon, le 18 novembre 1659.

PRÉFACE.

C'est une chose étrange, qu'on imprime les gens malgré eux! Je ne vois rien de si injuste, et je pardonnerois toute autre violence plutôt que celle-là.

Ce n'est pas que je veuille faire ici l'auteur modeste, et mépriser par honneur ma comédie : j'offenserois mal à propos tout Paris, si je l'accusois d'avoir pu applaudir à une sottise. Comme le public est le juge absolu de ces sortes d'ouvrages, il y auroit de l'impertinence à moi de le démentir; et quand j'aurois eu la plus mauvaise opinion du monde de mes *Précieuses ridicules* avant leur représentation, je dois croire maintenant qu'elles valent quelque chose, puisque tant de gens ensemble en ont dit du bien. Mais comme une grande partie des graces qu'on y a trouvées dépendent de l'action et du ton de voix, il m'importoit qu'on ne les dépouillât pas de ces ornements; et je trouvois que le succès qu'elles avoient eu dans la représentation étoit assez beau pour en demeurer là. J'avois résolu, dis-je, de ne les faire voir qu'à la chandelle,

PRÉFACE.

pour ne point donner lieu à quelqu'un de dire le proverbe; et je ne voulois pas qu'elles sautassent du théâtre de Bourbon dans la galerie du Palais. Cependant je n'ai pu l'éviter, et je suis tombé dans la disgrace de voir une copie dérobée de ma pièce entre les mains des libraires, accompagnée d'un privilège obtenu par surprise. J'ai eu beau crier, O temps! ô mœurs! on m'a fait voir une nécessité pour moi d'être imprimé, ou d'avoir un procès; et le dernier mal est encore pire que le premier. Il faut donc se laisser aller à la destinée, et consentir à une chose qu'on ne laisseroit pas de faire sans moi.

Mon dieu! l'étrange embarras qu'un livre à mettre au jour! et qu'un auteur est neuf la première fois qu'on l'imprime! Encore si l'on m'avoit donné du temps, j'aurois pu mieux songer à moi, et j'aurois pris toutes les précautions que MM. les auteurs, à présent mes confrères, ont coutume de prendre en semblables occasions. Outre quelque grand seigneur que j'aurois été prendre malgré lui pour protecteur de mon ouvrage, et dont j'aurois tenté la libéralité par une épître dédicatoire bien fleurie, j'aurois tâché de faire une belle et docte préface; et je ne manque point de livres qui m'auroient fourni tout ce qu'on peut dire de savant sur la tragédie et la comédie, l'étymologie de toutes deux, leur origine, leur définition, et le reste. J'aurois parlé aussi à mes amis, qui, pour la recommandation de ma pièce, ne m'auroient pas refusé, ou des vers françois, ou des vers latins. J'en ai même qui m'auroient loué en grec; et l'on n'ignore pas qu'une louange en grec est d'une merveilleuse efficace à la tête d'un livre. Mais on me met au jour sans me donner le loisir de me reconnoître; et je ne puis même obtenir la liberté de dire deux mots pour justifier mes intentions sur le sujet de cette comédie. J'aurois voulu faire voir qu'elle se tient par-tout dans les bornes de la satire honnête et permise; que les plus excellentes choses sont sujettes à être copiées par de mauvais singes qui méritent d'être bernés; que ces vicieuses imitations de ce qu'il y a de plus parfait ont été de tout temps la matière de la comédie; et que, par la même raison que les véritables savants et les vrais braves ne se sont point encore avisés de s'offenser du docteur de la comédie, et du capitan, non plus que les juges, les princes et les rois, de voir Trivelin, ou quelque autre, sur le théâtre, faire ridiculement le juge, le prince, ou le roi; aussi les véritables précieuses auroient tort de se piquer lorsqu'on joue les ridicules qui les imitent mal. Mais enfin, comme j'ai dit, on ne me laisse pas le temps de respirer, et M. de Luynes veut m'aller faire relier de ce pas. A la bonne heure, puisque Dieu l'a voulu.

PERSONNAGES.

LA GRANGE, } amants rebutés.
DU CROISY, }
GORGIBUS, bon bourgeois.
MADELON, fille de Gorgibus, précieuse ridicule.
CATHOS, nièce de Gorgibus, précieuse ridicule.
MAROTTE, servante des précieuses ridicules.
ALMANZOR, laquais des précieuses ridicules.
Le marquis DE MASCARILLE, valet de La Grange.
Le vicomte DE JODELET, valet de Du Croisy.
LUCILE, voisine de Gorgibus.
CÉLIMÈNE, voisine de Gorgibus.
DEUX PORTEURS DE CHAISE.
VIOLONS.

La Scène est à Paris, dans la maison de Gorgibus.

LES PRÉCIEUSES RIDICULES.

SCÈNE I.

LA GRANGE, DU CROISY.

DU CROISY.

Seigneur La Grange....

LA GRANGE.

Quoi ?

DU CROISY.

Regardez-moi un peu sans rire.

LA GRANGE.

Hé bien ?

DU CROISY.

Que dites-vous de notre visite ? En êtes-vous fort satisfait ?

LA GRANGE

A votre avis, avons-nous sujet de l'être tous deux ?

DU CROISY.

Pas tout-à-fait, à dire vrai.

LA GRANGE.

Pour moi, je vous avoue que j'en suis tout scandalisé. A-t-on jamais vu, dites-moi, deux pecques provinciales faire plus les renchéries que celles-là, et deux hommes traités avec plus de mépris que nous? A peine ont-elles pu se résoudre à nous faire donner des sièges. Je n'ai jamais vu tant parler à l'oreille qu'elles ont fait entre elles, tant bâiller, tant se frotter les yeux, et demander tant de fois, Quelle heure est-il? Ont-elles répondu que oui et non à tout ce que nous avons pu leur dire? Et ne m'avouerez-vous pas enfin que, quand nous aurions été les dernières personnes du monde, on ne pouvoit nous faire pis qu'elles ont fait?

DU CROISY.

Il me semble que vous prenez la chose fort à cœur.

LA GRANGE.

Sans doute, je l'y prends, et de telle façon que je me veux venger de cette impertinence. Je connois ce qui nous a fait mépriser. L'air précieux n'a pas seulement infecté Paris; il s'est aussi répandu dans les provinces, et nos donzelles ridicules en ont humé leur bonne part. En un mot, c'est un ambigu de précieuse et de coquette que leur personne. Je vois ce qu'il faut être pour en être bien reçu; et si vous m'en croyez, nous leur jouerons tous deux une pièce qui leur fera voir leur sottise, et pourra leur apprendre à connoître un peu mieux leur monde.

DU CROISY.

Et comment encore?

LA GRANGE.

J'ai un certain valet, nommé Mascarille, qui

SCÈNE I. 235

passe, au sentiment de beaucoup de gens, pour une manière de bel esprit; car il n'y a rien à meilleur marché que le bel esprit maintenant. C'est un extravagant qui s'est mis dans la tête de vouloir faire l'homme de condition. Il se pique ordinairement de galanterie et de vers, et dédaigne les autres valets, jusqu'à les appeler brutaux.

DU CROISY.

Hé bien! qu'en prétendez-vous faire?

LA GRANGE.

Ce que j'en prétends faire? Il faut.... Mais sortons d'ici auparavant.

SCÈNE II.

GORGIBUS, DU CROISY, LA GRANGE.

GORGIBUS.

HÉ BIEN! vous avez vu ma nièce et ma fille? Les affaires iront-elles bien? Quel est le résultat de cette visite?

LA GRANGE.

C'est une chose que vous pourrez mieux apprendre d'elles que de nous. Tout ce que nous pouvons vous dire, c'est que nous vous rendons grace de la faveur que vous nous avez faite, et demeurons vos très humbles serviteurs.

DU CROISY.

Vos très humbles serviteurs.

GORGIBUS, *seul*.

Ouais! il semble qu'ils sortent mal satisfaits

d'ici. D'où pourroit venir leur mécontentement ? Il faut savoir un peu ce que c'est. Holà.

SCÈNE III.

GORGIBUS, MAROTTE.

MAROTTE.

Que désirez-vous, monsieur ?

GORGIBUS.

Où sont vos maîtresses ?

MAROTTE.

Dans leur cabinet.

GORGIBUS.

Que font-elles ?

MAROTTE.

De la pommade pour les lèvres.

GORGIBUS.

C'est trop pommadé : dites-leur qu'elles descendent.

SCÈNE IV.

GORGIBUS.

Ces pendardes-là, avec leur pommade, ont, je pense, envie de me ruiner. Je ne vois par-tout que blancs d'œufs, lait virginal, et mille autres brimborions que je ne connois point. Elles ont usé, depuis que nous sommes ici, le lard d'une douzaine de cochons, pour le moins ; et quatre valets vivroient tous les jours des pieds de moutons qu'elles emploient.

SCÈNE V.
MADELON, CATHOS, GORGIBUS.

GORGIBUS.

Il est bien nécessaire, vraiment, de faire tant de dépense pour vous graisser le museau! Dites-moi un peu ce que vous avez fait à ces messieurs, que je les vois sortir avec tant de froideur. Vous avois-je pas commandé de les recevoir comme des personnes que je voulois vous donner pour maris?

MADELON.

Et quelle estime, mon père, voulez-vous que nous fassions du procédé irrégulier de ces gens-là?

CATHOS.

Le moyen, mon oncle, qu'une fille un peu raisonnable se pût accommoder de leur personne?

GORGIBUS.

Et qu'y trouvez-vous à redire?

MADELON.

La belle galanterie que la leur! Quoi! débuter d'abord par le mariage!

GORGIBUS.

Et par où veux-tu donc qu'ils débutent? par le concubinage? N'est-ce pas un procédé dont vous avez sujet de vous louer toutes deux, aussi-bien que moi? Est-il rien de plus obligeant que cela! Et ce lien sacré où ils aspirent n'est-il pas un témoignage de l'honnêteté de leurs intentions?

MADELON.

Ah! mon père, ce que vous dites là est du dernier

bourgeois. Cela me fait honte de vous ouïr parler de la sorte; et vous devriez un peu vous faire apprendre le bel air des choses.

GORGIBUS.

Je n'ai que faire ni d'air ni de chanson. Je te dis que le mariage est une chose sacrée, et que c'est faire en honnêtes gens que de débuter par-là.

MADELON.

Mon dieu! que si tout le monde vous ressembloit, un roman seroit bientôt fini! La belle chose que ce seroit si d'abord Cyrus épousoit Mandane, et qu'Aronce de plain-pied fût marié à Clélie!

GORGIBUS.

Que me vient conter celle-ci!

MADELON.

Mon père, voilà ma cousine qui vous dira, aussi-bien que moi, que le mariage ne doit jamais arriver qu'après les autres aventures. Il faut qu'un amant, pour être agréable, sache débiter les beaux sentiments, pousser le doux, le tendre et le passionné, et que sa recherche soit dans les formes. Premièrement, il doit voir au temple, ou à la promenade, ou dans quelque cérémonie publique, la personne dont il devient amoureux; ou bien être conduit fatalement chez elle par un parent ou un ami, et sortir de là tout rêveur et mélancolique. Il cache un temps sa passion à l'objet aimé, et cependant lui rend plusieurs visites, où l'on ne manque jamais de mettre sur le tapis une question galante qui exerce les esprits de l'assemblée. Le jour de la déclaration arrive, qui se doit faire ordinairement dans une allée de quelque jardin, tandis que la compagnie s'est un peu éloignée; et cette déclaration est suivie d'un prompt courroux qui paroît à notre rougeur, et qui, pour un temps, bannit l'amant de notre présence. Ensuite il trouve moyen de nous apaiser, de nous accoutumer insensiblement au discours de sa passion, et de tirer de nous cet aveu qui fait tant de peine. Après cela viennent les aventures, les rivaux qui se jettent à la traverse d'une inclination établie, les persécutions des pères, les jalousies conçues sur de fausses apparences, les plaintes, les désespoirs, les enlèvements, et ce qui s'ensuit. Voilà comme les choses se traitent dans les belles manières; et ce sont des règles dont, en bonne galanterie, on ne sauroit se dispenser. Mais en venir de but en blanc à l'union conjugale, ne faire l'amour qu'en faisant le contrat du mariage, et prendre justement le roman par la queue; encore un coup, mon père, il ne se peut rien de plus marchand que ce procédé; et j'ai mal au cœur de la seule vision que cela me fait.

GORGIBUS.

Quel diable de jargon entends-je ici ? Voici bien du haut style.

CATHOS.

En effet, mon oncle, ma cousine donne dans le vrai de la chose. Le moyen de bien recevoir des gens qui sont tout-à-fait incongrus en galanterie!

Je m'en vais gager qu'ils n'ont jamais vu la carte de Tendre, et que Billets-doux, Petits-soins, Billets-galants et Jolis-vers, sont des terres inconnues pour eux. Ne voyez-vous pas que toute leur personne marque cela, et qu'ils n'ont point cet air qui donne d'abord bonne opinion des gens? Venir en visite amoureuse avec une jambe tout unie, un chapeau désarmé de plumes, une tête irrégulière en cheveux, et un habit qui souffre une indigence de rubans; mon dieu! quels amants sont-ce là! Quelle frugalité d'ajustement, et quelle sécheresse de conversation! On n'y dure point, on n'y tient pas. J'ai remarqué encore que leurs rabats ne sont point de la bonne faiseuse, et qu'il s'en faut plus d'un grand demi-pied que leurs hauts-de-chausses ne soient assez larges.

GORGIBUS.

Je pense qu'elles sont folles toutes deux, et je ne puis rien comprendre à ce baragouin. Cathos, et vous, Madelon...

MADELON.

Hé! de grace, mon père, défaites-vous de ces noms étranges, et nous appelez autrement.

GORGIBUS.

Comment, ces noms étranges! Ne sont-ce pas vos noms de baptême?

MADELON.

Mon dieu! que vous êtes vulgaire! Pour moi, un de mes étonnements, c'est que vous ayez pu faire une fille si spirituelle que moi. A-t-on jamais parlé, dans le beau style, de Cathos ni de Madelon ? et ne m'avouerez-vous pas que ce seroit assez d'un de ces noms pour décrier le plus beau roman du monde ?

CATHOS.

Il est vrai, mon oncle, qu'une oreille un peu délicate pâtit furieusement à entendre prononcer ces mots-là; et le nom de Polixène, que ma cousine a choisi, et celui d'Aminte, que je me suis donné, ont une grace dont il faut que vous demeuriez d'accord.

GORGIBUS.

Écoutez; il n'y a qu'un mot qui serve. Je n'entends point que vous ayez d'autres noms que ceux qui vous ont été donnés par vos parrains et vos marraines. Et pour ces messieurs dont il est question, je connois leurs familles et leurs biens, et je veux résolument que vous vous disposiez à les recevoir pour maris. Je me lasse de vous avoir sur les bras; et la garde de deux filles est une charge un peu trop pesante pour un homme de mon âge.

CATHOS.

Pour moi, mon oncle, tout ce que je puis vous dire, c'est que je trouve le mariage une chose tout-à-fait choquante. Comment est-ce qu'on peut souffrir la pensée de coucher contre un homme vraiment nu ?

MADELON.

Souffrez que nous prenions un peu haleine parmi le beau monde de Paris, où nous ne faisons que d'arriver. Laissez-nous faire à loisir le tissu de notre roman; et n'en pressez point tant la conclusion.

GORGIBUS, à part.

Il n'en faut point douter, elles sont achevées.

(haut.)

Encore un coup, je n'entends rien à toutes ces balivernes, je veux être maître absolu; et pour trancher toutes sortes de discours, ou vous serez mariées toutes deux avant qu'il soit peu, ou, ma foi, vous serez religieuses; j'en fais un bon serment.

SCÈNE VI.

CATHOS, MADELON.

CATHOS.

Mon dieu! ma chère, que ton père a la forme enfoncée dans la matière! Que son intelligence est épaisse! et qu'il fait sombre dans son ame!

MADELON.

Que veux-tu, ma chère? j'en suis en confusion pour lui : j'ai peine à me persuader que je puisse être véritablement sa fille, et je crois que quelque aventure un jour me viendra développer une naissance plus illustre.

CATHOS.

Je le croirois bien; oui, il y a toutes les apparences du monde. Et pour moi, quand je me regarde aussi...

SCÈNE VII.
CATHOS, MADELON, MAROTTE.

MAROTTE.

Voilà un laquais qui demande si vous êtes au logis, et dit que son maître vous veut venir voir.

MADELON.

Apprenez, sotte, à vous énoncer moins vulgairement. Dites : Voilà un nécessaire qui demande si vous êtes en commodité d'être visibles.

MAROTTE.

Dame! je n'entends point le latin; et je n'ai pas appris, comme vous, la filofie dans le Cyre.

MADELON.

L'impertinente! Le moyen de souffrir cela! Et qui est-il, le maître de ce laquais?

MAROTTE.

Il me l'a nommé le marquis de Mascarille.

MADELON.

Ah! ma chere, un marquis! un marquis! Oui, allez dire qu'on peut nous voir. C'est sans doute un bel esprit qui a ouï parler de nous.

CATHOS.

Assurément, ma chère.

MADELON.

Il faut le recevoir dans cette salle basse plutôt qu'en notre chambre. Ajustons un peu nos cheveux au moins, et soutenons notre réputation. Vite, venez nous tendre ici dedans le conseiller des graces.

MAROTTE.

Par ma foi, je ne sais point quelle bête c'est là; il faut parler chrétien, si vous voulez que je vous entende.

CATHOS.

Apportez-nous le miroir, ignorante que vous êtes, et gardez-vous bien d'en salir la glace par la communication de votre image.

(Elles sortent.)

SCÈNE VIII.

MASCARILLE, DEUX PORTEURS.

MASCARILLE.

Holà, porteurs, holà. Là, là, là, là, là, là. Je pense que ces marauds-là ont dessein de me briser, à force de heurter contre les murailles et les pavés.

I. PORTEUR.

Dame! c'est que la porte est étroite. Vous avez voulu aussi que nous soyons entrés jusqu'ici.

MASCARILLE.

Je le crois bien. Voudriez-vous, faquins, que j'exposasse l'embonpoint de mes plumes aux inclémences de la saison pluvieuse, et que j'allasse imprimer mes souliers en boue? Allez, ôtez votre chaise d'ici.

II. PORTEUR.

Payez-nous donc, s'il vous plaît, monsieur.

MASCARILLE.

Hé?

SCÈNE VIII.

II. PORTEUR.

Je dis, monsieur, que vous nous donniez de l'argent, s'il vous plaît.

MASCARILLE, *lui donnant un soufflet.*

Comment, coquin! demander de l'argent à une personne de ma qualité!

II. PORTEUR.

Est-ce ainsi qu'on paie les pauvres gens? et votre qualité nous donne-t-elle à dîner?

MASCARILLE.

Ah! ah! je vous apprendrai à vous connoître. Ces canailles-là s'osent jouer à moi!

I. PORTEUR, *prenant un des bâtons de sa chaise.*

Çà, payez-nous vitement.

MASCARILLE.

Quoi?

I. PORTEUR.

Je dis que je veux avoir de l'argent tout à l'heure.

MASCARILLE.

Il est raisonnable celui-là.

I. PORTEUR.

Vite donc.

MASCARILLE.

Oui-dà, tu parles comme il faut, toi; mais l'autre est un coquin qui ne sait ce qu'il dit. Tiens, es-tu content?

I. PORTEUR.

Non, je ne suis pas content; vous avez donné un soufflet à mon camarade, et.... (*levant son bâton.*)

MASCARILLE.

Doucement; tiens, voilà pour le soufflet. On obtient tout de moi quand on s'y prend de la bonne façon. Allez, venez me reprendre tantôt pour aller au Louvre, au petit coucher.

SCÈNE IX.

MAROTTE, MASCARILLE.

MAROTTE.

Monsieur, voilà mes maîtresses qui vont venir tout à l'heure.

MASCARILLE.

Qu'elles ne se pressent point; je suis ici posté commodément pour attendre.

MAROTTE.

Les voici.

SCÈNE X.

MADELON, CATHOS, MASCARILLE, ALMANZOR.

MASCARILLE, *après avoir salué.*

Mesdames, vous serez surprises, sans doute, de l'audace de ma visite : mais votre réputation vous attire cette méchante affaire; et le mérite a pour moi des charmes si puissants, que je cours partout après lui.

MADELON.

Si vous poursuivez le mérite, ce n'est pas sur nos terres que vous devez chasser.

SCÈNE X.

CATHOS.

Pour voir chez nous le mérite, il a fallu que vous l'y ayez amené.

MASCARILLE.

Ah! je m'inscris en faux contre vos paroles. La renommée accuse juste en contant ce que vous valez; et vous allez faire pic repic et capot tout ce qu'il y a de galant dans Paris.

MADELON.

Votre complaisance pousse un peu trop avant la libéralité de ses louanges; et nous n'avons garde, ma cousine et moi, de donner de notre sérieux dans le doux de votre flatterie.

CATHOS.

Ma chère, il faudroit faire donner des sièges.

MADELON.

Holà! Almanzor.

ALMANZOR.

Madame?

MADELON.

Vite, voiturez-nous ici les commodités de la conversation.

MASCARILLE.

Mais, au moins, y a-t-il sûreté ici pour moi?
(*Almanzor sort.*)

CATHOS.

Que craignez-vous?

MASCARILLE.

Quelque vol de mon cœur, quelque assassinat de ma franchise. Je vois ici deux yeux qui ont la mine d'être de fort mauvais garçons, de faire insulte aux libertés, et de traiter une ame de Turc à Maure. Comment diable ! d'abord qu'on les approche, ils se mettent sur leurs gardes meurtrières ! Ah ! par ma foi, je m'en défie ; et je m'en vais gagner au pied, ou je veux caution bourgeoise qu'ils ne me feront point de mal.

MADELON.

Ma chère, c'est le caractère enjoué.

CATHOS.

Je vois bien que c'est un Amilcar.

MADELON.

Ne craignez rien, nos yeux n'ont point de mauvais desseins, et votre cœur peut dormir en assurance sur leur prud'hommie.

CATHOS.

Mais, de grace, monsieur, ne soyez point inexorable à ce fauteuil qui vous tend les bras il y a un quart-d'heure ; contentez un peu l'envie qu'il a de vous embrasser.

MASCARILLE, *après s'être peigné et avoir ajusté ses canons.*

Hé bien ! mesdames, que dites-vous de Paris ?

MADELON.

Hélas ! qu'en pourrions-nous dire ? Il faudroit être l'antipode de la raison pour ne pas confesser que Paris est le grand bureau des merveilles, le centre du bon goût, du bel esprit, et de la galanterie.

SCÈNE X.

MASCARILLE.

Pour moi je tiens que, hors de Paris, il n'y a point de salut pour les honnêtes gens.

CATHOS.

C'est une vérité incontestable.

MASCARILLE.

Il y fait un peu crotté; mais nous avons la chaise.

MADELON.

Il est vrai que la chaise est un retranchement merveilleux contre les insultes de la boue et du mauvais temps.

MASCARILLE.

Vous recevez beaucoup de visites? Quel bel esprit est des vôtres?

MADELON.

Hélas! nous ne sommes pas encore connues, mais nous sommes en passe de l'être, et nous avons une amie particulière qui nous a promis d'amener ici tous ces messieurs du recueil des pièces choisies.

CATHOS.

Et certains autres qu'on nous a nommés aussi pour être les arbitres souverains des belles choses.

MASCARILLE.

C'est moi qui ferai votre affaire mieux que personne : ils me rendent tous visite; et je puis dire que je ne me lève jamais sans une demi-douzaine de beaux esprits.

MADELON.

Hé! mon dieu! nous vous serons obligées de la dernière obligation, si vous nous faites cette amitié; car enfin il faut avoir la connoissance de tous ces messieurs-là, si l'on veut être du beau monde. Ce sont eux qui donnent le branle à la réputation dans Paris; et vous savez qu'il y en a tel dont il ne faut que la seule fréquentation pour vous donner bruit de connoisseuse, quand il n'y auroit rien autre chose que cela. Mais pour moi, ce que je considère particulièrement, c'est que, par le moyen de ces visites spirituelles, on est instruit de cent choses qu'il faut savoir de nécessité, et qui sont de l'essence du bel esprit. On apprend par-là chaque jour les petites nouvelles galantes, les jolis commerces de prose ou de vers. On sait à point nommé : un tel a composé la plus jolie pièce du monde sur un tel sujet; une telle a fait des paroles sur un tel air : celui-ci a fait un madrigal sur une jouissance; celui-là a composé des stances sur une infidélité : monsieur un tel écrivit hier au soir un sixain à mademoiselle une telle, dont elle lui a envoyé la réponse ce matin sur les huit heures : un tel auteur a fait un tel dessein; celui-là est à la troisième partie de son roman, cet autre met ses ouvrages sous la presse. C'est là ce qui vous fait valoir dans les compagnies; et si l'on ignore ces choses, je ne donnerois pas un clou de tout l'esprit qu'on peut avoir.

SCÈNE X.

CATHOS.

En effet, je trouve que c'est renchérir sur le ridicule, qu'une personne se pique d'esprit, et ne sache pas jusqu'au moindre petit quatrain qui se fait chaque jour; et pour moi j'aurois toutes les hontes du monde, s'il falloit qu'on vînt à me demander si j'aurois vu quelque chose de nouveau que je n'aurois pas vu.

MASCARILLE.

Il est vrai qu'il est honteux de n'avoir pas des premiers tout ce qui se fait. Mais ne vous mettez pas en peine; je veux établir chez vous une académie de beaux esprits; et je vous promets qu'il ne se fera pas un bout de vers dans Paris que vous ne sachiez par cœur avant tous les autres. Pour moi, tel que vous me voyez, je m'en escrime un peu quand je veux; et vous verrez courir de ma façon, dans les belles ruelles de Paris, deux cents chansons, autant de sonnets, quatre cents épigrammes, et plus de mille madrigaux, sans compter les énigmes et les portraits.

MADELON.

Je vous avoue que je suis furieusement pour les portraits; je ne vois rien de si galant que cela.

MASCARILLE.

Les portraits sont difficiles, et demandent un esprit profond : vous en verrez de ma manière qui ne vous déplairont pas.

CATHOS.

Pour moi, j'aime terriblement les énigmes.

MASCARILLE.

Cela exerce l'esprit, et j'en ai fait quatre encore ce matin, que je vous donnerai à deviner.

MADELON.

Les madrigaux sont agréables quand ils sont bien tournés.

MASCARILLE.

C'est mon talent particulier, et je travaille à mettre en madrigaux toute l'histoire romaine.

MADELON.

Ah! certes, cela sera du dernier beau! j'en retiens un exemplaire au moins, si vous le faites imprimer.

MASCARILLE.

Je vous en promets à chacune un, et des mieux reliés. Cela est au-dessous de ma condition; mais je le fais seulement pour donner à gagner aux libraires qui me persécutent.

MADELON.

Je m'imagine que le plaisir est grand de se voir imprimer.

MASCARILLE.

Sans doute. Mais à propos il faut que je vous die un impromptu que je fis hier chez une duchesse de mes amies que je fus visiter; car je suis diablement fort sur les impromptu.

CATHOS.

L'impromptu est justement la pierre de touche de l'esprit.

SCÈNE X.

MASCARILLE.

Écoutez donc.

MADELON.

Nous y sommes de toutes nos oreilles.

MASCARILLE.

Oh! oh! je n'y prenois pas garde:
Tandis que, sans songer à mal, je vous regarde,
Votre œil en tapinois me dérobe mon cœur.
Au voleur! au voleur! au voleur! au voleur!

CATHOS.

Ah! mon dieu! voilà qui est poussé dans le dernier galant.

MASCARILLE.

Tout ce que je fais a l'air cavalier; cela ne sent point le pédant.

MADELON.

Il en est éloigné de plus de deux mille lieues.

MASCARILLE.

Avez-vous remarqué ce commencement *oh! oh!* Voilà qui est extraordinaire, *oh! oh!* comme un homme qui s'avise tout d'un coup, *oh! oh!* La surprise, *oh! oh!*

MADELON.

Oui, je trouve ce *oh! oh!* admirable.

MASCARILLE.

Il semble que cela ne soit rien.

CATHOS.

Ah! mon dieu! que dites-vous? Ce sont là de ces sortes de choses qui ne se peuvent payer.

MADELON.

Sans doute; et j'aimerois mieux avoir fait ce *oh! oh!* qu'un poëme épique.

MASCARILLE.

Tudieu! vous avez le goût bon.

MADELON.

Hé! je ne l'ai pas tout-à-fait mauvais.

MASCARILLE.

Mais n'admirez-vous pas aussi, *je n'y prenois pas garde? je n'y prenois pas garde,* je ne m'apercévois pas de cela; façon de parler naturelle, *je n'y prenois pas garde.* Tandis que, sans songer à *mal,* tandis qu'innocemment, sans malice, comme un pauvre mouton, *je vous regarde,* c'est-à-dire, je m'amuse à vous considérer, je vous observe, je vous contemple; *votre œil en tapinois....* Que vous semble de ce mot, *tapinois?* n'est-il pas bien choisi?

CATHOS.

Tout-à-fait bien.

MASCARILLE.

Tapinois, en cachette; il semble que ce soit un chat qui vienne de prendre une souris. *Tapinois.*

MADELON.

Il ne se peut rien de mieux.

MASCARILLE.

Me dérobe mon cœur, me l'emporte, me le ravit.
Au voleur! au voleur! au voleur! au voleur!
Ne diriez-vous pas que c'est un homme qui crie et court après un voleur pour le faire arrêter?
Au voleur! au voleur! au voleur! au voleur!

SCENE X. 255

MADELON.

Il faut avouer que cela a un tour spirituel et galant.

MASCARILLE.

Je veux vous dire l'air que j'ai fait dessus.

CATHOS.

Vous avez appris la musique?

MASCARILLE.

Moi? Point du tout.

CATHOS.

Et comment donc cela se peut-il?

MASCARILLE.

Les gens de qualité savent tout sans avoir jamais rien appris.

MADELON.

Assurément, ma chère.

MASCARILLE.

Écoutez si vous trouverez l'air à votre goût. *Hem, hem, la, la, la, la, la.* La brutalité de la saison a furieusement outragé la délicatesse de ma voix: mais il n'importe, c'est à la cavalière.

(Il chante.)

Oh! oh! je n'y prenois pas garde, etc.

CATHOS.

Ah! que voilà un air qui est passionné! Est-ce qu'on n'en meurt point?

MADELON.

Il y a de la chromatique là-dedans.

MASCARILLE.

Ne trouvez-vous pas la pensée bien exprimée

dans le chant ? *Au voleur! au voleur! au voleur!* Et puis comme si l'on crioit bien fort, *au, au, au, au, au voleur!* Et tout d'un coup, comme une personne essoufflée, *au voleur!*

MADELON.

C'est là savoir le fin des choses, le grand fin, le fin du fin. Tout est merveilleux, je vous assure; je suis enthousiasmée de l'air et des paroles.

CATHOS.

Je n'ai encore rien vu de cette force-là.

MASCARILLE.

Tout ce que je fais me vient naturellement, c'est sans étude.

MADELON.

La nature vous a traité en vraie mère passionnée, et vous en êtes l'enfant gâté.

MASCARILLE.

A quoi donc passez-vous le temps, mesdames?

CATHOS.

A rien du tout.

MADELON.

Nous avons été jusqu'ici dans un jeûne effroyable de divertissements.

MASCARILLE.

Je m'offre à vous mener l'un de ces jours à la comédie, si vous voulez; aussi-bien on en doit jouer une nouvelle que je serai bien aise que nous voyions ensemble.

MADELON.

Cela n'est pas de refus.

SCÈNE X.

MASCARILLE.

Mais je vous demande d'applaudir comme il faut quand nous serons là; car je me suis engagé de faire valoir la pièce, et l'auteur m'en est venu prier encore ce matin. C'est la coutume ici qu'à nous autres gens de condition les auteurs viennent lire leurs pièces nouvelles pour nous engager à les trouver belles et leur donner de la réputation; et je vous laisse à penser si, quand nous disons quelque chose, le parterre ose nous contredire. Pour moi j'y suis fort exact; et quand j'ai promis à quelque poëte, je crie toujours, Voilà qui est beau! devant que les chandelles soient allumées.

MADELON.

Ne m'en parlez point, c'est un admirable lieu que Paris; il s'y passe cent choses tous les jours qu'on ignore dans les provinces, quelque spirituelle qu'on puisse être.

CATHOS.

C'est assez; puisque nous sommes instruites, nous ferons notre devoir de nous écrier comme il faut sur tout ce qu'on dira.

MASCARILLE.

Je ne sais si je me trompe; mais vous avez toute la mine d'avoir fait quelque comédie.

MADELON.

Hé! il pourroit être quelque chose de ce que vous dites.

MASCARILLE.

Ah! ma foi, il faudra que nous la voyions.

Entre nous, j'en ai composé une que je veux faire représenter.

CATHOS.

Hé! à quels comédiens la donnerez-vous?

MASCARILLE.

Belle demande! Aux comédiens de l'hôtel de Bourgogne; il n'y a qu'eux qui soient capables de faire valoir les choses; les autres sont des ignorants qui récitent comme l'on parle; ils ne savent pas faire ronfler les vers et s'arrêter au bel endroit. Et le moyen de connoître où est le beau vers, si le comédien ne s'y arrête, et ne vous avertit par-là qu'il faut faire le brouhaha?

CATHOS.

En effet, il y a manière de faire sentir aux auditeurs les beautés d'un ouvrage; et les choses ne valent que ce qu'on les fait valoir.

MASCARILLE.

Que vous semble de ma petite oie? La trouvez-vous congruente à l'habit?

CATHOS.

Tout-à-fait.

MASCARILLE.

Le ruban en est bien choisi.

MADELON.

Furieusement bien. C'est Perdrigeon tout pur.

MASCARILLE.

Que dites-vous de mes canons?

MADELON.

Ils ont tout-à-fait bon air.

SCÈNE X.

MASCARILLE.

Je puis me vanter au moins qu'ils ont un grand quartier plus que tous ceux qu'on fait.

MADELON.

Il faut avouer que je n'ai jamais vu porter si haut l'élégance de l'ajustement.

MASCARILLE.

Attachez un peu sur ces gants la réflexion de votre odorat.

MADELON.

Ils sentent terriblement bon.

CATHOS.

Je n'ai jamais respiré une odeur mieux conditionnée.

MASCARILLE.

Et celle-là ? (*Il donne à sentir les cheveux poudrés de sa perruque.*)

MADELON.

Elle est tout-à-fait de qualité ; le sublime en est touché délicieusement.

MASCARILLE.

Vous ne me dites rien de mes plumes ! Comment les trouvez-vous ?

CATHOS.

Effroyablement belles.

MASCARILLE.

Savez-vous que le brin me coûte un louis d'or ? Pour moi j'ai cette manie de vouloir donner généralement sur tout ce qu'il y a de plus beau.

MADELON.

Je vous assure que nous sympathisons vous et moi. J'ai une délicatesse furieuse pour tout ce que je porte; et, jusqu'à mes chaussettes, je ne puis rien souffrir qui ne soit de la bonne faiseuse.

MASCARILLE, *s'écriant brusquement.*

Ahi! ahi! ahi, doucement. Dieu me damne, mesdames! c'est fort mal en user; j'ai à me plaindre de votre procédé : cela n'est pas honnête.

CATHOS.

Qu'est-ce donc? qu'avez-vous?

MASCARILLE.

Quoi! toutes deux contre mon cœur en même temps? M'attaquer à droite et à gauche? Ah! c'est contre le droit des gens; la partie n'est pas égale, et je m'en vais crier au meurtre.

CATHOS.

Il faut avouer qu'il dit les choses d'une manière particulière.

MADELON.

Il a un tour admirable dans l'esprit.

CATHOS.

Vous avez plus de peur que de mal, et votre cœur crie avant qu'on l'écorche.

MASCARILLE.

Comment diable! il est écorché depuis la tête jusqu'aux pieds.

SCÈNE XI.

CATHOS, MADELON, MASCARILLE, MAROTTE.

MAROTTE.

Madame, on demande à vous voir.

MADELON.

Qui ?

MAROTTE.

Le vicomte de Jodelet.

MASCARILLE.

Le vicomte de Jodelet ?

MAROTTE.

Oui, monsieur.

CATHOS.

Le connoissez-vous ?

MASCARILLE.

C'est mon meilleur ami.

MADELON.

Faites entrer vitement.

MASCARILLE.

Il y a quelque temps que nous ne nous sommes vus, et je suis ravi de cette aventure.

CATHOS.

Le voici.

SCÈNE XII.

CATHOS, MADELON, MASCARILLE, JODELET, MAROTTE, ALMANZOR.

MASCARILLE.

Ah! vicomte!

JODELET. (*Ils s'embrassent l'un l'autre.*)

Ah! marquis!

MASCARILLE.

Que je suis aise de te rencontrer!

JODELET.

Que j'ai de joie de te voir ici!

MASCARILLE.

Baise-moi donc encore un peu, je te prie.

MADELON, *à Cathos.*

Ma toute bonne, nous commençons d'être connues; voilà le beau monde qui prend le chemin de nous venir voir.

MASCARILLE.

Mesdames, agréez que je vous présente ce gentilhomme-ci; sur ma parole, il est digne d'être connu de vous.

JODELET.

Il est juste de venir vous rendre ce qu'on vous doit; et vos attraits exigent leurs droits seigneuriaux sur toutes sortes de personnes.

MADELON.

C'est pousser vos civilités jusqu'aux derniers confins de flatterie.

SCÈNE XII.

CATHOS.

Cette journée doit être marquée dans notre almanach comme une journée bienheureuse.

MADELON, *à Almanzor.*

Allons, petit garçon, faut-il toujours vous répéter les choses? Voyez-vous pas qu'il faut le surcroît d'un fauteuil?

MASCARILLE.

Ne vous étonnez pas de voir le vicomte de la sorte; il ne fait que sortir d'une maladie qui lui a rendu le visage pâle, comme vous le voyez.

JODELET.

Ce sont fruits des veilles de la cour et des fatigues de la guerre.

MASCARILLE.

Savez-vous, mesdames, que vous voyez dans le vicomte un des vaillants hommes du siècle? C'est un brave à trois poils.

JODELET.

Vous ne m'en devez rien, marquis; et nous savons ce que vous savez faire aussi.

MASCARILLE.

Il est vrai que nous nous sommes vus tous deux dans l'occasion.

JODELET.

Et dans des lieux où il faisoit fort chaud.

MASCARILLE, *regardant Cathos et Madelon.*

Oui, mais non pas si chaud qu'ici. Hi! hi! hi!

JODELET.

Notre connoissance s'est faite à l'armée; et la

première fois que nous nous vîmes, il commandoit un régiment de cavalerie sur les galères de Malte.

MASCARILLE.

Il est vrai : mais vous étiez pourtant dans l'emploi avant que j'y fusse ; et je me souviens que je n'étois que petit officier encore, que vous commandiez deux mille chevaux.

JODELET.

La guerre est une belle chose : mais, ma foi ! la cour récompense bien mal aujourd'hui les gens de service comme nous.

MASCARILLE.

C'est ce qui fait que je veux pendre l'épée au croc.

CATHOS.

Pour moi, j'ai un furieux tendre pour les hommes d'épée.

MADELON.

Je les aime aussi : mais je veux que l'esprit assaisonne la bravoure.

MASCARILLE.

Te souvient-il, vicomte, de cette demi-lune que nous emportâmes sur les ennemis au siège d'Arras ?

JODELET.

Que veux-tu dire avec ta demi-lune ? C'étoit bien une lune tout entière.

MASCARILLE.

Je pense que tu as raison.

JODELET.

Il m'en doit bien souvenir, ma foi ! j'y fus blessé

SCÈNE XII.

à la jambe d'un coup de grenade, dont je porte encore les marques. Tâtez un peu, de grace; vous sentirez quel coup c'étoit là.

CATHOS, *après avoir touché l'endroit.*

Il est vrai que la cicatrice est grande.

MASCARILLE.

Donnez-moi un peu votre main, et tâtez celui-ci : là, justement au derrière de la tête. Y êtes-vous ?

MADELON.

Oui, je sens quelque chose.

MASCARILLE.

C'est un coup de mousquet que je reçus la dernière campagne que j'ai faite.

JODELET, *découvrant sa poitrine.*

Voici un coup qui me perça de part en part à l'attaque de Gravelines.

MASCARILLE, *mettant la main sur le bouton de son haut-de-chausse.*

Je vais vous montrer une furieuse plaie.

MADELON.

Il n'est pas nécessaire, nous le croyons sans y regarder.

MASCARILLE.

Ce sont des marques honorables qui font voir ce qu'on est.

CATHOS.

Nous ne doutons pas de ce que vous êtes.

MASCARILLE.

Vicomte, as-tu là ton carrosse ?

JODELET.
Pourquoi?

MASCARILLE.
Nous mènerions promener ces dames hors des portes, et leur donnerions un cadeau.

MADELON.
Nous ne saurions sortir aujourd'hui.

MASCARILLE.
Ayons donc les violons pour danser.

JODELET.
Ma foi, c'est bien avisé.

MADELON.
Pour cela nous y consentons : mais il faut donc quelque surcroît de compagnie.

MASCARILLE.
Holà, Champagne, Picard, Bourguignon, Casquaret, Basque, la Verdure, Lorrain, Provençal, la Violette. Au diable soient tous les laquais ! Je ne pense pas qu'il y ait gentilhomme en France plus mal servi que moi. Ces canailles me laissent toujours seul.

MADELON.
Almanzor, dites aux gens de monsieur le marquis qu'ils aillent quérir des violons, et nous faites venir ces messieurs et ces dames d'ici près pour peupler la solitude de notre bal.

(*Almanzor sort.*)

MASCARILLE.
Vicomte, que dis-tu de ces yeux ?

SCENE XII.

JODELET.

Mais toi-même, marquis, que t'en semble?

MASCARILLE.

Moi je dis que nos libertés auront peine à sortir d'ici les braies nettes. Au moins, pour moi, je reçois d'étranges secousses, et mon cœur ne tient qu'à un filet.

MADELON

Que tout ce qu'il dit est naturel! Il tourne les choses le plus agréablement du monde.

CATHOS.

Il est vrai qu'il fait une furieuse dépense en esprit.

MASCARILLE.

Pour vous montrer que je suis véritable, je veux faire un impromptu là-dessus.

(*Il médite.*)

CATHOS.

Hé! je vous en conjure de toute la dévotion de mon cœur, que nous oyions quelque chose qu'on ait fait pour nous.

JODELET.

J'aurois envie d'en faire autant : mais je me trouve un peu incommodé de la veine poétique pour la quantité de saignées que j'y ai faites ces jours passés.

MASCARILLE.

Que diable est-ce là! Je fais toujours bien le premier vers; mais j'ai peine à faire les autres. Ma foi, ceci est un peu trop pressé; je vous ferai un impromptu à loisir, que vous trouverez le plus beau du monde.

JODELET.

Il a de l'esprit comme un démon.

MADELON.

Et du galant, et du bien tourné.

MASCARILLE.

Vicomte, dis-moi un peu, y a-t-il long-temps que tu n'as vu la comtesse?

JODELET.

Il y a plus de trois semaines que je ne lui ai rendu visite.

MASCARILLE.

Sais-tu bien que le duc m'est venu voir ce matin, et m'a voulu mener à la campagne courir un cerf avec lui?

MADELON.

Voici nos amies qui viennent.

SCÈNE XIII.

LUCILE, CÉLIMÈNE, CATHOS, MADELON, MASCARILLE, JODELET, MAROTTE, ALMANZOR, violons.

MADELON.

Mon dieu! mes chères, nous vous demandons pardon. Ces messieurs ont eu fantaisie de nous donner les ames des pieds, et nous vous avons envoyé querir pour remplir les vides de notre assemblée.

SCÈNE XIII.

LUCILE.

Vous nous avez obligées sans doute.

MASCARILLE.

Ce n'est ici qu'un bal à la hâte ; mais, l'un de ces jours, nous vous en donnerons un dans les formes. Les violons sont-ils venus ?

ALMANZOR.

Oui, monsieur, ils sont ici.

CATHOS.

Allons donc, mes chères, prenez place.

MASCARILLE, *dansant lui seul comme par prélude.*

La, la, la, la, la, la, la, la.

MADELON

Il a la taille tout-à-fait élégante.

CATHOS.

Et a la mine de danser proprement.

MASCARILLE, *ayant pris Madelon pour danser.*

Ma franchise va danser la courante aussi-bien que mes pieds. En cadence, violons ; en cadence. O quels ignorants ! Il n'y a pas moyen de danser avec eux. Le diable vous emporte ! ne sauriez-vous jouer en mesure ? La, la, la, la, la, la, la, la. Ferme. O violons de village !

JODELET, *dansant ensuite.*

Holà ; ne pressez pas si fort la cadence, je ne fais que sortir de maladie.

SCENE XIV.

DU CROISY, LA GRANGE, CATHOS, MADELON, LUCILE, CÉLIMÈNE, JODELET, MASCARILLE, MAROTTE, VIOLONS.

LA GRANGE, *un bâton à la main.*

Ah! ah! coquins, que faites-vous ici? Il y a trois heures que nous vous cherchons.

MASCARILLE, *se sentant battre.*

Ahi! ahi! ahi! vous ne m'aviez pas dit que les coups en seroient aussi.

JODELET.

Ahi! ahi! ahi!

LA GRANGE.

C'est bien à vous, infâme que vous êtes, à vouloir faire l'homme d'importance!

DU CROISY.

Voilà qui vous apprendra à vous connoître.

SCÈNE XV.

CATHOS, MADELON, LUCILE, CÉLIMÈNE, MASCARILLE, JODELET, MAROTTE, VIOLONS.

MADELON.

Que veut donc dire ceci?

JODELET.

C'est une gageure.

SCÈNE XV.

CATHOS.
Quoi ! vous laisser battre de la sorte !

MASCARILLE.
Mon dieu ! je n'ai pas voulu faire semblant de rien, car je suis violent, et je me serois emporté.

MADELON.
Endurer un affront comme celui-là en notre présence !

MASCARILLE.
Ce n'est rien, ne laissons pas d'achever. Nous nous connoissons il y a long-temps, et entre amis on ne va pas se piquer pour si peu de chose.

SCÈNE XVI.

DU CROISY, LA GRANGE, MADELON, CATHOS, CÉLIMÈNE, LUCILE, MASCARILLE, JODELET, MAROTTE, VIOLONS.

LA GRANGE.
Ma foi, marauds, vous ne vous rirez pas de nous, je vous promets. Entrez, vous autres.

(*Trois ou quatre spadassins entrent.*)

MADELON.
Quelle est donc cette audace de venir nous troubler de la sorte dans notre maison ?

DU CROISY.
Comment, mesdames ! nous endurerons que nos laquais soient mieux reçus que nous, qu'ils

viennent vous faire l'amour à nos dépens et vous donner le bal?

MADELON.

Vos laquais?

LA GRANGE.

Oui, nos laquais; et cela n'est ni beau ni honnête de nous les débaucher comme vous faites.

MADELON.

O ciel! quelle insolence!

LA GRANGE.

Mais ils n'auront pas l'avantage de se servir de nos habits pour vous donner dans la vue; et si vous les voulez aimer, ce sera, ma foi, pour leurs beaux yeux. Vite, qu'on les dépouille sur-le-champ.

JODELET.

Adieu notre braverie.

MASCARILLE.

Voilà le marquisat et la vicomté à bas.

DU CROISY.

Ah! ah! coquins, vous avez l'audace d'aller sur nos brisées! Vous irez chercher autre part de quoi vous rendre agréables aux yeux de vos belles, je vous en assure.

LA GRANGE.

C'est trop de nous supplanter, et de nous supplanter avec nos propres habits.

MASCARILLE.

O fortune, quelle est ton inconstance!

DU CROISY.

Vite, qu'on leur ôte jusqu'à la moindre chose.

SCÈNE XVI.

LA GRANGE.

Qu'on emporte toutes ces hardes, dépêchez. Maintenant, mesdames, en l'état qu'ils sont, vous pouvez continuer vos amours avec eux tant qu'il vous plaira; nous vous laisserons toute sorte de liberté pour cela, et nous vous protestons, monsieur et moi, que nous n'en serons aucunement jaloux.

SCÈNE XVII.

MADELON, CATHOS, JODELET, MASCARILLE, VIOLONS.

CATHOS.

Ah! quelle confusion!

MADELON.

Je crève de dépit.

UN DES VIOLONS, à *Mascarille*.

Qu'est-ce donc que ceci? Qui nous paiera, nous autres?

MASCARILLE.

Demandez à monsieur le vicomte.

UN DES VIOLONS, à *Jodelet*.

Qui est-ce qui nous donnera de l'argent?

JODELET.

Demandez à monsieur le marquis.

SCÈNE XVIII.

GORGIBUS, MADELON, CATHOS, JODELET, MASCARILLE, violons.

GORGIBUS.

Ah! coquines que vous êtes, vous nous mettez dans de beaux draps blancs, à ce que je vois! je viens d'apprendre de belles affaires vraiment de ces messieurs et de ces dames qui sortent!

MADELON.

Ah! mon père, c'est une pièce sanglante qu'ils nous ont faite.

GORGIBUS.

Oui, c'est une pièce sanglante, mais qui est un effet de votre impertinence, infâmes. Ils se sont ressentis du traitement que vous leur avez fait; et cependant, malheureux que je suis, il faut que je boive l'affront.

MADELON.

Ah! je jure que nous en serons vengées, ou que je mourrai en la peine. Et vous, marauds, osez-vous vous tenir ici après votre insolence?

MASCARILLE.

Traiter comme cela un marquis! Voilà ce que c'est que du monde; la moindre disgrace nous fait mépriser de ceux qui nous chérissoient. Allons, camarade, allons chercher fortune autre part; je vois bien qu'on n'aime ici que la vaine apparence, et qu'on n'y considère point la vertu toute nue.

SCÈNE XIX.

GORGIBUS, MADELON, CATHOS, VIOLONS.

UN DES VIOLONS.

MONSIEUR, nous entendons que vous nous contentiez à leur défaut pour ce que nous avons joué ici.

GORGIBUS, *les battant.*

Oui, oui, je vous vais contenter, et voici la monnoie dont je vous veux payer. Et vous, pendardes, je ne sais qui me tient que je ne vous en fasse autant. Nous allons servir de fable et de risée à tout le monde, et voilà ce que vous vous êtes attiré par vos extravagances. Allez vous cacher, vilaines; allez vous cacher pour jamais. (*seul.*) Et vous, qui êtes cause de leur folie, sottes billevesées, pernicieux amusements des esprits oisifs, romans, vers, chansons, sonnets et sonnettes, puissiez-vous être à tous les diables !

FIN DES PRÉCIEUSES RIDICULES.

SGANARELLE,

OU

LE COCU IMAGINAIRE,

COMÉDIE EN UN ACTE,

Représentée, pour la première fois, sur le théâtre du Petit-Bourbon, le 28 mai 1660.

PERSONNAGES.

GORGIBUS, bourgeois.
CÉLIE, fille de Gorgibus.
LÉLIE, amant de Célie.
GROS-RENÉ, valet de Lelie.
SGANARELLE, bourgeois, et cocu imaginaire.
LA FEMME DE SGANARELLE.
VILLEBREQUIN, père de Valère.
LA SUIVANTE DE CÉLIE.
UN PARENT DE LA FEMME DE SGANARELLE.

La scène est dans une place publique.

SGANARELLE,

OU

LE COCU IMAGINAIRE.

SCÈNE I.

GORGIBUS, CELIE, LA SUIVANTE DE CÉLIE.

CÉLIE, *sortant tout éplorée.*

Ah ! n'espérez jamais que mon cœur y consente.
GORGIBUS.
Que marmottez-vous là, petite impertinente ?
Vous prétendez choquer ce que j'ai résolu ?
Je n'aurai pas sur vous un pouvoir absolu ?
Et, par sottes raisons, votre jeune cervelle
Voudroit régler ici la raison paternelle ?
Qui de nous deux à l'autre a droit de faire loi ?
A votre avis, qui mieux, ou de vous, ou de moi,
O sotte, peut juger ce qui vous est utile ?
Par la corbleu ! gardez d'échauffer trop ma bile ;
Vous pourriez éprouver, sans beaucoup de longueur,
Si mon bras sait encor montrer quelque vigueur.
Votre plus court sera, madame la mutine,
D'accepter sans façon l'époux qu'on vous destine.
« J'ignore, dites-vous, de quelle humeur il est,
« Et dois auparavant consulter, s'il vous plaît. »
Informé du grand bien qui lui tombe en partage,

Dois-je prendre le soin d'en savoir davantage ?
Et cet époux, ayant vingt mille bons ducats,
Pour être aimé de vous doit-il manquer d'appas ?
Allez, tel qu'il puisse être, avecque cette somme
Je vous suis caution qu'il est très honnête homme.

CÉLIE.

Hélas !

GORGIBUS.

Hé bien hélas ! Que veut dire ceci ?
Voyez le bel hélas qu'elle nous donne ici !
Hé !... Que si la colère une fois me transporte,
Je vous ferai chanter hélas de belle sorte.
Voilà, voilà le fruit de ces empressements
Qu'on vous voit nuit et jour à lire vos romans ;
De quolibets d'amour votre tête est remplie,
Et vous parlez de Dieu bien moins que de Lélie.
Jetez-moi dans le feu tous ces méchants écrits
Qui gâtent tous les jours tant de jeunes esprits ;
Lisez-moi, comme il faut, au lieu de ces sornettes,
Les Quatrains de Pibrac, et les doctes Tablettes
Du conseiller Matthieu ; l'ouvrage est de valeur,
Et plein de beaux dictons à réciter par cœur.
La Guide des pécheurs est encore un bon livre :
C'est là qu'en peu de temps on apprend à bien vivre ;
Et si vous n'aviez lu que ces moralités,
Vous sauriez un peu mieux suivre mes volontés.

CÉLIE.

Quoi ! vous prétendez donc, mon père, que j'oublie
La constante amitié que je dois à Lélie ?
J'aurois tort si sans vous je disposois de moi ;
Mais vous-même à ses vœux engageâtes ma foi.

GORGIBUS.

Lui fût-elle engagée encore davantage,
Un autre est survenu dont le bien l'en dégage.
Lélie est fort bien fait ; mais apprends qu'il n'est rien
Qui ne doive céder au soin d'avoir du bien,
Que l'or donne aux plus laids certain charme pour plaire,
Et que sans lui le reste est une triste affaire.
Valère, je crois bien, n'est pas de toi chéri ;
Mais s'il ne l'est amant, il le sera mari.
Plus que l'on ne le croit, ce nom d'époux engage,
Et l'amour est souvent un fruit du mariage.
Mais suis-je pas bien fat de vouloir raisonner
Où de droit absolu j'ai pouvoir d'ordonner ?
Trêve donc, je vous prie, à vos impertinences :
Que je n'entende plus vos sottes doléances.
Ce gendre doit venir vous visiter ce soir ;
Manquez un peu, manquez à le bien recevoir :
Si je ne vous lui vois faire fort bon visage,
Je vous... Je ne veux pas en dire davantage.

SCÈNE II.

CÉLIE, LA SUIVANTE DE CÉLIE.

LA SUIVANTE.

Quoi ! refuser, madame, avec cette rigueur,
Ce que tant d'autres gens voudroient de tout leur cœur !
A des offres d'hymen répondre par des larmes,
Et tarder tant à dire un oui si plein de charmes !
Hélas ! que ne veut-on aussi me marier !
Ce ne seroit pas moi qui se feroit prier ;
Et loin qu'un pareil oui me donnât de la peine,
Croyez que j'en dirois bien vite une douzaine.

Le précepteur qui fait répéter la leçon
A votre jeune frère a fort bonne raison
Lorsque, nous discourant des choses de la terre,
Il dit que la femelle est ainsi que le lierre,
Qui croît beau tant qu'à l'arbre il se tient bien serré,
Et ne profite point s'il en est séparé.
Il n'est rien de plus vrai, ma très chère maîtresse,
Et je l'éprouve en moi, chétive pécheresse.
Le bon Dieu fasse paix à mon pauvre Martin !
Mais j'avois, lui vivant, le teint d'un chérubin,
L'embonpoint merveilleux, l'œil gai, l'ame contente;
Et maintenant je suis ma commère dolente.
Pendant cet heureux temps, passé comme un éclair,
Je me couchois sans feu dans le fort de l'hiver;
Sécher même les draps me sembloit ridicule :
Et je tremble à présent dedans la canicule.
Enfin, il n'est rien tel, madame, croyez-moi,
Que d'avoir un mari la nuit auprès de soi,
Ne fût-ce que pour l'heur d'avoir qui vous salue
D'un, Dieu vous soit en aide, alors qu'on éternue.

CÉLIE.

Peux-tu me conseiller de commettre un forfait,
D'abandonner Lélie, et prendre ce mal-fait ?

LA SUIVANTE.

Votre Lélie aussi n'est, ma foi, qu'une bête,
Puisque si hors de temps son voyage l'arrête;
Et la grande longueur de son éloignement
Me le fait soupçonner de quelque changement.

CÉLIE, *lui montrant le portrait de Lélie.*

Ah ! ne m'accable point par ce triste présage.
Vois attentivement les traits de ce visage;
Ils jurent à mon cœur d'éternelles ardeurs:

Je veux croire, après tout, qu'ils ne sont pas menteurs,
Et que, comme c'est lui que l'art y représente,
Il conserve à mes feux une amitié constante.

LA SUIVANTE.

Il est vrai que ces traits marquent un digne amant,
Et que vous avez lieu de l'aimer tendrement.

CÉLIE.

Et cependant il faut... Ah ! soutiens-moi.
(Elle laisse tomber le portrait de Lélie.)

LA SUIVANTE.

        Madame,
D'où vous pourroit venir... ? Ah ! bons dieux ! elle pâme !
Hé ! vite, holà quelqu'un !

SCÈNE III.

CELIE, SGANARELLE, LA SUIVANTE DE CÉLIE.

SGANARELLE.

      Qu'est-ce donc ! Me voilà.

LA SUIVANTE.

Ma maîtresse se meurt.

SGANARELLE.

      Quoi ! n'est-ce que cela ?
Je croyois tout perdu de crier de la sorte.
Mais approchons pourtant. Madame, êtes-vous morte ?
Ouais ! elle ne dit mot.

LA SUIVANTE.

    Je vais faire venir
Quelqu'un pour l'emporter ; veuillez la soutenir.

SCÈNE IV.

CÉLIE, SGANARELLE, LA FEMME DE SGANARELLE.

SGANARELLE, *en passant la main sur le sein de Célie.*
ELLE est froide par-tout, et je ne sais qu'en dire.
Approchons-nous pour voir si sa bouche respire.
Ma foi, je ne sais pas; mais j'y trouve encor, moi,
Quelque signe de vie.
   LA FEMME DE SGANARELLE, *regardant par la fenêtre.*
              Ah ! qu'est-ce que je voi ?
Mon mari dans ses bras !... Mais je m'en vais descendre :
Il me trahit sans doute, et je veux le surprendre.
            SGANARELLE.
Il faut se dépêcher de l'aller secourir ;
Certes, elle auroit tort de se laisser mourir.
Aller en l'autre monde est très grande sottise,
Tant que dans celui-ci l'on peut être de mise.
      (*Il la porte chez elle.*)

SCÈNE V.

LA FEMME DE SGANARELLE.

IL s'est subitement éloigné de ces lieux,
Et sa fuite a trompé mon désir curieux :
Mais de sa trahison je ne suis plus en doute,
Et le peu que j'ai vu me la découvre toute.
Je ne m'étonne plus de l'étrange froideur
Dont je le vois répondre à ma pudique ardeur ;
Il réserve, l'ingrat, ses caresses à d'autres,
Et nourrit leurs plaisirs par le jeûne des nôtres.

Voilà de nos maris le procédé commun ;
Ce qui leur est permis leur devient importun.
Dans les commencements ce sont toutes merveilles,
Ils témoignent pour nous des ardeurs nompareilles :
Mais les traîtres bientôt se lassent de nos feux,
Et portent autre part ce qu'ils doivent chez eux.
Ah ! que j'ai de dépit que la loi n'autorise
A changer de mari comme on fait de chemise !
Cela seroit commode ; et j'en sais telle ici
Qui, comme moi, ma foi, le voudroit bien aussi.

(*en ramassant le portrait que Célie avoit laissé tomber.*)

Mais quel est ce bijou que le sort me présente ?
L'émail en est fort beau, la gravure charmante.
Ouvrons.

SCÈNE VI.

SGANARELLE, LA FEMME DE SGANARELLE.

SGANARELLE, *se croyant seul.*

On la croyoit morte, et ce n'étoit rien.
Il n'en faut plus qu'autant, elle se porte bien.
Mais j'aperçois ma femme.

LA FEMME DE SGANARELLE, *se croyant seule.*

O ciel ! c'est miniature !
Et voilà d'un bel homme une vive peinture !

SGANARELLE, *à part, et regardant par-dessus l'épaule de sa femme.*

Que considère-t-elle avec attention ?
Ce portrait, mon honneur, ne nous dit rien de bon.
D'un fort vilain soupçon je me sens l'ame émue.

LA FEMME DE SGANARELLE, *sans apercevoir son mari*.

Jamais rien de plus beau ne s'offrit à ma vue ;
Le travail plus que l'or s'en doit encor priser.
Oh ! que cela sent bon !

SGANARELLE, *à part*.

Quoi ! peste ! le baiser !
Ah ! j'en tiens.

LA FEMME DE SGANARELLE *poursuit*.

Avouons qu'on doit être ravie
Quand d'un homme ainsi fait on se peut voir servie,
Et que, s'il en contoit avec attention,
Le penchant seroit grand à la tentation.
Ah ! que n'ai-je un mari d'une aussi bonne mine !
Au lieu de mon pelé, de mon rustre...

SGANARELLE, *lui arrachant le portrait*.

Ah ! mâtine !
Nous vous y surprenons en faute contre nous,
Et diffamant l'honneur de votre cher époux.
Donc, à votre calcul, ô ma trop digne femme,
Monsieur, tout bien compté, ne vaut pas bien madame ?
Et, de par Belzébut, qui vous puisse emporter,
Quel plus rare parti pourriez-vous souhaiter ?
Peut-on trouver en moi quelque chose à redire ?
Cette taille, ce port, que tout le monde admire,
Ce visage si propre à donner de l'amour,
Pour qui mille beautés soupirent nuit et jour ;
Bref, en tout et par-tout ma personne charmante
N'est donc pas un morceau dont vous soyez contente ?
Et pour rassasier votre appétit gourmand,
Il faut joindre au mari le ragoût d'un galant ?

LA FEMME DE SGANARELLE.

J'entends à demi-mot où va la raillerie :

SCÈNE VI.

Tu crois par ce moyen...

SGANARELLE.

A d'autres, je vous prie.
La chose est avérée, et je tiens dans mes mains
Un bon certificat du mal dont je me plains.

LA FEMME DE SGANARELLE.

Mon courroux n'a déjà que trop de violence,
Sans le charger encor d'une nouvelle offense.
Écoute, ne crois pas retenir mon bijou,
Et songe un peu...

SGANARELLE.

Je songe à te rompre le cou.
Que ne puis-je, aussi-bien que je tiens la copie,
Tenir l'original !

LA FEMME DE SGANARELLE.

Pourquoi ?

SGANARELLE.

Pour rien, ma mie.
Doux objet de mes vœux, j'ai grand tort de crier,
Et mon front de vos dons vous doit remercier.
(regardant le portrait de Lélie.)
Le voilà, le beau fils, le mignon de couchette,
Le malheureux tison de ta flamme secrète,
Le drôle avec lequel...

LA FEMME DE SGANARELLE.

Avec lequel ? Poursui.

SGANARELLE.

Avec lequel, te dis-je... et j'en crève d'ennui.

LA FEMME DE SGANARELLE.

Que me veut donc conter par-là ce maître ivrogne ?

SGANARELLE.

Tu ne m'entends que trop, madame la carogne.

Sganarelle est un nom qu'on ne me dira plus,
Et l'on va m'appeler seigneur Cornélius.
J'en suis pour mon honneur; mais, à toi qui me l'ôtes,
Je t'en ferai du moins pour un bras ou deux côtes.

LA FEMME DE SGANARELLE.

Et tu m'oses tenir de semblables discours?

SGANARELLE.

Et tu m'oses jouer de ces diables de tours?

LA FEMME DE SGANARELLE.

Et quels diables de tours? Parle donc sans rien feindre.

SGANARELLE.

Ah! cela ne vaut pas la peine de se plaindre?
D'un panache de cerf sur le front me pourvoir,
Hélas! voilà vraiment un beau venez-y voir!

LA FEMME DE SGANARELLE.

Donc, après m'avoir fait la plus sensible offense
Qui puisse d'une femme exciter la vengeance,
Tu prends d'un feint courroux le vain amusement
Pour prévenir l'effet de mon ressentiment?
D'un pareil procédé l'insolence est nouvelle!
Celui qui fait l'offense est celui qui querelle.

SGANARELLE.

Hé! la bonne effrontée! A voir ce fier maintien,
Ne la croiroit-on pas une femme de bien?

LA FEMME DE SGANARELLE.

Va, poursuis ton chemin, cajole tes maîtresses,
Adresse-leur tes vœux, et fais-leur des caresses:
Mais rends-moi mon portrait sans te jouer de moi.

(Elle lui arrache le portrait, et s'enfuit.)

SGANARELLE.

Oui, tu crois m'échapper; je l'aurai malgré toi.

SCÈNE VII.

LÉLIE, GROS-RENÉ.

GROS-RENÉ.

Enfin, nous y voici. Mais, Monsieur, si je l'ose,
Je voudrois vous prier de me dire une chose.

LÉLIE.

Hé bien ! parle.

GROS-RENÉ.

Avez-vous le diable dans le corps,
Pour ne point succomber à de pareils efforts ?
Depuis huit jours entiers avec vos longues traites
Nous sommes à piquer des chiennes de mazettes,
De qui le train maudit nous a tant secoués
Que je m'en sens pour moi tous les membres roués;
Sans préjudice encor d'un accident bien pire
Qui m'afflige un endroit que je ne veux pas dire :
Cependant arrivé, vous sortez bien et beau
Sans prendre de repos ni manger un morceau.

LÉLIE.

Ce grand empressement n'est pas digne de blâme ;
De l'hymen de Célie on alarme mon ame ;
Tu sais que je l'adore ; et je veux être instruit,
Avant tout autre soin, de ce funeste bruit.

GROS-RENÉ.

Oui : mais un bon repas vous seroit nécessaire
Pour s'aller éclaircir, monsieur, de cette affaire !
Et votre cœur, sans doute, en deviendroit plus fort
Pour pouvoir résister aux attaques du sort.
J'en juge par moi-même ; et la moindre disgrace,
Lorsque je suis à jeun, me saisit, me terrasse :

Mais quand j'ai bien mangé, mon ame est ferme à tout,
Et les plus grands revers n'en viendroient pas a bout.
Croyez-moi, bourrez-vous, et sans réserve aucune,
Contre les coups que peut vous porter la fortune;
Et, pour fermer chez vous l'entrée à la douleur,
De vingt verres de vin eptourez votre cœur.

LÉLIE.

Je ne saurois manger.

GROS-RENÉ, *bas, à part.*
Si fait bien moi je meure.

(haut.)
Votre dîné pourtant seroit prêt tout à l'heure.

LÉLIE.

Tais-toi, je te l'ordonne.

GROS-RENÉ.
Ah ! quel ordre inhumain !

LÉLIE.

J'ai de l'inquiétude, et non pas de la faim.

GROS-RENÉ.

Et moi j'ai de la faim, et de l'inquiétude
De voir qu'un sot amour fait toute votre étude.

LÉLIE.

Laisse-moi m'informer de l'objet de mes vœux,
Et, sans m'importuner, va manger si tu veux.

GROS-RENÉ.

Je ne réplique point à ce qu'un maître ordonne.

SCÈNE VIII.

LÉLIE.

Non, non, à trop de peur mon ame s'abandonne.
Le père m'a promis, et la fille a fait voir
Des preuves d'un amour qui soutient mon espoir.

SCÈNE IX.

SGANARELLE, LÉLIE.

SGANARELLE, *sans voir Lélie, et tenant dans ses mains le portrait.*

Nous l'avons, et je puis voir à l'aise la trogne
Du malheureux pendard qui cause ma vergogne.
Il ne m'est point connu.

LÉLIE, *à part.*

Dieux ! qu'aperçois-je ici ?
Et, si c'est mon portrait, que dois-je croire aussi ?

SGANARELLE, *sans voir Lélie.*

Ah ! pauvre Sganarelle, à quelle destinée
Ta réputation est-elle condamnée !
Faut...

(Apercevant Lélie qui le regarde, il se tourne de l'autre côté.)

LÉLIE, *à part.*

Ce gage ne peut, sans alarmer ma foi,
Être sorti des mains qui le tenoient de moi.

SGANARELLE, *à part.*

Faut-il que désormais à deux doigts on te montre,
Qu'on te mette en chanson, et qu'en toute rencontre
On te rejette au nez le scandaleux affront
Qu'une femme mal née imprime sur ton front !

LÉLIE, *à part.*

Me trompé-je ?

SGANARELLE, *à part.*

Ah ! truande, as-tu bien le courage

De m'avoir fait cocu dans la fleur de mon âge ?
Et, femme d'un mari qui peut passer pour beau,
Faut-il qu'un marmouset, un maudit étourneau...

LÉLIE, *à part, et regardant encore le portrait que tient Sganarelle.*

Je ne m'abuse point, c'est mon portrait lui-même.

SGANARELLE *lui tourne le dos.*

Cet homme est curieux.

LÉLIE, *à part.*

Ma surprise est extrême.

SGANARELLE, *à part.*

A qui donc en a-t-il ?

LÉLIE, *à part.*

Je le veux accoster.

(*haut.*) (*Sganarelle veut s'éloigner.*)
Puis-je... ? Hé ! de grace, un mot.

SGANARELLE, *à part, s'éloignant encore.*

Que me veut-il conter ?

LÉLIE.

Puis-je obtenir de vous de savoir l'aventure
Qui fait dedans vos mains trouver cette peinture ?

SGANARELLE, *à part.*

D'où lui vient ce désir ? Mais je m'avise ici...
(*Il examine Lélie et le portrait qu'il tient.*)
Ah ! ma foi ! me voilà de son trouble éclairci ;
Sa surprise à présent n'étonne plus mon ame ;
C'est mon homme, ou plutôt c'est celui de ma femme.

LÉLIE.

Retirez-moi de peine, et dites d'où vous vient...

SGANARELLE.

Nous savons, Dieu merci, le souci qui vous tient.
Ce portrait qui vous fâche est votre ressemblance :

SCÈNE IX.

Il étoit en des mains de votre connoissance ;
Et ce n'est pas un fait qui soit secret pour nous
Que les douces ardeurs de la dame et de vous.
Je ne sais pas si j'ai, dans sa galanterie,
L'honneur d'être connu de votre seigneurie :
Mais faites-moi celui de cesser désormais
Un amour qu'un mari peut trouver fort mauvais.
Et songez que les nœuds du sacré mariage...

LÉLIE.

Quoi ! celle, dites-vous, dont vous tenez ce gage... ?

SGANARELLE.

Est ma femme, et je suis son mari.

LÉLIE.

Son mari ?

SGANARELLE.

Oui, son mari, vous dis-je, et mari très marri ;
Vous en savez la cause, et je m'en vais l'apprendre
Sur l'heure à ses parents.

SCÈNE X.

LÉLIE.

Ah ! que viens-je d'entendre !
On me l'avoit bien dit, et que c'étoit de tous
L'homme le plus mal fait qu'elle avoit pour époux.
Ah ! quand mille serments de ta bouche infidèle
Ne m'auroient pas promis une flamme éternelle,
Le seul mépris d'un choix si bas et si honteux
Devoit bien soutenir l'intérêt de mes feux,
Ingrate ; et quelque bien... Mais ce sensible outrage,
Se mêlant aux travaux d'un assez long voyage,
Me donne tout à coup un choc si violent,
Que mon cœur devient foible, et mon corps chancelant.

SCÈNE XI.

LÉLIE, LA FEMME DE SGANARELLE.

LA FEMME DE SGANARELLE.
(se croyant seule.) (Apercevant Lélie.)
Malgré moi mon perfide... Hélas ! quel mal vous presse ?
Je vous vois prêt, monsieur, à tomber en foiblesse.

LÉLIE.
C'est un mal qui m'a pris assez subitement.

LA FEMME DE SGANARELLE.
Je crains ici pour vous l'évanouissement ;
Entrez dans cette salle en attendant qu'il passe.

LÉLIE.
Pour un moment ou deux j'accepte cette grace.

SCÈNE XII.

SGANARELLE, UN PARENT DE LA FEMME DE SGANARELLE.

LE PARENT.
D'un mari sur ce point j'approuve le souci :
Mais c'est prendre la chèvre un peu bien vite aussi ;
Et tout ce que de vous je viens d'ouïr contre elle
Ne conclut point, parent, qu'elle soit criminelle.
C'est un point délicat ; et de pareils forfaits,
Sans les bien avérer, ne s'imputent jamais.

SGANARELLE.
C'est-à-dire qu'il faut toucher au doigt la chose.

LE PARENT.
Le trop de promptitude à l'erreur nous expose.
Qui sait comme en ses mains ce portrait est venu,

SCÈNE XII.

Et si l'homme, après tout, lui peut être connu ?
Informez-vous-en donc ; et, si c'est ce qu'on pense,
Nous serons les premiers à punir son offense.

SCÈNE XIII.

SGANARELLE.

On ne peut pas mieux dire ; en effet, il est bon
D'aller tout doucement. Peut-être sans raison
Me suis-je en tête mis ces visions cornues,
Et les sueurs au front m'en sont trop tôt venues.
Par ce portrait enfin dont je suis alarmé
Mon déshonneur n'est pas tout-à-fait confirmé.
Tâchons donc par nos soins...

SCÈNE XIV.

SGANARELLE ; LA FEMME DE SGANARELLE, *sur la porte de sa maison, reconduisant Lélie ;* LÉLIE.

SGANARELLE, *à part, les voyant.*

Ah ! que vois-je ? Je meure !
Il n'est plus question de portrait à cette heure ;
Voici, ma foi, la chose en propre original.

LA FEMME DE SGANARELLE.

C'est par trop vous hâter, monsieur ; et votre mal,
Si vous sortez sitôt, pourra bien vous reprendre.

LÉLIE.

Non, non, je vous rends grace, autant qu'on puisse rendre,
Du secours obligeant que vous m'avez prêté.

SGANARELLE, *à part.*

La masque encore après lui fait civilité !
(*La femme de Sganarelle rentre dans sa maison.*)

SCÈNE XV.

SGANARELLE, LÉLIE.

SGANARELLE, *à part.*

Il m'aperçoit ; voyons ce qu'il me pourra dire.

LÉLIE, *à part.*

Ah ! mon ame s'émeut, et cet objet m'inspire...
Mais je dois condamner cet injuste transport
Et n'imputer mes maux qu'aux rigueurs de mon sort.
Envions seulement le bonheur de sa flamme.

(en s'approchant de Sganarelle.)

O trop heureux d'avoir une si belle femme !

SCÈNE XVI.

SGANARELLE ; CÉLIE, *à sa fenêtre, voyant Lélie qui s'en va.*

SGANARELLE, *seul.*

Ce n'est point s'expliquer en termes ambigus.
Cet étrange propos me rend aussi confus
Que s'il m'étoit venu des cornes à la tête.

(regardant le côté par où Lélie est sorti.)

Allez, ce procédé n'est point du tout honnête.

CÉLIE, *à part, en entrant.*

Quoi ! Lélie a paru tout à l'heure à mes yeux !
Qui pourroit me cacher son retour en ces lieux ?

SGANARELLE, *sans voir Célie.*

« O trop heureux d'avoir une si belle femme ! »
Malheureux bien plutôt de l'avoir cette infâme,
Dont le coupable feu, trop bien vérifié,
Sans respect ni demi nous a cocufié !
Mais je le laisse aller après un tel indice,

SCENE XVI.

Et demeure les bras croisés comme un jocrisse !
Ah ! je devois du moins lui jeter son chapeau,
Lui ruer quelque pierre, ou crotter son manteau,
Et sur lui hautement, pour contenter ma rage,
Faire au larron d'honneur crier le voisinage.

(Pendant le discours de Sganarelle, Célie s'approche peu à peu, et attend, pour lui parler, que son transport soit fini.)

CÉLIE, *à Sganarelle.*

Celui qui maintenant devers vous est venu,
Et qui vous a parlé, d'où vous est-il connu ?

SGANARELLE.

Hélas ! ce n'est pas moi qui le connois, madame ;
C'est ma femme.

CÉLIE.

Quel trouble agite ainsi votre ame ?

SGANARELLE.

Ne me condamnez point d'un deuil hors de saison,
Et laissez-moi pousser des soupirs à foison.

CÉLIE.

D'où vous peuvent venir ces douleurs non communes ?

SGANARELLE.

Si je suis affligé, ce n'est pas pour des prunes ;
Et je le donnerois à bien d'autres qu'à moi
De se voir sans chagrin au point où je me voi.
Des maris malheureux vous voyez le modèle.
On dérobe l'honneur au pauvre Sganarelle :
Mais c'est peu que l'honneur dans mon affliction ;
L'on me dérobe encor la réputation.

CÉLIE.

Comment ?

SGANARELLE.
SGANARELLE.
Ce damoiseau, parlant par révérence,
Me fait cocu, madame, avec toute licence;
Et j'ai su par mes yeux avérer aujourd'hui
Le commerce secret de ma femme et de lui.
CÉLIE.
Celui qui maintenant...
SGANARELLE.
Oui, oui, me déshonore;
Il adore ma femme, et ma femme l'adore.
CÉLIE.
Ah! j'avois bien jugé que ce secret retour
Ne pouvoit me couvrir que quelque lâche tour;
Et j'ai tremblé d'abord en le voyant paroître,
Par un pressentiment de ce qui devoit être.
SGANARELLE.
Vous prenez ma défense avec trop de bonté:
Tout le monde n'a pas la même charité;
Et plusieurs qui tantôt ont appris mon martyre,
Bien loin d'y prendre part, n'en ont rien fait que rire.
CÉLIE.
Est-il rien de plus noir que ta lâche action?
Et peut-on lui trouver une punition?
Dois-tu ne te pas croire indigne de la vie
Après t'être souillé de cette perfidie?
O ciel! est-il possible?
SGANARELLE.
Il est trop vrai pour moi.
CÉLIE.
Ah! traître, scélérat, ame double et sans foi!
SGANARELLE.
La bonne ame!

SCÈNE XVI.

CÉLIE.

Non, non, l'enfer n'a point de gêne
Qui ne soit pour ton crime une trop douce peine.

SGANARELLE.

Que voilà bien parler !

CÉLIE.

Avoir ainsi traité
Et la même innocence et la même bonté !

SGANARELLE *soupire haut*.

Haie !

CÉLIE.

Un cœur qui jamais n'a fait la moindre chose
A mériter l'affront où ton mépris l'expose !

SGANARELLE.

Il est vrai.

CÉLIE.

Qui bien loin... Mais c'est trop, et ce cœur
Ne sauroit y songer sans mourir de douleur.

SGANARELLE.

Ne vous fâchez point tant, ma très chère madame ;
Mon mal vous touche trop, et vous me percez l'ame.

CÉLIE.

Mais ne t'abuse pas jusqu'à te figurer
Qu'à des plaintes sans fruit j'en veuille demeurer :
Mon cœur, pour se venger, sait ce qu'il te faut faire ;
Et j'y cours de ce pas, rien ne m'en peut distraire.

SCÈNE XVII.

SGANARELLE.

Que le ciel la préserve à jamais de danger !
Voyez quelle bonté de vouloir me venger !

En effet son courroux, qu'excite ma disgrace,
M'enseigne hautement ce qu'il faut que je fasse;
Et l'on ne doit jamais souffrir, sans dire mot,
De semblables affronts, à moins qu'être un vrai sot.
Courons donc le chercher ce pendard qui m'affronte;
Montrons notre courage à venger notre honte.
Vous apprendrez, maroufle, à rire à nos dépens,
Et sans aucun respect faire cocus les gens.

(Il revient après avoir fait quelques pas.)
Doucement, s'il vous plaît; cet homme a bien la mine
D'avoir le sang bouillant et l'ame un peu mutine;
Il pourroit bien, mettant affront dessus affront,
Charger de bois mon dos, comme il a fait mon front.
Je hais de tout mon cœur les esprits colériques,
Et porte grand amour aux hommes pacifiques.
Je ne suis point battant de peur d'être battu,
Et l'humeur débonnaire est ma grande vertu.
Mais mon honneur me dit que d'une telle offense
Il faut absolument que je prenne vengeance:
Ma foi, laissons-le dire autant qu'il lui plaira;
Au diantre qui pourtant rien du tout en fera.
Quand j'aurai fait le brave, et qu'un fer, pour ma peine,
M'aura d'un vilain coup transpercé la bedaine,
Que par la ville ira le bruit de mon trépas,
Dites-moi, mon honneur, en serez-vous plus gras?
La bière est un séjour par trop mélancolique,
Et trop mal-sain pour ceux qui craignent la colique;
Et quant à moi, je trouve, ayant tout compensé,
Qu'il vaut mieux être encor cocu que trépassé.
Quel mal cela fait-il? la jambe en devient-elle
Plus tortue, après tout, et la taille moins belle?
Peste soit qui premier trouva l'invention

SCÈNE XVII.

De s'affliger l'esprit de cette vision,
Et d'attacher l'honneur de l'homme le plus sage
Aux choses que peut faire une femme volage!
Puisqu'on tient, à bon droit, tout crime personnel,
Que fait là notre honneur pour être criminel?
Des actions d'autrui l'on nous donne le blâme!
Si nos femmes sans nous font un commerce infâme,
Il faut que tout le mal tombe sur notre dos!
Elles font la sottise, et nous sommes les sots!
C'est un vilain abus, et les gens de police
Nous devroient bien régler une telle injustice.
N'avons-nous pas assez des autres accidents
Qui nous viennent happer en dépit de nos dents?
Les querelles, procès, faim, soif, et maladie,
Troublent-ils pas assez le repos de la vie,
Sans s'aller, de surcroît, aviser sottement
De se faire un chagrin qui n'a nul fondement?
Moquons-nous de cela, méprisons les alarmes,
Et mettons sous nos pieds les soupirs et les larmes.
Si ma femme a failli, qu'elle pleure bien fort.
Mais pourquoi moi pleurer, puisque je n'ai point tort?
En tout cas, ce qui peut m'ôter ma fâcherie,
C'est que je ne suis pas seul de ma confrérie.
Voir cajoler sa femme, et n'en témoigner rien,
Se pratique aujourd'hui par force gens de bien.
N'allons donc point chercher à faire une querelle
Pour un affront qui n'est que pure bagatelle.
L'on m'appellera sot de ne me venger pas,
Mais je le serois fort de courir au trépas.

(mettant la main sur sa poitrine.)

Je me sens là pourtant remuer une bile
Qui veut me conseiller quelque action virile.

Oui, le courroux me prend ; c'est trop être poltron :
Je veux résolument me venger du larron.
Déjà, pour commencer, dans l'ardeur qui m'enflamme,
Je vais dire par-tout qu'il couche avec ma femme.

SCÈNE XVIII.

GORGIBUS, CÉLIE, LA SUIVANTE DE CELIE.

CÉLIE.

Oui, je veux bien subir une si juste loi,
Mon père ; disposez de mes vœux et de moi ;
Faites, quand vous voudrez, signer cet hyménée :
A suivre mon devoir je suis determinée ;
Je prétends gourmander mes propres sentiments,
Et me soumettre en tout à vos commandements.

GORGIBUS.

Ah ! voilà qui me plaît de parler de la sorte !
Parbleu ! si grande joie à l'heure me transporte,
Que mes jambes sur l'heure en caprioleroient,
Si nous n'étions point vus de gens qui s'en riroient.
Approche-toi de moi ; viens çà que je t'embrasse.
Une telle action n'a pas mauvaise grace ;
Un père, quand il veut, peut sa fille baiser
Sans que l'on ait sujet de s'en scandaliser.
Va, le contentement de te voir si bien née
Me fera rajeunir de dix fois une année.

SCÈNE XIX.

CÉLIE, LA SUIVANTE DE CELIE.

LA SUIVANTE.

Ce changement m'étonne.

SCÈNE XIX.

CÉLIE.

Et lorsque tu sauras
Par quels motifs j'agis, tu m'en estimeras.

LA SUIVANTE.

Cela pourroit bien être.

CÉLIE.

Apprends donc que Lélie
A pu blesser mon cœur par une perfidie;
Qu'il étoit en ces lieux sans....

LA SUIVANTE.

Mais il vient à nous.

SCÈNE XX.

LÉLIE, CÉLIE, LA SUIVANTE DE CÉLIE.

LÉLIE.

Avant que pour jamais je m'éloigne de vous,
Je veux vous reprocher au moins en cette place...

CÉLIE.

Quoi! me parler encore! avez-vous cette audace?

LÉLIE.

Il est vrai qu'elle est grande: et votre choix est tel,
Qu'à vous rien reprocher je serois criminel.
Vivez, vivez contente, et bravez ma mémoire
Avec le digne époux qui vous comble de gloire.

CÉLIE.

Oui, traître, j'y veux vivre; et mon plus grand désir,
Ce seroit que ton cœur en eût du déplaisir.

LÉLIE.

Qui rend donc contre moi ce courroux légitime?

CÉLIE.

Quoi! tu fais le surpris et demandes ton crime?

SCÈNE XXI.

CÉLIE, LÉLIE; SGANARELLE, *armé de pied en cap*; LA SUIVANTE DE CÉLIE.

SGANARELLE.

Guerre, guerre mortelle à ce larron d'honneur
Qui sans miséricorde a souillé notre honneur.

CÉLIE, *à Lélie, lui montrant Sganarelle.*

Tourne, tourne les yeux, sans me faire répondre.

LÉLIE.

Ah ! je vois...

CÉLIE.

Cet objet suffit pour te confondre.

LÉLIE.

Mais pour vous obliger bien plutôt à rougir.

SGANARELLE, *à part.*

Ma colère à présent est en état d'agir.
Dessus ses grands chevaux est monté mon courage;
Et si je le rencontre on verra du carnage.
Oui, j'ai juré sa mort; rien ne peut m'empêcher :
Où je le trouverai, je le veux dépêcher.
 (*Tirant son épée à demi, il approche de Lélie.*)
Au beau milieu du cœur il faut que je lui donne...

LÉLIE, *se retournant.*

A qui donc en veut-on ?

SGANARELLE.

Je n'en veux à personne.

LÉLIE.

Pourquoi ces armes-là ?

SGANARELLE.

C'est un habillement

SCÈNE XXI.

(*à part.*)

Que j'ai pris pour la pluie. Ah ! quel contentement
J'aurois à le tuer ! Prenons-en le courage.

LÉLIE, *se retournant encore.*

Hai ?

SGANARELLE.

Je ne parle pas.
(*à part, après s'être donné des soufflets pour s'exciter.*)
Ah ! poltron, dont j'enrage;
Lâche, vrai cœur de poule !

CÉLIE, *à Lélie.*

Il t'en doit dire assez,
Cet objet dont tes yeux nous paroissent blessés.

LÉLIE.

Oui, je connois par-là que vous êtes coupable
De l'infidélité la plus inexcusable
Qui jamais d'un amant puisse outrager la foi.

SGANARELLE, *à part.*

Que n'ai-je un peu de cœur !

CÉLIE.

Ah ! cesse devant moi,
Traître, de ce discours l'insolence cruelle.

SGANARELLE, *à part.*

Sganarelle, tu vois qu'elle prend ta querelle :
Courage, mon enfant ! sois un peu vigoureux;
Là, hardi ! tâche à faire un effort généreux
En le tuant, tandis qu'il tourne le derrière.

LÉLIE, *faisant deux ou trois pas sans dessein, fait retourner Sganarelle qui s'approchoit pour le tuer.*

Puisqu'un pareil discours émeut votre colère,
Je dois de votre cœur me montrer satisfait,

Et l'applaudir ici du beau choix qu'il a fait.

CÉLIE.

Oui, oui, mon choix est tel qu'on n'y peut rien reprendre.

LÉLIE.

Allez, vous faites bien de le vouloir défendre.

SGANARELLE.

Sans doute, elle fait bien de défendre mes droits.
Cette action, monsieur, n'est point selon les lois :
J'ai raison de m'en plaindre ; et, si je n'étois sage,
On verroit arriver un étrange carnage.

LÉLIE.

D'où vous naît cette plainte ? et quel chagrin brutal...?

SGANARELLE.

Suffit. Vous savez bien où le bât me fait mal :
Mais votre conscience et le soin de votre ame
Vous devroient mettre aux yeux que ma femme est ma femme,
Et vouloir à ma barbe en faire votre bien,
Que ce n'est pas du tout agir en bon chrétien.

LÉLIE.

Un semblable soupçon est bas et ridicule.
Allez, dessus ce point n'ayez aucun scrupule :
Je sais qu'elle est à vous ; et bien loin de brûler....

CÉLIE.

Ah ! qu'ici tu sais bien, traître, dissimuler !

LÉLIE.

Quoi ! me soupçonnez-vous d'avoir une pensée
De qui son ame ait lieu de se croire offensée ?
De cette lâcheté voulez-vous me noircir ?

CÉLIE.

Parle, parle à lui-même, il pourra t'éclaircir.

SCÈNE XXI.

SGANARELLE, *à Célie.*

Vous me défendez mieux que je ne saurois faire ;
Et du biais qu'il faut vous prenez cette affaire.

SCÈNE XXII.

CÉLIE, LÉLIE, SGANARELLE, LA FEMME DE SGANARELLE, LA SUIVANTE DE CÉLIE.

LA FEMME DE SGANARELLE.

JE ne suis point d'humeur à vouloir contre vous
Faire éclater, madame, un esprit trop jaloux ;
Mais je ne suis point dupe, et vois ce qui se passe :
Il est de certains feux de fort mauvaise grace ;
Et votre ame devroit prendre un meilleur emploi
Que de séduire un cœur qui doit n'être qu'à moi.

CÉLIE.

La déclaration est assez ingénue.

SGANARELLE, *à sa femme:*

L'on ne demande pas, carogne, ta venue.
Tu la viens quereller lorsqu'elle me défend,
Et tu trembles de peur qu'on t'ôte ton galant.

CÉLIE.

Allez, ne croyez pas que l'on en ait envie.
(se tournant vers Lélie.)
Tu vois si c'est mensonge, et j'en suis fort ravie.

LÉLIE.

Que me veut-on conter ?

LA SUIVANTE.

Ma foi, je ne sais pas
Quand on verra finir ce galimatias ;
Depuis assez long-temps je tâche à le comprendre,
Et si, plus je l'écoute, et moins je puis l'entendre.

Je vois bien à la fin que je m'en dois mêler.
(*Elle se met entre Lélie et sa maîtresse.*)
Répondez-moi par ordre, et me laissez parler.
(*à Lélie.*)
Vous, qu'est-ce qu'à son cœur peut reprocher le vôtre ?

LÉLIE.

Que l'infidèle a pu me quitter pour un autre ;
Que, lorsque sur le bruit de son hymen fatal,
J'accours tout transporté d'un amour sans égal,
Dont l'ardeur résistoit à se croire oubliée,
Mon abord en ces lieux la trouve mariée.

LA SUIVANTE.

Mariée ! à qui donc ?

LÉLIE, *montrant Sganarelle.*
A lui.

LA SUIVANTE.

Comment ! à lui ?

LÉLIE.

Oui-dà.

LA SUIVANTE.

Qui vous l'a dit ?

LÉLIE.

C'est lui-même aujourd'hui.

LA SUIVANTE, *à Sganarelle.*

Est-il vrai ?

SGANARELLE.

Moi ! j'ai dit que c'étoit à ma femme
Que j'étois marié.

LÉLIE.

Dans un grand trouble d'ame,
Tantôt de mon portrait je vous ai vu saisi.

SCÈNE XXII.

SGANARELLE.

Il est vrai, le voilà.

LÉLIE, *à Sganarelle.*

Vous m'avez dit aussi
Que celle aux mains de qui vous aviez pris ce gage
Etoit liée à vous des nœuds du mariage.

SGANARELLE.

(montrant sa femme.)

Sans doute ; et je l'avois de ses mains arraché,
Et n'eusse pas sans lui découvert son péché.

LA FEMME DE SGANARELLE.

Que me viens-tu conter par ta plainte importune ?
Je l'avois sous mes pieds rencontré par fortune ;
Et même quand, après ton injuste courroux,

(montrant Lélie.)

J'ai fait, dans sa foiblesse, entrer monsieur chez nous,
Je n'ai pas reconnu les traits de sa peinture.

CÉLIE.

C'est moi qui du portrait ai causé l'aventure ;
Et je l'ai laissé choir en cette pamoison

(à Sganarelle.)

Qui m'a fait par vos soins remettre à la maison.

LA SUIVANTE.

Vous le voyez, sans moi vous y seriez encore :
Et vous aviez besoin de mon peu d'ellébore.

SGANARELLE, *à part.*

Prendrons-nous tout ceci pour de l'argent comptant ?
Mon front l'a, sur mon ame, eu bien chaude pourtant.

LA FEMME DE SGANARELLE.

Ma crainte toutefois n'est pas trop dissipée,
Et, doux que soit le mal, je crains d'être trompée.

SGANARELLE, *à sa femme.*

Hé! mutuellement croyons-nous gens de bien.
Je risque plus du mien que tu ne fais du tien;
Accepte sans façon le marché qu'on propose.

LA FEMME DE SGANARELLE.

Soit. Mais gare le bois si j'apprends quelque chose!

CÉLIE, *à Lélie, après avoir parlé bas ensemble.*

Ah dieux! s'il est ainsi, qu'est-ce donc que j'ai fait?
Je dois de mon courroux appréhender l'effet.
Oui, vous croyant sans foi, j'ai pris pour ma vengeance
Le malheureux secours de mon obéissance;
Et depuis un moment mon cœur vient d'accepter
Un hymen que toujours j'eus lieu de rebuter:
J'ai promis à mon père; et ce qui me désole....
Mais je le vois venir

LÉLIE.
Il me tiendra parole.

SCÈNE XXIII.

GORGIBUS, CÉLIE, LÉLIE, SGANARELLE, LA FEMME DE SGANARELLE, LA SUIVANTE DE CÉLIE.

LÉLIE.

Monsieur, vous me voyez en ces lieux de retour,
Brûlant des mêmes feux; et mon ardente amour
Verra, comme je crois, la promesse accomplie
Qui me donna l'espoir de l'hymen de Célie.

GORGIBUS.

Monsieur, que je revois en ces lieux de retour,
Brûlant des mêmes feux, et dont l'ardente amour
Verra, que vous croyez, la promesse accomplie

SCÈNE XXIII.

Qui vous donne l'espoir de l'hymen de Célie,
Très humble serviteur à votre seigneurie.

LÉLIE.

Quoi ! monsieur, est-ce ainsi qu'on trahit mon espoir ?

GORGIBUS.

Oui, monsieur, c'est ainsi que je fais mon devoir :
Ma fille en suit les lois.

CÉLIE.

Mon devoir m'intéresse,
Mon père, à dégager vers lui votre promesse.

GORGIBUS.

Est-ce répondre en fille à mes commandements ?
Tu te démens bientôt de tes bons sentiments ;
Pour Valère tantôt... Mais j'aperçois son père ;
Il vient assurément pour conclure l'affaire.

SCÈNE XXIV.

VILLEBREQUIN, GORGIBUS, CÉLIE, LÉLIE, SGANARELLE, LA FEMME DE SGANARELLE, LA SUIVANTE DE CÉLIE.

GORGIBUS.

Qui vous amène ici, seigneur Villebrequin ?

VILLEBREQUIN.

Un secret important que j'ai su ce matin,
Qui rompt absolument ma parole donnée.
Mon fils, dont votre fille acceptoit l'hyménée,
Sous des liens cachés trompant les yeux de tous,
Vit depuis quatre mois avec Lise en époux ;
Et comme des parents le bien et la naissance
M'ôtent tout le pouvoir de casser l'alliance,
Je vous viens...

GORGIBUS.

           Brisons là. Si, sans votre congé,
Valère votre fils ailleurs s'est engagé,
Je ne vous puis celer que ma fille Célie
Dès long-temps par moi-même est promise à Lélie,
Et que, riche en vertus, son retour aujourd'hui
M'empêche d'agréer un autre époux que lui.

VILLEBREQUIN.

Un tel choix me plaît fort.

LÉLIE.

                  Et cette juste envie
D'un bonheur éternel va couronner ma vie...

GORGIBUS.

Allons choisir le jour pour se donner la foi.

SGANARELLE, *seul.*

A-t-on mieux cru jamais être cocu que moi?
Vous voyez qu'en ce fait la plus forte apparence
Peut jeter dans l'esprit une fausse créance
De cet exemple-ci ressouvenez-vous bien
Et quand vous verriez tout, ne croyez jamais rien.

FIN DE SGANARELLE.

DON GARCIE
DE NAVARRE,
OU
LE PRINCE JALOUX,
COMÉDIE HÉROÏQUE EN CINQ ACTES;

Représentée, pour la première fois, sur le théâtre du Palais-Royal, le 4 février 1661.

PERSONNAGES.

Don GARCIE, prince de Navarre, amant de done Elvire.

Done ELVIRE, princesse de Léon.

Don ALPHONSE, prince de Léon, cru prince de Castille sous le nom de don Sylve.

Done IGNÈS, comtesse, amante de don Sylve, aimée par Maurégat, usurpateur de l'état de Léon.

ÉLISE, confidente de done Elvire.

Don ALVAR, confident de don Garcie, amant d'Élise.

Don LOPE, autre confident de don Garcie, amant d'Élise.

Don PEDRE, écuyer d'Ignès.

Un PAGE de done Elvire.

La scène est dans Astorgue, ville d'Espagne, dans le royaume de Léon.

DON GARCIE
DE NAVARRE,
OU
LE PRINCE JALOUX.

ACTE PREMIER.

SCÈNE I.

DONE ELVIRE, ÉLISE.

DONE ELVIRE.

Non, ce n'est point un choix qui, pour ces deux amants
Sut régler de mon cœur les secrets sentiments;
Et le prince n'a point, dans tout ce qu'il peut être,
Ce qui fit préférer l'amour qu'il fait paroître.
Don Sylve, comme lui, fit briller à mes yeux
Toutes les qualités d'un héros glorieux;
Même éclat de vertus, joint à même naissance,
Me parloit en tous deux pour cette préférence;
Et je serois encore à nommer le vainqueur
Si le mérite seul prenoit droit sur un cœur :
Mais ces chaînes du ciel qui tombent sur nos ames

Décidèrent en moi le destin de leurs flammes;
Et toute mon estime, égale entre les deux,
Laissa vers don Garcie entraîner tous mes vœux.

ÉLISE.

Cet amour que pour lui votre astre vous inspire
N'a sur vos actions pris que bien peu d'empire,
Puisque nos yeux, madame, ont pu long-temps douter
Qui de ces deux amants vous vouliez mieux traiter.

DONE ELVIRE.

De ces nobles rivaux l'amoureuse poursuite
A de fâcheux combats, Élise, m'a réduite.
Quand je regardois l'un, rien ne me reprochoit
Le tendre mouvement où mon ame penchoit;
Mais je me l'imputois à beaucoup d'injustice,
Quand de l'autre à mes yeux s'offroit le sacrifice:
Et don Sylve, après tout, dans ses soins amoureux,
Me sembloit mériter un destin plus heureux.
Je m'opposois encor ce qu'au sang de Castille
Du feu roi de Léon semble devoir la fille,
Et la longue amitié qui d'un étroit lien
Joignit les intérêts de son père et du mien.
Ainsi, plus dans mon ame un autre prenoit place,
Plus de tous ses respects je plaignois la disgrace:
Ma pitié, complaisante à ses brûlants soupirs
D'un dehors favorable amusoit ses désirs,
Et vouloit réparer, par ce foible avantage,
Ce qu'au fond de mon cœur je lui faisois d'outrage.

ÉLISE.

Mais son premier amour que vous avez appris
Doit de cette contrainte affranchir vos esprits;
Et puisqu'avant ces soins où pour vous il s'engage

Done Ignès de son cœur avoit reçu l'hommage,
Et que, par des liens aussi fermes que doux,
L'amitié vous unit cette comtesse et vous,
Son secret révélé vous est une matière
A donner à vos vœux liberté tout entière ;
Et vous pouvez sans crainte à cet amant confus
D'un devoir d'amitié couvrir tous vos refus.

DONE ELVIRE.

Il est vrai que j'ai lieu de chérir la nouvelle
Qui m'apprit que don Sylve étoit un infidèle,
Puisque par ses ardeurs mon cœur tyrannisé
Contre elles à présent se voit autorisé ;
Qu'il en peut justement combattre les hommages,
Et, sans scrupule, ailleurs donner tous ses suffrages.
Mais enfin quelle joie en peut prendre ce cœur,
Si d'une autre contrainte il souffre la rigueur ;
Si d'un prince jaloux l'éternelle foiblesse
Reçoit indignement les soins de ma tendresse,
Et semble préparer, dans mon juste courroux,
Un éclat à briser tout commerce entre nous ?

ÉLISE.

Mais si de votre bouche il n'a point su sa gloire,
Est-ce un crime pour lui que de n'oser la croire ?
Et ce qui d'un rival a pu flatter les feux
L'autorise-t-il pas à douter de vos vœux ?

DONE ELVIRE.

Non, non, de cette sombre et lâche jalousie
Rien ne peut excuser l'étrange frénésie ;
Et par mes actions je l'ai trop informé
Qu'il peut bien se flatter du bonheur d'être aimé.
Sans employer la langue, il est des interprètes

Qui parlent clairement des atteintes secrètes :
Un soupir, un regard, une simple rougeur,
Un silence est assez pour expliquer un cœur.
Tout parle dans l'amour ; et sur cette matière
Le moindre jour doit être une grande lumière,
Puisque chez notre sexe, où l'honneur est puissant,
On ne montre jamais tout ce que l'on ressent.
J'ai voulu, je l'avoue, ajuster ma conduite,
Et voir d'un œil égal l'un et l'autre mérite :
Mais que contre ses vœux on combat vainement,
Et que la différence est connue aisément
De toutes ces faveurs qu'on fait avec étude
A celles où du cœur fait pencher l'habitude !
Dans les unes toujours on paroît se forcer;
Mais les autres, hélas ! se font sans y penser,
Semblables à ces eaux si pures et si belles
Qui coulent sans effort des sources naturelles.
Ma pitié pour don Sylve avoit beau l'émouvoir,
J'en trahissois les soins sans m'en apercevoir ;
Et mes regards au prince, en un pareil martyre,
En disoient toujours plus que je n'en voulois dire.

ÉLISE.

Enfin si les soupçons de cet illustre amant,
Puisque vous le voulez, n'ont point de fondement,
Pour le moins font-ils foi d'une ame bien atteinte ;
Et d'autres chériroient ce qui fait votre plainte.
De jaloux mouvements doivent être odieux,
S'ils partent d'un amour qui déplaît à nos yeux ;
Mais tout ce qu'un amant nous peut montrer d'alarmes
Doit, lorsque nous l'aimons, avoir pour nous des charmes ;
C'est par-là que son feu se peut mieux exprimer ;
Et plus il est jaloux, plus nous devons l'aimer.

Ainsi, puisqu'en votre ame un prince magnanime...
DONE ELVIRE.
Ah! ne m'avancez point cette étrange maxime :
Par-tout la jalousie est un monstre odieux;
Rien n'en peut adoucir les traits injurieux ;
Et plus l'amour est cher qui lui donne naissance,
Plus on doit ressentir les coups de cette offense.
Voir un prince emporté, qui perd à tous moments
Le respect que l'amour inspire aux vrais amants;
Qui, dans les soins jaloux où son ame se noie,
Querelle également mon chagrin et ma joie,
Et dans tous mes regards ne peut rien remarquer
Qu'en faveur d'un rival il ne veuille expliquer... !
Non, non, par ses soupçons je suis trop offensée,
Et sans déguisement je te dis ma pensée :
Le prince don Garcie est cher à mes désirs,
Il peut d'un cœur illustre échauffer les soupirs;
Au milieu de Léon on a vu son courage
Me donner de sa flamme un noble témoignage,
Braver en ma faveur les périls les plus grands,
M'enlever aux desseins de nos lâches tyrans,
Et, dans ses murs forcés, mettre ma destinée
A couvert des horreurs d'un indigne hyménée :
Et je ne cèle point que j'aurois de l'ennui
Que la gloire en fût due à quelque autre que lui;
Car un cœur amoureux prend un plaisir extrême
A se voir redevable, Élise, à ce qu'il aime;
Et sa flamme timide ose mieux éclater
Lorsqu'en favorisant elle croit s'acquitter.
Oui, j'aime qu'un secours qui hasarde sa tête
Semble à sa passion donner droit de conquête :
J'aime que mon péril m'ait jetée en ses mains;

Et si les bruits communs ne sont pas des bruits vains,
Si la bonté du ciel nous ramène mon frère,
Les vœux les plus ardents que mon cœur puisse faire,
C'est que son bras encor sur un perfide sang
Puisse aider à ce frère à reprendre son rang,
Et par d'heureux succès d'une haute vaillance
Mériter tous les soins de sa reconnoissance.
Mais avec tout cela, s'il pousse mon courroux,
S'il ne purge ses feux de leurs transports jaloux,
Et ne les range aux lois que je lui veux prescrire,
C'est inutilement qu'il prétend done Elvire :
L'hymen ne peut nous joindre ; et j'abhorre des nœuds
Qui deviendroient sans doute un enfer pour tous deux.

ÉLISE.

Bien que l'on pût avoir des sentiments tout autres,
C'est au prince, madame, à se régler aux vôtres ;
Et dans votre billet ils sont si bien marqués,
Que quand il les verra de la sorte expliqués...

DONE ELVIRE.

Je n'y veux point, Élise, employer cette lettre ;
C'est un soin qu'à ma bouche il me vaut mieux commettre ;
La faveur d'un écrit laisse aux mains d'un amant
Des témoins trop constants de notre attachement :
Ainsi donc empêchez qu'au prince on ne la livre.

ÉLISE

Toutes vos volontés sont des lois qu'on doit suivre.
J'admire cependant que le ciel ait jeté
Dans le goût des esprits tant de diversité,
Et que ce que les uns regardent comme outrage
Soit vu par d'autres yeux sous un autre visage.
Pour moi, je trouverois mon sort tout-à-fait doux,

Si j'avois un amant qui pût être jaloux,
Je saurois m'applaudir de son inquiétude :
Et ce qui pour mon ame est souvent un peu rude,
C'est de voir don Alvar ne prendre aucun souci...

DONE ELVIRE.

Nous ne le croyions pas si proche; le voici.

SCÈNE II.

DONE ELVIRE, DON ALVAR, ÉLISE.

DONE ELVIRE.

Votre retour surprend : qu'avez-vous à m'apprendre ?
Don Alphonse vient-il ? a-t-on lieu de l'attendre ?

D. ALVAR.

Oui, madame; et ce frère, en Castille élevé,
De rentrer dans ses droits voit le temps arrivé.
Jusqu'ici don Louis, qui vit à sa prudence
Par le feu roi mourant commettre son enfance,
A caché ses destins aux yeux de tout l'état,
Pour l'ôter aux fureurs du traître Maurégat;
Et bien que le tyran, depuis sa lâche audace,
L'ait souvent demandé pour lui rendre sa place,
Jamais son zèle ardent n'a pris de sûreté
A l'appât dangereux de sa fausse équité :
Mais les peuples émus par cette violence
Que vous a voulu faire une injuste puissance,
Ce généreux vieillard a cru qu'il étoit temps
D'éprouver le succès d'un espoir de vingt ans :
Il a tenté Léon, et ses fidèles trames
Des grands comme du peuple ont pratiqué les ames,
Tandis que la Castille armoit dix mille bras

Pour redonner ce prince aux vœux de ses états;
Il fait auparavant semer sa renommée,
Et ne veut le montrer qu'en tête d'une armée,
Que tout prêt à lancer le foudre punisseur
Sous qui doit succomber un lâche ravisseur.
On investit Léon, et don Sylve en personne
Commande le secours que son père vous donne.

DONE ELVIRE.

Un secours si puissant doit flatter notre espoir;
Mais je crains que mon frère y puisse trop devoir.

D. ALVAR.

Mais, madame, admirez que, malgré la tempête
Que votre usurpateur voit gronder sur sa tête,
Tous les bruits de Léon annoncent pour certain
Qu'à la comtesse Ignès il va donner la main.

DONE ELVIRE.

Il cherche dans l'hymen de cette illustre fille
L'appui du grand crédit où se voit sa famille.
Je ne reçois rien d'elle, et j'en suis en souci;
Mais son cœur au tyran fut toujours endurci.

ÉLISE.

De trop puissants motifs d'honneur et de tendresse
Opposent ses refus aux nœuds dont on la presse.
Pour...

D. ALVAR.

Le prince entre ici.

SCÈNE III.

D. GARCIE, DONE ELVIRE, D. ALVAR, ÉLISE.

D. GARCIE.

Je viens m'intéresser,

ACTE I, SCÈNE III.

Madame, au doux espoir qu'il vous vient d'annoncer.
Ce frère qui menace un tyran plein de crimes
Flatte de mon amour les transports légitimes :
Son sort offre à mon bras des périls glorieux
Dont je puis faire hommage à l'éclat de vos yeux,
Et par eux m'acquérir, si le ciel m'est propice,
La gloire d'un revers que vous doit sa justice,
Qui va faire à vos pieds choir l'infidélité,
Et rendre à votre sang toute sa dignité.
Mais ce qui plus me plaît d'une attente si chère,
C'est que, pour être roi, le ciel vous rend ce frère,
Et qu'ainsi mon amour peut éclater au moins
Sans qu'à d'autres motifs on impute ses soins,
Et qu'il soit soupçonné que dans votre personne
Il cherche à me gagner les droits d'une couronne.
Oui, tout mon cœur voudroit montrer aux yeux de tous
Qu'il ne regarde en vous autre chose que vous :
Et cent fois, si je puis le dire sans offense,
Ses vœux se sont armés contre votre naissance ;
Leur chaleur indiscrète a d'un destin plus bas
Souhaité le partage à vos divins appas,
Afin que de ce cœur le noble sacrifice
Pût du ciel envers vous réparer l'injustice,
Et votre sort tenir des mains de mon amour
Tout ce qu'il doit au sang dont vous tenez le jour.
Mais puisqu'enfin les cieux de tout ce juste hommage
A mes feux prévenus dérobent l'avantage,
Trouvez bon que ces feux prennent un peu d'espoir
Sur la mort que mon bras s'apprête à faire voir,
Et qu'ils osent briguer par d'utiles services
D'un frère et d'un état les suffrages propices.

DONE ELVIRE.

Je sais que vous pouvez, prince, en vengeant nos droits,
Faire par votre amour parler cent beaux exploits :
Mais ce n'est pas assez pour le prix qu'il espère,
Que l'aveu d'un état et la faveur d'un frère ;
Done Elvire n'est pas au bout de cet effort,
Et je vous vois à vaincre un obstacle plus fort.

D. GARCIE.

Oui, madame, j'entends ce que vous voulez dire.
Je sais bien que pour vous mon cœur en vain soupire ;
Et l'obstacle puissant qui s'oppose à mes feux,
Sans que vous le nommiez, n'est pas secret pour eux.

DONE ELVIRE.

Souvent on entend mal ce qu'on croit bien entendre ;
Et par trop de chaleur, prince, on se peut méprendre.
Mais, puisqu'il faut parler, désirez-vous savoir
Quand vous pourrez me plaire et prendre quelque espoir ?

D. GARCIE.

Ce me sera, madame, une faveur extrême.

DONE ELVIRE.

Quand vous saurez m'aimer comme il faut que l'on aime.

D. GARCIE.

Et que peut-on, hélas ! observer sous les cieux
Qui ne cède à l'ardeur que m'inspirent vos yeux ?

DONE ELVIRE.

Quand votre passion ne fera rien paroître
Dont se puisse indigner celle qui l'a fait naître.

D. GARCIE.

C'est là son plus grand soin.

DONE ELVIRE.

                        Quand tous ses mouvements
Ne prendront point de moi de trop bas sentiments.

D. GARCIE.
Ils vous révèlent trop.
DONE ELVIRE.
Quand d'un injuste ombrage
Votre raison saura me réparer l'outrage,
Et que vous bannirez enfin ce monstre affreux
Qui de son noir venin empoisonne vos feux,
Cette jalouse humeur dont l'importun caprice
Aux vœux que vous m'offrez rend un mauvais office,
S'oppose à leur attente, et contre eux à tous coups
Arme les mouvements de mon juste courroux.
D. GARCIE.
Ah! madame, il est vrai, quelque effort que je fasse,
Qu'un peu de jalousie en mon cœur trouve place,
Et qu'un rival absent de vos divins appas
Au repos de ce cœur vient livrer des combats.
Soit caprice ou raison, j'ai toujours la croyance
Que votre ame en ces lieux souffre de son absence,
Et que, malgré mes soins, vos soupirs amoureux
Vont trouver à tous coups ce rival trop heureux.
Mais, si de tels soupçons ont de quoi vous déplaire,
Il vous est bien facile, hélas! de m'y soustraire;
Et leur bannissement, dont j'accepte la loi,
Dépend bien plus de vous qu'il ne dépend de moi.
Oui, c'est vous qui pouvez, par deux mots pleins de flamme,
Contre la jalousie armer toute mon ame,
Et, des pleines clartés d'un glorieux espoir,
Dissiper les horreurs que ce monstre y fait choir.
Daignez donc étouffer le doute qui m'accable,
Et faites qu'un aveu d'une bouche adorable
Me donne l'assurance, au fort de tant d'assauts,
Que je ne puis trouver dans le peu que je vaux.

DONE ELVIRE.

Prince, de vos soupçons la tyrannie est grande.
Au moindre mot qu'il dit un cœur veut qu'on l'entende,
Et n'aime point ces feux dont l'importunité
Demande qu'on s'explique avec tant de clarté.
Le premier mouvement qui découvre notre ame
Doit d'un amant discret satisfaire la flamme;
Et c'est à s'en dédire autoriser nos vœux
Que vouloir plus avant pousser de tels aveux.
Je ne dis point quel choix, s'il m'étoit volontaire,
Entre don Sylve et vous mon ame pourroit faire :
Mais vouloir vous contraindre à n'être point jaloux
Auroit dit quelque chose à tout autre que vous;
Et je croyois cet ordre un assez doux langage
Pour n'avoir pas besoin d'en dire davantage.
Cependant votre amour n'est pas encor content;
Il demande un aveu qui soit plus éclatant;
Pour l'ôter de scrupule, il me faut à vous-même,
En des termes exprès, dire que je vous aime;
Et peut-être qu'encor, pour vous en assurer,
Vous vous obstineriez à m'en faire jurer.

D. GARCIE.

Hé bien ! madame, hé bien ! je suis trop téméraire;
De tout ce qui vous plaît je dois me satisfaire.
Je ne demande point de plus grande clarté :
Je crois que vous avez pour moi quelque bonté,
Que d'un peu de pitié mon feu vous sollicite,
Et je me vois heureux plus que je ne mérite.
C'en est fait, je renonce à mes soupçons jaloux;
L'arrêt qui les condamne est un arrêt bien doux,
Et je reçois la loi qu'il daigne me prescrire
Pour affranchir mon cœur de leur injuste empire.

ACTE I, SCÈNE III.

DONE ELVIRE.

Vous promettez beaucoup, prince; et je doute fort
Si vous pourrez sur vous faire ce grand effort.

D. GARCIE.

Ah ! madame, il suffit, pour me rendre croyable,
Que ce qu'on vous promet doit être inviolable,
Et que l'heur d'obéir à sa divinité
Ouvre aux plus grands efforts trop de facilité.
Que le ciel me déclare une éternelle guerre,
Que je tombe à vos pieds d'un éclat de tonnerre,
Ou, pour périr encor par de plus rudes coups,
Puissé-je voir sur moi fondre votre courroux,
Si jamais mon amour descend à la foiblesse
De manquer au devoir d'une telle promesse,
Si jamais dans mon ame aucun jaloux transport
Fait... !

SCÈNE IV.

DONE ELVIRE, D. GARCIE, D. ALVAR, ÉLISE;
UN PAGE, *présentant un billet à done Elvire.*

DONE ELVIRE.

J'EN étois en peine, et tu m'obliges fort.
Que le courrier attende.

SCÈNE V.

DONE ELVIRE, D. GARCIE, D. ALVAR,
ÉLISE.

DONE ELVIRE, *bas, à part.*

A ces regards qu'il jette,

Vois-je pas que déjà cet écrit l'inquiète ?
Prodigieux effet de son tempérament !
   (haut.)
Qui vous arrête, prince, au milieu du serment ?

D. GARCIE.

J'ai cru que vous aviez quelque secret ensemble,
Et je ne voulois pas l'interrompre.

DONE ELVIRE.

                    Il me semble
Que vous me répondez d'un ton fort altéré.
Je vous vois tout à coup le visage égaré.
Ce changement soudain a lieu de me surprendre :
D'où peut-il provenir ? le pourroit-on apprendre ?

D. GARCIE.

D'un mal qui tout à coup vient d'attaquer mon cœur.

DONE ELVIRE.

Souvent plus qu'on ne croit ces maux ont de rigueur,
Et quelque prompt secours vous seroit nécessaire.
Mais encor, dites-moi, vous prend-il d'ordinaire ?

D. GARCIE.

Parfois.

DONE ELVIRE.

       Ah ! prince foible, hé bien ! par cet écrit,
Guérissez-le ce mal ; il n'est que dans l'esprit.

D. GARCIE.

Par cet écrit, madame ? Ah ! ma main le refuse.
Je vois votre pensée, et de quoi l'on m'accuse.
Si...

DONE ELVIRE.

   Lisez-le, vous dis-je, et satisfaites-vous.

D. GARCIE.

Pour me traiter après de foible, de jaloux ?

ACTE I, SCÈNE V.

Non, non : je dois ici vous rendre un témoignage
Qu'à mon cœur cet écrit n'a point donné d'ombrage;
Et, bien que vos bontés m'en laissent le pouvoir,
Pour me justifier je ne veux point le voir.

DONE ELVIRE.

Si vous vous obstinez à cette résistance,
J'aurois tort de vouloir vous faire violence;
Et c'est assez enfin que vous avoir pressé
De voir de quelle main ce billet m'est tracé.

D. GARCIE.

Ma volonté toujours vous doit être soumise.
Si c'est votre plaisir que pour vous je le lise,
Je consens volontiers à prendre cet emploi.

DONE ELVIRE.

Oui, oui, prince, tenez, vous le lirez pour moi.

D. GARCIE.

C'est pour vous obéir au moins; et je puis dire...

DONE ELVIRE.

C'est ce que vous voudrez; dépêchez-vous de lire.

D. GARCIE.

Il est de done Ignès, à ce que je connoi.

DONE ELVIRE.

Oui. Je m'en réjouis et pour vous et pour moi.

D. GARCIE *lit.*

« Malgré l'effort d'un long mépris,
« Le tyran toujours m'aime; et, depuis votre absence,
« Vers moi, pour me porter au dessein qu'il a pris,
« Il semble avoir tourné toute sa violence,
 « Dont il poursuivoit l'alliance
  « De vous et de son fils.
« Ceux qui sur moi peuvent avoir empire,
« Par de lâches motifs qu'un faux honneur inspire,

28.

« Approuvent tous cet indigne lieu.
« J'ignore encor par où finira mon martyre ;
« Mais je mourrai plutôt que de consentir rien.
   « Puissiez-vous jouir, belle Elvire,
   « D'un destin plus doux que le mien !
       « D. IGNÈS. »
Dans la haute vertu son ame est affermie.

    DONE ELVIRE.

Je vais faire réponse à cette illustre amie.
Cependant apprenez, prince, à vous mieux armer
Contre ce qui prend droit de vous trop alarmer.
J'ai calmé votre trouble avec cette lumière,
Et la chose a passé d'une douce manière ;
Mais, à n'en point mentir, il seroit des moments
Où je pourrois entrer en d'autres sentiments.

    D. GARCIE.

Hé quoi ! vous croyez donc... ?

    DONE ELVIRE.

      Je crois ce qu'il faut croire
Adieu. De mes avis conservez la mémoire ;
Et, s'il est vrai pour moi que votre amour soit grand,
Donnez-en à mon cœur les preuves qu'il prétend.

    D. GARCIE.

Croyez que désormais c'est toute mon envie,
Et qu'avant d'y manquer je veux perdre la vie.

   FIN DU PREMIER ACTE.

ACTE SECOND.

SCÈNE I.

ÉLISE, D. LOPE.

ÉLISE.

Tout ce que fait le prince, à parler franchement,
N'est pas ce qui me donne un grand étonnement ;
Car, que d'un noble amour une ame bien saisie
En pousse les transports jusqu'à la jalousie,
Que de doutes fréquents ses vœux soient traversés,
Il est fort naturel, et je l'approuve assez :
Mais ce qui me surprend, don Lope, c'est d'entendre
Que vous lui préparez les soupçons qu'il doit prendre ;
Que votre ame les forme, et qu'il n'est, en ces lieux,
Fâcheux que par vos soins, jaloux que par vos yeux.
Encore un coup, don Lope, une ame bien éprise
Des soupçons qu'elle prend ne me rend point surprise ;
Mais qu'on ait sans amour tous les soins d'un jaloux,
C'est une nouveauté qui n'appartient qu'à vous.

D. LOPE.

Que sur cette conduite à son aise l'on glose !
Chacun règle la sienne au but qu'il se propose ;
Et, rebuté par vous des soins de mon amour,
Je songe auprès du prince à bien faire ma cour.

ÉLISE.

Mais savez-vous qu'enfin il fera mal la sienne,
S'il faut qu'en cette humeur votre esprit l'entretienne ?

D. LOPE.

Et quand, charmante Élise, a-t-on vu, s'il vous plaît,
Qu'on cherche auprès des grands que son propre intérêt;
Qu'un parfait courtisan veuille charger leur suite
D'un censeur des défauts qu'on trouve en leur conduite,
Et s'aille inquiéter si son discours leur nuit,
Pourvu que sa fortune en tire quelque fruit?
Tout ce qu'on fait ne va qu'à se mettre en leur grace;
Par la plus courte voie on y cherche une place;
Et les plus prompts moyens de gagner leur faveur,
C'est de flatter toujours le foible de leur cœur,
D'applaudir en aveugle à ce qu'ils veulent faire,
Et n'appuyer jamais ce qui peut leur déplaire:
C'est là le vrai secret d'être bien auprès d'eux.
Les utiles conseils font passer pour fâcheux,
Et vous laissent toujours hors de la confidence,
Où vous jette d'abord l'adroite complaisance.
Enfin on voit par-tout que l'art des courtisans
Ne tend qu'à profiter des foiblesses des grands,
A nourrir leurs erreurs, et jamais dans leur ame
Ne porter les avis des choses qu'on y blâme.

ÉLISE.

Ces maximes un temps leur peuvent succéder:
Mais il est des revers qu'on doit appréhender,
Et dans l'esprit des grands, qu'on tâche de surprendre,
Un rayon de lumière à la fin peut descendre,
Qui sur tous ces flatteurs venge équitablement
Ce qu'a fait à leur gloire un long aveuglement.
Cependant je dirai que votre ame s'explique
Un peu bien librement sur votre politique;
Et ces nobles motifs, au prince rapportés,
Serviroient assez mal vos assiduités.

D. LOPE.

Outre que je pourrois désavouer sans blâme
Ces libres vérités sur quoi s'ouvre mon ame,
Je sais fort bien qu'Élise a l'esprit trop discret
Pour aller divulguer cet entretien secret.
Qu'ai-je dit après tout que sans moi l'on ne sache ?
Et dans mon procédé que faut-il que je cache ?
On peut craindre une chute avec quelque raison,
Quand on met en usage ou ruse ou trahison :
Mais qu'ai-je à redouter, moi qui par-tout n'avance
Que les soins approuvés d'un peu de complaisance,
Et qui suis seulement par d'utiles leçons
La pente qu'a le prince à de jaloux soupçons ?
Son ame semble en vivre, et je mets mon étude
A trouver des raisons à son inquiétude,
A voir de tous côtés s'il ne se passe rien
A fournir le sujet d'un secret entretien ;
Et quand je puis venir, enflé d'une nouvelle,
Donner à son repos une atteinte mortelle.
C'est lors que plus il m'aime, et je vois sa raison
D'une audience avide avaler ce poison,
Et m'en remercier comme d'une victoire
Qui combleroit ses jours de bonheur et de gloire.
Mais mon rival paroît, je vous laisse tous deux :
Et, bien que je renonce à l'espoir de vos vœux,
J'aurois un peu de peine à voir qu'en ma présence
Il reçût des effets de quelque préférence ;
Et je veux, si je puis, m'épargner ce souci.

ÉLISE.

Tout amant de bon sens en doit user ainsi.

SCÈNE II.

D. ALVAR, ÉLISE.

D. ALVAR.

Enfin nous apprenons que le roi de Navarre
Pour les désirs du prince aujourd'hui se déclare,
Et qu'un nouveau renfort de troupes nous attend
Pour le fameux service où son amour prétend.
Je suis surpris, pour moi, qu'avec tant de vitesse
On ait fait avancer... Mais...

SCÈNE III.

D. GARCIE, ÉLISE, D. ALVAR.

D. GARCIE.

Que fait la princesse ?

ÉLISE.

Quelques lettres, seigneur ; je le présume ainsi.
Mais elle va savoir que vous êtes ici.

D. GARCIE.

J'attendrai qu'elle ait fait.

SCÈNE IV.

D. GARCIE.

Près de souffrir sa vue,
D'un trouble tout nouveau je me sens l'ame émue,
Et la crainte, mêlée à mon ressentiment,
Jette par tout mon corps un soudain tremblement.
Prince, prends garde au moins qu'un aveugle caprice
Ne te conduise ici dans quelque précipice,

ACTE II, SCÈNE IV.

Et que de ton esprit les désordres puissants
Ne donnent un peu trop au rapport de tes sens :
Consulte ta raison, prends sa clarté pour guide ;
Vois si de tes soupçons l'apparence est solide :
Ne démens pas leur voix ; mais aussi garde bien
Que, pour les croire trop, ils ne t'imposent rien,
Qu'à tes premiers transports ils n'osent trop permettre,
Et relis posément cette moitié de lettre.
Ah! qu'est-ce que mon cœur, trop digne de pitié,
Ne voudroit pas donner pour son autre moitié !
Mais, après tout, que dis-je ? il suffit bien de l'une,
Et n'en voilà que trop pour voir mon infortune.

« Quoique votre rival...
« Vous devez toutefois vous...
« Et vous avez en vous à...
« L'obstacle le plus grand...

« Je chéris tendrement ce...
« Pour me tirer des mains de...
« Son amour, ses devoirs...
« Mais il m'est odieux avec...

« Otez donc à vos feux ce...
« Méritez les regards que l'on...
« Et lorsqu'on vous oblige...
« Ne vous obstinez point à... »

Oui, mon sort par ces mots est assez éclairci ;
Son cœur, comme sa main, se fait connoître ici,
Et les sens imparfaits de cet écrit funeste
Pour s'expliquer à moi n'ont pas besoin du reste.
Toutefois dans l'abord agissons doucement,
Couvrons à l'infidèle un vif ressentiment ;

Et, de ce que je tiens ne donnant point d'indice,
Confondons son esprit par son propre artifice.
La voici. Ma raison, renferme mes transports,
Et rends-toi pour un temps maîtresse du dehors.

SCÈNE V.

DONE ELVIRE, D. GARCIE.

DONE ELVIRE.

Vous avez bien voulu que je vous fisse attendre.

D. GARCIE, *bas, à part.*

Ah! qu'elle cache bien…!

DONE ELVIRE.

On vient de nous apprendre
Que le roi votre père approuve vos projets,
Et veut bien que son fils nous rende nos sujets;
Et mon ame en a pris une allégresse extrême.

D. GARCIE.

Oui, madame, et mon cœur s'en réjouit de même;
Mais…

DONE ELVIRE.

Le tyran, sans doute, aura peine à parer
Les foudres que par-tout il entend murmurer:
Et j'ose me flatter que le même courage
Qui put bien me soustraire à sa brutale rage,
Et dans les murs d'Astorgue, arrachée à ses mains,
Me faire un sûr asile à braver ses desseins,
Pourra, de tout Léon achevant la conquête,
Sous ses nobles efforts faire choir cette tête.

D. GARCIE.

Le succès en pourra parler dans quelques jours.
Mais, de grace, passons à quelque autre discours.

ACTE II, SCÈNE V.

Puis-je, sans trop oser, vous prier de me dire
A qui vous avez pris, madame, soin d'écrire,
Depuis que le destin nous a conduits ici?

DONE ELVIRE.

Pourquoi cette demande? et d'où vient ce souci?

D. GARCIE.

D'un désir curieux de pure fantaisie.

DONE ELVIRE.

La curiosité naît de la jalousie.

D. GARCIE.

Non, ce n'est rien du tout de ce que vous pensez;
Vos ordres de ce mal me défendent assez.

DONE ELVIRE.

Sans chercher plus avant quel intérêt vous presse,
J'ai deux fois à Léon écrit à la comtesse,
Et deux fois au marquis don Louis à Burgos.
Avec cette réponse êtes-vous en repos?

D. GARCIE.

Vous n'avez point écrit à quelque autre personne,
Madame?

DONE ELVIRE.

Non, sans doute; et ce discours m'étonne.

D. GARCIE.

De grace, songez bien avant que d'assurer.
En manquant de mémoire on peut se parjurer.

DONE ELVIRE.

Ma bouche sur ce point ne peut être parjure.

D. GARCIE.

Elle a dit toutefois une haute imposture.

DONE ELVIRE.

Prince!

D. GARCIE.
Madame!

DONE ELVIRE.
O ciel! quel est ce mouvement?
Avez-vous, dites-moi, perdu le jugement?

D. GARCIE.
Oui, oui, je l'ai perdu, lorsque dans votre vue
J'ai pris, pour mon malheur, le poison qui me tue,
Et que j'ai cru trouver quelque sincérité
Dans les traîtres appas dont je fus enchanté.

DONE ELVIRE.
De quelle trahison pouvez-vous donc vous plaindre?

D. GARCIE.
Ah! que ce cœur est double, et sait bien l'art de feindre!
Mais tous moyens de fuir lui vont être soustraits.
Jetez ici les yeux, et connoissez vos traits.
Sans avoir vu le reste, il m'est assez facile
De découvrir pour qui vous employez ce style.

DONE ELVIRE.
Voilà donc le sujet qui vous trouble l'esprit?

D. GARCIE.
Vous ne rougissez pas en voyant cet écrit?

DONE ELVIRE.
L'innocence à rougir n'est point accoutumée.

D. GARCIE.
Il est vrai qu'en ces lieux on la voit opprimée.
Ce billet démenti pour n'avoir point de seing...

DONE ELVIRE.
Pourquoi le démentir, puisqu'il est de ma main?

D. GARCIE.
Encore est-ce beaucoup que, de franchise pure,
Vous demeuriez d'accord que c'est votre écriture;

Mais ce sera, sans doute, et j'en serois garant,
Un billet qu'on envoie à quelque indifférent;
Ou du moins ce qu'il a de tendresse évidente
Sera pour une amie ou pour quelque parente.

DONE ELVIRE.

Non, c'est pour un amant que ma main l'a formé,
Et, j'ajoute de plus, pour un amant aimé.

D. GARCIE.

Et je puis, ô perfide!...

DONE ELVIRE.

Arrêtez, prince indigne,
De ce lâche transport l'égarement insigne.
Bien que de vous mon cœur ne prenne point de loi,
Et ne doive en ces lieux aucun compte qu'à soi,
Je veux bien me purger, pour votre seul supplice,
Du crime que m'impose un insolent caprice.
Vous serez éclairci, n'en doutez nullement:
J'ai ma défense prête en ce même moment;
Vous allez recevoir une pleine lumière;
Mon innocence ici paroîtra tout entière;
Et je veux, vous mettant juge en notre intérêt,
Vous faire prononcer vous-même votre arrêt.

D. GARCIE.

Ce sont propos obscurs qu'on ne sauroit comprendre.

DONE ELVIRE.

Bientôt à vos dépens vous me pourrez entendre.
Élise, holà.

SCÈNE VI.

D. GARCIE, DONE ELVIRE, ÉLISE.

ÉLISE.

MADAME?

DONE ELVIRE, *à don Garcie.*

Observez bien au moins
Si j'ose à vous tromper employer quelques soins,
Si par un seul coup d'œil ou geste qui l'instruise
Je cherche de ce coup à parer la surprise.

(*à Élise.*)

Le billet que tantôt ma main avoit tracé,
Répondez promptement, où l'avez-vous laissé?

ÉLISE.

Madame, j'ai sujet de m'avouer coupable;
Je ne sais comme il est demeuré sur ma table;
Mais on vient de m'apprendre en ce même moment
Que don Lope venant dans mon appartement,
Par une liberté qu'on lui voit se permettre,
A fureté par-tout, et trouvé cette lettre.
Comme il la déplioit, Léonor a voulu
S'en saisir promptement avant qu'il eût rien lu;
Et, se jetant sur lui, la lettre contestée
En deux justes moitiés dans leurs mains est restée;
Et don Lope aussitôt prenant un prompt essor
A dérobé la sienne aux soins de Léonor.

DONE ELVIRE.

Avez-vous ici l'autre?

ÉLISE.

Oui, la voilà, madame.

DONE ELVIRE.

(*à don Garcie.*)

Donnez. Nous allons voir qui mérite le blâme.
Avec votre moitié rassemblez celle-ci.
Lisez, et hautement, je veux l'entendre aussi.

D. GARCIE.

Au prince don Garcie. Ah!

ACTE II, SCÈNE VI.

DONE ELVIRE.

Achevez de lire.
Votre ame pour ce mot ne doit point s'interdire.

D. GARCIE *lit.*

« Quoique votre rival, prince, alarme votre ame,
« Vous devez toutefois vous craindre plus que lui;
« Et vous avez en vous à détruire aujourd'hui
« L'obstacle le plus grand que trouve votre flamme.
« Je chéris tendrement ce qu'a fait don Garcie
« Pour me tirer des mains de mes fiers ravisseurs;
« Son amour, ses devoirs, ont pour moi des douceurs :
« Mais il m'est odieux avec sa jalousie.
« Otez donc à vos feux ce qu'ils en font paroître,
« Méritez les regards que l'on jette sur eux;
« Et lorsqu'on vous oblige à vous tenir heureux,
« Ne vous obstinez point à ne pas vouloir l'être. »

DONE ELVIRE.

Hé bien! que dites-vous?

D. GARCIE.

Ah! madame, je dis
Qu'à cet objet mes sens demeurent interdits;
Que je vois dans ma plainte une horrible injustice,
Et qu'il n'est point pour moi d'assez cruel supplice.

DONE ELVIRE.

Il suffit. Apprenez que si j'ai souhaité
Qu'à vos yeux cet écrit pût être présenté,
C'est pour le démentir, et cent fois me dédire
De tout ce que pour vous vous y venez de lire.
Adieu, prince.

D. GARCIE.

Madame, hélas! où fuyez-vous?

DONE ELVIRE.

Où vous ne serez point, trop odieux jaloux.

D. GARCIE.

Ah! madame, excusez un amant misérable,
Qu'un sort prodigieux a fait vers vous coupable,
Et qui, bien qu'il vous cause un courroux si puissant,
Eût été plus blâmable à rester innocent.
Car enfin peut-il être une ame bien atteinte
Dont l'espoir le plus doux ne soit mêlé de crainte?
Et pourriez-vous penser que mon cœur eût aimé,
Si ce billet fatal ne l'eût point alarmé,
S'il n'avoit point frémi des coups de cette foudre
Dont je me figurois tout mon bonheur en poudre?
Vous-même, dites-moi si cet évènement
N'eût pas dans mon erreur jeté tout autre amant;
Si d'une preuve, hélas! qui me sembloit si claire
Je pouvois démentir...

DONE ELVIRE.

    Oui, vous le pouviez faire;
Et dans mes sentiments, assez bien déclarés,
Vos doutes rencontroient des garants assurés :
Vous n'aviez rien à craindre; et d'autres sur ce gage
Auroient du monde entier bravé le témoignage.

D. GARCIE.

Moins on mérite un bien qu'on nous fait espérer,
Plus notre ame a de peine à pouvoir s'assurer.
Un sort trop plein de gloire à nos yeux est fragile,
Et nous laisse aux soupçons une pente facile.
Pour moi, qui crois si peu mériter vos bontés,
J'ai douté du bonheur de mes témérités;
J'ai cru que, dans ces lieux rangés sous ma puissance,
Votre ame se forçoit à quelque complaisance;

Que, déguisant pour moi votre sévérité...
DONE ELVIRE.
Et je pourrois descendre à cette lâcheté !
Moi, prendre le parti d'une honteuse feinte,
Agir par les motifs d'une servile crainte,
Trahir mes sentiments, et, pour être en vos mains,
D'un masque de faveur vous couvrir mes dédains !
La gloire sur mon cœur auroit si peu d'empire !
Vous pouvez le penser ! et vous me l'osez dire !
Apprenez que ce cœur ne sait point s'abaisser,
Qu'il n'est rien sous les cieux qui puisse l'y forcer ;
Et, s'il vous a fait voir, par une erreur insigne,
Des marques de bonté dont vous n'étiez pas digne,
Qu'il saura bien montrer, malgré votre pouvoir,
La haine que pour vous il se résout d'avoir,
Braver votre furie, et vous faire connoître
Qu'il n'a point été lâche et ne veut jamais l'être.
D. GARCIE.
Hé bien ! je suis coupable, et ne m'en défends pas :
Mais je demande grace à vos divins appas ;
Je la demande au nom de la plus vive flamme
Dont jamais deux beaux yeux aient fait brûler une ame.
Que si votre courroux ne peut être apaisé,
Si mon crime est trop grand pour se voir excusé,
Si vous ne regardez ni l'amour qui le cause
Ni le vif repentir que mon cœur vous expose,
Il faut qu'un coup heureux, en me faisant mourir,
M'arrache à des tourments que je ne puis souffrir.
Non, ne présumez pas qu'ayant su vous déplaire
Je puisse vivre une heure avec votre colère.
Déjà de ce moment la barbare longueur
Sous ses cuisants remords fait succomber mon cœur,

Et de mille vautours les blessures cruelles
N'ont rien de comparable à ces douleurs mortelles.
Madame, vous n'avez qu'à me le déclarer,
S'il n'est point de pardon que je doive espérer,
Cette épée aussitôt, par un coup favorable,
Va percer à vos yeux le cœur d'un misérable,
Ce cœur, ce traître cœur, dont les perplexités
Ont si fort outragé vos extrêmes bontés :
Trop heureux en mourant si ce coup légitime
Efface en votre esprit l'image de mon crime,
Et ne laisse aucuns traits de votre aversion
Au foible souvenir de mon affection !
C'est l'unique faveur que demande ma flamme.

DONE ELVIRE.

Ah ! prince trop cruel !

D. GARCIE.

Dites, parlez, madame.

DONE ELVIRE.

Faut-il encor pour vous conserver des bontés,
Et vous voir m'outrager par tant d'indignités ?

D. GARCIE.

Un cœur ne peut jamais outrager quand il aime ;
Et ce que fait l'amour, il l'excuse lui-même.

DONE ELVIRE.

L'amour n'excuse point de tels emportements.

D. GARCIE.

Tout ce qu'il a d'ardeur passe en ses mouvements ;
Et plus il devient fort, plus il trouve de peine....

DONE ELVIRE

Non, ne m'en parlez point, vous méritez ma haine.

D. GARCIE

Vous me haïssez donc ?

DONE ELVIRE.

   J'y veux tâcher au moins :
Mais, hélas ! je crains bien que j'y perde mes soins,
Et que tout le courroux qu'excite votre offense
Ne puisse jusque-là faire aller ma vengeance.

D. GARCIE.

D'un supplice si grand ne tentez point l'effort,
Puisque pour vous venger je vous offre ma mort ;
Prononcez-en l'arrêt, et j'obéis sur l'heure.

DONE ELVIRE.

Qui ne sauroit haïr ne peut vouloir qu'on meure.

D. GARCIE.

Et moi, je ne puis vivre, à moins que vos bontés
Accordent un pardon à mes témérités.
Résolvez l'un des deux, de punir, ou d'absoudre.

DONE ELVIRE.

Hélas ! j'ai trop fait voir ce que je puis résoudre.
Par l'aveu d'un pardon n'est-ce pas se trahir,
Que dire au criminel qu'on ne le peut haïr ?

D. GARCIE.

Ah ! c'en est trop ; souffrez, adorable princesse...

DONE ELVIRE.

Laissez ; je me veux mal d'une telle foiblesse.

D. GARCIE, *seul.*

Enfin je suis...

SCÈNE VII.

D. GARCIE, D. LOPE.

D. LOPE.

Seigneur, je viens vous informer
D'un secret dont vos feux ont droit de s'alarmer.

D. GARCIE.
Ne me viens point parler de secret ni d'alarme
Dans les doux mouvements du transport qui me charme.
Après ce qu'à mes yeux on vient de présenter,
Il n'est point de soupçons que je doive écouter ;
Et d'un divin objet la bonté sans pareille
A tous ces vains rapports doit fermer mon oreille :
Ne m'en fais plus.

D. LOPE.
Seigneur, je veux ce qu'il vous plaît ;
Mes soins en tout ceci n'ont que votre intérêt.
J'ai cru que le secret que je viens de surprendre
Méritoit bien qu'en hâte on vous le vînt apprendre ;
Mais, puisque vous voulez que je n'en touche rien,
Je vous dirai, seigneur, pour changer d'entretien,
Que déjà dans Léon on voit chaque famille
Lever le masque au bruit des troupes de Castille,
Et que sur-tout le peuple y fait pour son vrai roi
Un éclat à donner au tyran de l'effroi.

D. GARCIE.
La Castille du moins n'aura pas la victoire
Sans que nous essayions d'en partager la gloire ;
Et nos troupes aussi peuvent être en état
D'imprimer quelque crainte au cœur de Maurégat.
Mais quel est ce secret dont tu voulois m'instruire ?
Voyons un peu.

D. LOPE.
Seigneur, je n'ai rien à vous dire.

D. GARCIE.
Va, va, parle ; mon cœur t'en donne le pouvoir.

D. LOPE.
Vos paroles, seigneur, m'en ont trop fait savoir ;

Et puisque mes avis ont de quoi vous déplaire,
Je saurai désormais trouver l'art de me taire.
D. GARCIE.
Enfin je veux savoir la chose absolument.
D. LOPE.
Je ne réplique point à ce commandement.
Mais, seigneur, en ce lieu le devoir de mon zèle
Trahiroit le secret d'une telle nouvelle ;
Sortons pour vous l'apprendre ; et, sans rien embrasser,
Vous-même vous verrez ce qu'on en doit penser.

FIN DU SECOND ACTE.

ACTE TROISIÈME.

SCÈNE I.

DONE ELVIRE, ÉLISE.

DONE ELVIRE.

Élise, que dis-tu de l'étrange foiblesse
Que vient de témoigner le cœur d'une princesse ?
Que dis-tu de me voir tomber si promptement
De toute la chaleur de mon ressentiment,
Et, malgré tant d'éclat, relâcher mon courage
Au pardon trop honteux d'un si cruel outrage ?

ÉLISE.

Moi, je dis que d'un cœur que nous pouvons chérir
Une injure, sans doute, est bien dure à souffrir ;
Mais que, s'il n'en est point qui davantage irrite,
Il n'en est point aussi qu'on pardonne si vite,
Et qu'un coupable aimé triomphe à nos genoux
De tous les prompts transports du plus bouillant courroux,
D'autant plus aisément, madame, quand l'offense
Dans un excès d'amour peut trouver sa naissance.
Ainsi, quelque dépit que l'on vous ait causé,
Je ne m'étonne point de le voir apaisé ;
Et je sais quel pouvoir, malgré votre menace,
A de pareils forfaits donnera toujours grace.

DONE ELVIRE.

Ah ! sache, quelque ardeur qui m'impose des lois,

Que mon front a rougi pour la dernière fois,
Et que, si désormais on pousse ma colère,
Il n'est point de retour qu'il faille qu'on espère.
Quand je pourrois reprendre un tendre sentiment,
C'est assez contre lui que l'éclat d'un serment :
Car enfin un esprit qu'un peu d'orgueil inspire
Trouve beaucoup de honte à se pouvoir dédire,
Et souvent, aux dépens d'un pénible combat,
Fait sur ses propres vœux un illustre attentat,
S'obstine par honneur, et n'a rien qu'il n'immole
A la noble fierté de tenir sa parole.
Ainsi, dans le pardon que l'on vient d'obtenir,
Ne prends point de clartés pour régler l'avenir ;
Et, quoi qu'à mes destins la fortune prépare,
Crois que je ne puis être au prince de Navarre,
Que de ces noirs accès qui troublent sa raison
Il n'ait fait éclater l'entière guérison,
Et réduit tout mon cœur, que ce mal persécute,
A n'en plus redouter l'affront d'une rechute.

ÉLISE.

Mais quel affront nous fait le transport d'un jaloux ?

DONE ELVIRE.

En est-il un qui soit plus digne de courroux ?
Et puisque notre cœur fait un effort extrême
Lorsqu'il se peut résoudre à confesser qu'il aime,
Puisque l'honneur du sexe, en tout temps rigoureux,
Oppose un fort obstacle à de pareils aveux,
L'amant qui voit pour lui franchir un tel obstacle
Doit-il impunément douter de cet oracle ?
Et n'est-il pas coupable alors qu'il ne croit pas
Ce qu'on ne dit jamais qu'après de grands combats ?

ÉLISE.

Moi, je tiens que toujours un peu de défiance
En ces occasions n'a rien qui nous offense,
Et qu'il est dangereux qu'un cœur qu'on a charmé
Soit trop persuadé, madame, d'être aimé :
Si...

DONE ELVIRE.

N'en disputons plus. Chacun a sa pensée.
C'est un scrupule enfin dont mon ame est blessée ;
Et contre mes désirs je sens je ne sais quoi
Me prédire un éclat entre le prince et moi,
Qui, malgré ce qu'on doit aux vertus dont il brille...
Mais, ô ciel ! en ces lieux don Sylve de Castille !

SCÈNE II.

DONE ELVIRE; D. ALPHONSE, cru D. SYLVE; ELISE.

DONE ELVIRE.

Ah ! seigneur, par quel sort vous vois-je maintenant ?

D. ALPHONSE.

Je sais que mon abord, madame, est surprenant,
Et qu'être sans éclat entré dans cette ville,
Dont l'ordre d'un rival rend l'accès difficile,
Qu'avoir pu me soustraire aux yeux de ses soldats,
C'est un évènement que vous n'attendiez pas.
Mais si j'ai dans ces lieux franchi quelques obstacles,
L'ardeur de vous revoir peut bien d'autres miracles ;
Tout mon cœur a senti par de trop rudes coups
Le rigoureux destin d'être éloigné de vous,
Et je n'ai pu nier au tourment qui le tue
Quelques moments secrets d'une si chère vue.

Je viens vous dire donc que je rends grace aux cieux
De vous voir hors des mains d'un tyran odieux :
Mais, parmi les douceurs d'une telle aventure,
Ce qui m'est un sujet d'éternelle torture,
C'est de voir qu'à mon bras les rigueurs de mon sort
Ont envié l'honneur de cet illustre effort,
Et fait à mon rival, avec trop d'injustice,
Offrir les doux périls d'un si fameux service.
Oui, madame, j'avois, pour rompre vos liens,
Des sentiments sans doute aussi beaux que les siens ;
Et je pouvois pour vous gagner cette victoire,
Si le ciel n'eût voulu m'en dérober la gloire.

DONE ELVIRE.

Je sais, seigneur, je sais que vous avez un cœur
Qui des plus grands périls vous peut rendre vainqueur ;
Et je ne doute point que ce généreux zèle,
Dont la chaleur vous pousse à venger ma querelle,
N'eût contre les efforts d'un indigne projet
Pu faire en ma faveur tout ce qu'un autre a fait.
Mais, sans cette action dont vous étiez capable,
Mon sort à la Castille est assez redevable ;
On sait ce qu'en ami plein d'ardeur et de foi
Le comte votre père a fait pour le feu roi :
Après l'avoir aidé jusqu'à l'heure dernière,
Il donne en ses états un asile à mon frère.
Quatre lustres entiers il y cache son sort
Aux barbares fureurs de quelque lâche effort ;
Et, pour rendre à son front l'éclat d'une couronne,
Contre nos ravisseurs vous marchez en personne.
N'êtes-vous pas content ? et ces soins généreux
Ne m'attachent-ils point par d'assez puissants nœuds ?
Quoi ! votre ame, seigneur, seroit-elle obstinée

A vouloir asservir toute ma destinée ?
Et faut-il que jamais il ne tombe sur nous
L'ombre d'un seul bienfait, qu'il ne vienne de vous ?
Ah ! souffrez, dans les maux où mon destin m'expose,
Qu'aux soins d'un autre aussi je doive quelque chose;
Et ne vous plaignez point de voir un autre bras
Acquérir de la gloire où le vôtre n'est pas.

D. ALPHONSE.

Oui, madame, mon cœur doit cesser de s'en plaindre,
Avec trop de raison vous voulez m'y contraindre;
Et c'est injustement qu'on se plaint d'un malheur,
Quand un autre plus grand s'offre à notre douleur.
Ce secours d'un rival m'est un cruel martyre.
Mais, hélas ! de mes maux ce n'est pas là le pire :
Le coup, le rude coup dont je suis atterré,
C'est de me voir par vous ce rival préféré.
Oui, je ne vois que trop que ses feux pleins de gloire
Sur les miens dans votre ame emportent la victoire;
Et cette occasion de servir vos appas,
Cet avantage offert de signaler son bras,
Cet éclatant exploit qui vous fut salutaire,
N'est que le pur effet du bonheur de vous plaire,
Que le secret pouvoir d'un astre merveilleux
Qui fait tomber la gloire où s'attachent vos vœux.
Ainsi tous mes efforts ne seront que fumée.
Contre vos fiers tyrans je conduis une armée :
Mais je marche en tremblant à cet illustre emploi,
Assuré que vos vœux ne seront pas pour moi,
Et que, s'ils sont suivis, la fortune prépare
L'heur des plus beaux succès aux soins de la Navarre.
Ah ! madame, faut-il me voir précipité
De l'espoir glorieux dont je m'étois flatté ?

Et ne puis-je savoir quels crimes on m'impute,
Pour avoir mérité cette effroyable chute?

DONE ELVIRE.

Ne me demandez rien avant que regarder
Ce qu'à mes sentiments vous devez demander;
Et sur cette froideur qui semble vous confondre
Répondez-vous, seigneur, ce que je puis répondre :
Car enfin tous vos soins ne sauroient ignorer
Quels secrets de votre ame on m'a su déclarer;
Et je la crois cette ame et trop noble et trop haute
Pour vouloir m'obliger à commettre une faute.
Vous-même, dites-vous, s'il est de l'équité
De me voir couronner une infidélité,
Si vous pouvez m'offrir sans beaucoup d'injustice
Un cœur à d'autres yeux offert en sacrifice,
Vous plaindre avec raison, et blâmer mes refus
Lorsqu'ils veulent d'un crime affranchir vos vertus.
Oui, seigneur, c'est un crime; et les premières flammes
Ont des droits si sacrés sur les illustres ames,
Qu'il faut perdre grandeurs et renoncer au jour
Plutôt que de pencher vers un second amour.
J'ai pour vous cette ardeur que peut prendre l'estime
Pour un courage haut, pour un cœur magnanime;
Mais n'exigez de moi que ce que je vous dois,
Et soutenez l'honneur de votre premier choix.
Malgré vos feux nouveaux, voyez quelle tendresse
Vous conserve le cœur de l'aimable comtesse,
Ce que pour un ingrat (car vous l'êtes, seigneur,)
Elle a d'un choix constant refusé de bonheur;
Quel mépris généreux, dans son ardeur extrême,
Elle a fait de l'éclat que donne un diadème :
Voyez combien d'efforts pour vous elle a bravés,

Et rendez à son cœur ce que vous lui devez.

D. ALPHONSE.

Ah! madame, à mes yeux n'offrez point son mérite,
Il n'est que trop présent à l'ingrat qui la quitte;
Et si mon cœur vous dit ce que pour elle il sent,
J'ai peur qu'il ne soit pas envers vous innocent.
Oui, ce cœur l'ose plaindre, et ne suit pas sans peine
L'impérieux effort de l'amour qui l'entraîne;
Aucun espoir pour vous n'a flatté mes désirs,
Qui ne m'ait arraché pour elle des soupirs,
Qui n'ait dans ses douceurs fait jeter à mon ame
Quelques tristes regards vers sa première flamme,
Se reprocher l'effet de vos divins attraits,
Et mêler des remords à mes plus chers souhaits.
J'ai fait plus que cela, puisqu'il vous faut tout dire;
Oui, j'ai voulu sur moi vous ôter votre empire,
Sortir de votre chaîne, et rejeter mon cœur
Sous le joug innocent de son premier vainqueur.
Mais après mes efforts ma constance abattue
Voit un cours nécessaire à ce mal qui me tue;
Et, dût être mon sort à jamais malheureux,
Je ne puis renoncer à l'espoir de mes vœux.
Je ne saurois souffrir l'épouvantable idée
De vous voir par un autre à mes yeux possédée;
Et le flambeau du jour qui m'offre vos appas
Doit avant cet hymen éclairer mon trépas.
Je sais que je trahis une princesse aimable;
Mais, madame, après tout, mon cœur est-il coupable?
Et le fort ascendant que prend votre beauté
Laisse-t-il aux esprits aucune liberté?
Hélas! je suis ici bien plus à plaindre qu'elle;
Son cœur, en me perdant, ne perd qu'un infidèle;

D'un pareil déplaisir on se peut consoler :
Mais moi, par un malheur qui ne peut s'égaler,
J'ai celui de quitter une aimable personne,
Et tous les maux encor que mon amour me donne.

DONE ELVIRE.

Vous n'avez que les maux que vous voulez avoir ;
Et toujours notre cœur est en notre pouvoir :
Il peut bien quelquefois montrer quelque foiblesse ;
Mais enfin sur nos sens la raison est maîtresse....

SCÈNE III.

D. GARCIE, DONE ELVIRE ; D. ALPHONSE, *cru*
D. SYLVE.

D. GARCIE.

MADAME, mon abord, comme je connois bien,
Assez mal à propos trouble votre entretien :
Et mes pas en ce lieu, s'il faut que je le die,
Ne croyoient pas trouver si bonne compagnie.

DONE ELVIRE.

Cette vue, en effet, surprend au dernier point ;
Et, de même que vous, je ne l'attendois point.

D. GARCIE.

Oui, madame, je crois que de cette visite,
Comme vous l'assurez, vous n'étiez point instruite.
  (*à don Sylve.*)
Mais, seigneur, vous deviez nous faire au moins l'honneur
De nous donner avis de ce rare bonheur,
Et nous mettre en état, sans nous vouloir surprendre,
De vous rendre en ces lieux ce qu'on voudroit vous rendre.

D. ALPHONSE.

Les héroïques soins vous occupent si fort,

Que de vous en tirer, seigneur, j'aurois eu tort;
Et des grands conquérants les sublimes pensées
Sont aux civilités avec peine abaissées.

D. GARCIE.

Mais les grands conquérants, dont on vante les soins,
Loin d'aimer le secret, affectent les témoins :
Leur ame, dès l'enfance à la gloire élevée,
Les fait dans leurs projets aller tête levée ;
Et, s'appuyant toujours sur de hauts sentiments,
Ne s'abaisse jamais à des déguisements.
Ne commettez-vous point vos vertus héroïques
En passant dans ces lieux par de sourdes pratiques ?
Et ne craignez-vous point qu'on puisse, aux yeux de tous,
Trouver cette action trop indigne de vous ?

D. ALPHONSE.

Je ne sais si quelqu'un blâmera ma conduite,
Au secret que j'ai fait d'une telle visite ;
Mais je sais qu'aux projets qui veulent la clarté,
Prince, je n'ai jamais cherché l'obscurité :
Et, quand j'aurai sur vous à faire une entreprise,
Vous n'aurez pas sujet de blâmer la surprise ;
Il ne tiendra qu'à vous de vous en garantir,
Et l'on prendra le soin de vous en avertir.
Cependant demeurons aux termes ordinaires,
Remettons nos débats après d'autres affaires ;
Et, d'un sang un peu chaud réprimant les bouillons,
N'oublions pas tous deux devant qui nous parlons.

DONE ELVIRE, *à don Garcie.*

Prince, vous avez tort; et sa visite est telle,
Que vous...

D. GARCIE.

Ah ! c'en est trop que prendre sa querelle.

Madame ; et votre esprit devroit feindre un peu mieux,
Lorsqu'il veut ignorer sa venue en ces lieux.
Cette chaleur si prompte à vouloir la défendre
Persuade assez mal qu'elle ait pu vous surprendre.

DONE ELVIRE.

Quoi que vous soupçonniez, il m'importe si peu,
Que j'aurois du regret d'en faire un désaveu.

D. GARCIE.

Poussez donc jusqu'au bout cet orgueil héroïque,
Et que sans hésiter tout votre cœur s'explique ;
C'est au déguisement donner trop de crédit.
Ne désavouez rien, puisque vous l'avez dit.
Tranchez, tranchez le mot, forcez toute contrainte ;
Dites que de ses feux vous ressentez l'atteinte ;
Que pour vous sa présence a des charmes si doux...

DONE ELVIRE.

Et si je veux l'aimer, m'en empêcherez-vous ?
Avez-vous sur mon cœur quelque empire à prétendre ?
Et, pour régler mes vœux, ai-je votre ordre à prendre ?
Sachez que trop d'orgueil a pu vous décevoir,
Si votre cœur sur moi s'est cru quelque pouvoir,
Et que mes sentiments sont d'une ame trop grande
Pour vouloir les cacher lorsqu'on me les demande.
Je ne vous dirai point si le comte est aimé :
Mais apprenez de moi qu'il est fort estimé ;
Que ses hautes vertus, pour qui je m'intéresse,
Méritent mieux que vous les vœux d'une princesse ;
Que je garde aux ardeurs, aux soins qu'il me fait voir,
Tout le ressentiment qu'une ame puisse avoir ;
Et que, si des destins la fatale puissance
M'ôte la liberté d'être sa récompense,
Au moins est-il en moi de promettre à ses vœux

Qu'on ne me verra point le butin de vos feux.
Et, sans vous amuser d'une attente frivole,
C'est à quoi je m'engage; et je tiendrai parole.
Voilà mon cœur ouvert, puisque vous le voulez,
Et mes vrais sentiments à vos yeux étalés.
Êtes-vous satisfait? et mon ame attaquée
S'est-elle, à votre avis, assez bien expliquée ?
Voyez, pour vous ôter tout lieu de soupçonner,
S'il reste quelque jour encore à vous donner.
(à don Sylve.)
Cependant si vos soins s'attachent à me plaire,
Songez que votre bras, comte, m'est nécessaire,
Et, d'un capricieux, quels que soient les transports,
Qu'à punir nos tyrans il doit tous ses efforts.
Fermez l'oreille enfin à toute sa furie;
Et, pour vous y porter, c'est moi qui vous en prie.

SCÈNE IV.

D. GARCIE; D. ALPHONSE, cru D. SYLVE.

D. GARCIE.

Tout vous rit, et votre ame en cette occasion
Jouit superbement de ma confusion.
Il vous est doux de voir un aveu plein de gloire
Sur les feux d'un rival marquer votre victoire:
Mais c'est à votre joie un surcroît sans égal
D'en avoir pour témoins les yeux de ce rival;
Et mes prétentions, hautement étouffées,
A vos vœux triomphants sont d'illustres trophées.
Goûtez à pleins transports ce bonheur éclatant:
Mais sachez qu'on n'est pas encore où l'on prétend.
La fureur qui m'anime a de trop justes causes,

Et l'on verra peut-être arriver bien des choses.
Un désespoir va loin quand il est échappé,
Et tout est pardonnable à qui se voit trompé.
Si l'ingrate, à mes yeux, pour flatter votre flamme,
A jamais n'être à moi vient d'engager son ame,
Je saurai bien trouver, dans mon juste courroux,
Les moyens d'empêcher qu'elle ne soit à vous.

D. ALPHONSE.

Cet obstacle n'est pas ce qui me met en peine.
Nous verrons quelle attente, en tout cas, sera vaine;
Et chacun de ses feux pourra, par sa valeur,
Ou défendre la gloire, ou venger le malheur.
Mais comme, entre rivaux, l'ame la plus posée
A des termes d'aigreur trouve une pente aisée,
Et que je ne veux point qu'un pareil entretien
Puisse trop échauffer votre esprit et le mien,
Prince, affranchissez-moi d'une gêne secrète,
Et me donnez moyen de faire ma retraite.

D. GARCIE.

Non, non, ne craignez point qu'on pousse votre esprit
A violer ici l'ordre qu'on vous prescrit.
Quelque juste fureur qui me presse et vous flatte,
Je sais, comte, je sais quand il faut qu'elle éclate.
Ces lieux vous sont ouverts; oui, sortez-en, sortez
Glorieux des douceurs que vous en remportez :
Mais, encore une fois, apprenez que ma tête
Peut seule dans vos mains mettre votre conquête.

D. ALPHONSE.

Quand nous en serons là, le sort en notre bras
De tous nos intérêts videra les débats.

FIN DU TROISIÈME ACTE.

ACTE QUATRIÈME.

SCÈNE I.

DONE ELVIRE, D. ALVAR.

DONE ELVIRE.

Retournez, don Alvar, et perdez l'espérance
De me persuader l'oubli de cette offense.
Cette plaie en mon cœur ne sauroit se guérir;
Et les soins qu'on en prend ne font rien que l'aigrir.
A quelques faux respects croit-il que je défère?
Non, non, il a poussé trop avant ma colère;
Et son vain repentir, qui porte ici vos pas,
Sollicite un pardon que vous n'obtiendrez pas.

D. ALVAR.

Madame, il fait pitié : jamais cœur, que je pense,
Par un plus vif remords n'expia son offense;
Et, si dans sa douleur vous le considériez,
Il toucheroit votre ame, et vous l'excuseriez.
On sait bien que le prince est dans un âge à suivre
Les premiers mouvements où son ame se livre,
Et qu'en un sang bouillant toutes les passions
Ne laissent guère place à des réflexions.
Don Lope, prévenu d'une fausse lumière,
De l'erreur de son maître a fourni la matière.
Un bruit assez confus, dont le zèle indiscret
A de l'abord du comte éventé le secret,

Vous avoit mise aussi de cette intelligence
Qui, dans ces lieux gardés, a donné sa présence.
Le prince a cru l'avis; et son amour séduit
Sur une fausse alarme a fait tout ce grand bruit.
Mais d'une telle erreur son ame est revenue :
Votre innocence enfin lui vient d'être connue ;
Et don Lope qu'il chasse est un visible effet
Du vif remords qu'il sent de l'éclat qu'il a fait.

DONE ELVIRE.

Ah ! c'est trop promptement qu'il croit mon innocence,
Il n'en a pas encore une entière assurance :
Dites-lui, dites-lui qu'il doit bien tout peser,
Et ne se hâter point, de peur de s'abuser.

D. ALVAR.

Madame, il sait trop bien...

DONE ELVIRE.

Mais, don Alvar, de grace,
N'étendons pas plus loin un discours qui me lasse ;
Il réveille un chagrin qui vient à contre-temps
En troubler dans mon cœur d'autres plus importants.
Oui, d'un trop grand malheur la surprise me presse,
Et le bruit du trépas de l'illustre comtesse
Doit s'emparer si bien de tout mon déplaisir,
Qu'aucun autre souci n'a droit de me saisir.

D. ALVAR.

Madame, ce peut être une fausse nouvelle ;
Mais mon retour au prince en porte une cruelle.

DONE ELVIRE.

De quelque grand ennui qu'il puisse être agité,
Il en aura toujours moins qu'il n'a mérité.

SCÈNE II.

DONE ELVIRE, ÉLISE.

ÉLISE.

J'ATTENDOIS qu'il sortît, madame, pour vous dire
Ce qu'il faut maintenant que votre ame respire,
Puisque votre chagrin, dans un moment d'ici,
Du sort de done Ignès peut se voir éclairci.
Un inconnu, qui vient pour cette confidence,
Vous fait par un des siens demander audience.

DONE ELVIRE.

Elise, il faut le voir; qu'il vienne promptement.

ÉLISE.

Mais il veut n'être vu que de vous seulement;
Et par cet envoyé, madame, il sollicite
Qu'il puisse sans témoins vous rendre sa visite.

DONE ELVIRE.

Hé bien! nous serons seuls, et je vais l'ordonner
Tandis que tu prendras le soin de l'amener.
Que mon impatience en ce moment est forte!
O destins! est-ce joie ou douleur qu'on m'apporte?

SCÈNE III.

D. PÈDRE, ÉLISE.

ÉLISE.

Où...

D. PÈDRE.

Si vous me cherchez, madame, me voici.

ÉLISE.

En quel lieu votre maître?

ACTE IV, SCÈNE III.

D. PÈDRE.
Il est proche d'ici.
Le ferai-je venir ?

ÉLISE.
Dites-lui qu'il s'avance,
Assuré qu'on l'attend avec impatience,
Et qu'il ne se verra d'aucuns yeux éclairé.
(*seule.*)
Je ne sais quel secret en doit être auguré ;
Tant de précautions qu'il affecte de prendre...
Mais le voici déjà.

SCÈNE IV.

DONE IGNÈS, *déguisée en homme* ; ÉLISE.

ÉLISE.
Seigneur, pour vous attendre
On a fait... Mais que vois-je ? Ah ! madame, mes yeux...

DONE IGNÈS.
Ne me découvrez point, Élise, dans ces lieux,
Et laissez respirer ma triste destinée
Sous une feinte mort que je me suis donnée.
C'est elle qui m'arrache à tous mes fiers tyrans,
Car je puis sous ce nom comprendre mes parents ;
J'ai par elle évité cet hymen redoutable,
Pour qui j'aurois souffert une mort véritable ;
Et sous cet équipage et le bruit de ma mort
Il faut cacher à tous le secret de mon sort,
Pour me voir à l'abri de l'injuste poursuite
Qui pourroit dans ces lieux persécuter ma fuite.

ÉLISE.
Ma surprise en public eût trahi vos désirs ;

Mais allez là-dedans étouffer des soupirs,
Et des charmants transports d'une pleine allégresse
Saisir à votre aspect le cœur de la princesse :
Vous la trouverez seule ; elle-même a pris soin
Que votre abord fût libre, et n'eût aucun témoin.

SCÈNE V.

D. ALVAR, ÉLISE.

ÉLISE.

Vois-je pas don Alvar ?

D. ALVAR.

Le prince me renvoie
Vous prier que pour lui votre crédit s'emploie.
De ses jours, belle Elise, on doit n'espérer rien,
S'il n'obtient par vos soins un moment d'entretien.
Son ame à des transports... Mais le voici lui-même.

SCÈNE VI.

D. GARCIE, D. ALVAR, ÉLISE.

D. GARCIE.

Ah ! sois un peu sensible à ma disgrace extrême,
Élise, et prends pitié d'un cœur infortuné
Qu'aux plus vives douleurs tu vois abandonné.

ÉLISE.

C'est avec d'autres yeux que ne fait la princesse,
Seigneur, que je verrois le tourment qui vous presse :
Mais nous avons du ciel, ou du tempérament,
Que nous jugeons de tout chacun diversement ;
Et puisqu'elle vous blâme, et que sa fantaisie
Lui fait un monstre affreux de votre jalousie,

Je serois complaisant, et voudrois m'efforcer
De cacher à ses yeux ce qui peut les blesser.
Un amant suit sans doute une utile méthode
S'il fait qu'à notre humeur la sienne s'accommode;
Et cent devoirs font moins que ces ajustements
Qui font croire en deux cœurs les mêmes sentiments.
L'art de ces deux rapports fortement les assemble,
Et nous n'aimons rien tant que ce qui nous ressemble.

D. GARCIE.

Je le sais : mais, hélas ! les destins inhumains
S'opposent à l'effet de ces justes desseins,
Et, malgré tous mes soins, viennent toujours me tendre
Un piège dont mon cœur ne sauroit se défendre.
Ce n'est pas que l'ingrate, aux yeux de mon rival,
N'ait fait contre mes feux un aveu trop fatal,
Et témoigné pour lui des excès de tendresse
Dont le cruel objet me reviendra sans cesse :
Mais comme trop d'ardeur enfin m'avoit séduit
Quand j'ai cru qu'en ces lieux elle l'eut introduit,
D'un trop cuisant ennui je sentirois l'atteinte
A lui laisser sur moi quelque sujet de plainte.
Oui, je veux faire au moins, si je m'en vois quitté,
Que ce soit de son cœur pure infidélité,
Et, venant m'excuser d'un trait de promptitude,
Dérober tout prétexte à son ingratitude.

ÉLISE.

Laissez un peu de temps à son ressentiment,
Et ne la voyez point, seigneur, si promptement.

D. GARCIE.

Ah ! si tu me chéris, obtiens que je la voie :
C'est une liberté qu'il faut qu'elle m'octroie :
Je ne pars point d'ici, qu'au moins son fier dédain....

31.

ÉLISE.

De grace, différez l'effet de ce dessein.

D. GARCIE.

Non, ne m'oppose point une excuse frivole.

ÉLISE, à part.

Il faut que ce soit elle, avec une parole,
Qui trouve les moyens de le faire en aller.

(à don Garcie.)

Demeurez donc, seigneur ; je m'en vais lui parler.

D. GARCIE.

Dis-lui que j'ai d'abord banni de ma présence
Celui dont les avis ont causé mon offense ;
Que don Lope jamais....

SCÈNE VII.

D. GARCIE, D. ALVAR.

D. GARCIE, *regardant par la porte qu'Elise a laissée entr'ouverte.*

Que vois-je, ô justes cieux !
Faut-il que je m'assure au rapport de mes yeux !
Ah ! sans doute, ils me sont des témoins trop fidèles.
Voilà le comble affreux de mes peines mortelles ;
Voici le coup fatal qui devoit m'accabler :
Et quand par des soupçons je me sentois troubler,
C'étoit, c'étoit le ciel, dont la sourde menace
Présageoit à mon cœur cette horrible disgrace.

D. ALVAR.

Qu'avez-vous vu, seigneur, qui vous puisse émouvoir ?

D. GARCIE.

J'ai vu ce que mon ame a peine à concevoir ;
Et le renversement de toute la nature

Ne m'étonneroit pas comme cette aventure.
C'en est fait... Le destin... Je ne saurois parler.

D. ALVAR.

Seigneur, que votre esprit tâche à se rappeler.

D. GARCIE.

J'ai vu... Vengeance, ô ciel !

D. ALVAR.

     Quelle atteinte soudaine..

D. GARCIE.

J'en mourrai, don Alvar; la chose est bien certaine.

D. ALVAR.

Mais, seigneur, qui pourroit....

D. GARCIE.

      Ah ! tout est ruiné !
Je suis, je suis trahi, je suis assassiné :
Un homme (sans mourir te le puis-je bien dire ?),
Un homme dans les bras de l'infidèle Elvire !

D. ALVAR.

Ah ! seigneur, la princesse est vertueuse au point...

D. GARCIE.

Ah ! sur ce que j'ai vu ne me conteste point,
Don Alvar; c'en est trop que soutenir sa gloire,
Lorsque mes yeux font foi d'une action si noire.

D. ALVAR.

Seigneur, nos passions nous font prendre souvent
Pour chose véritable un objet décevant;
Et de croire qu'une ame à la vertu nourrie
Se puisse...

D. GARCIE.

   Don Alvar, laissez-moi, je vous prie :
Un conseiller me choque en cette occasion,
Et je ne prends avis que de ma passion.

D. ALVAR, *à part.*

Il ne faut rien répondre à cet esprit farouche.

D. GARCIE.

Ah ! que sensiblement cette atteinte me touche !
Mais il faut voir qui c'est, et de ma main punir...
La voici. Ma fureur, te peux-tu retenir ?

SCÈNE VIII.

DONE ELVIRE, D. GARCIE, D. ALVAR.

DONE ELVIRE.

HÉ BIEN ! que voulez-vous ? et quel espoir de grace,
Après vos procédés, peut flatter votre audace ?
Osez-vous à mes yeux encor vous présenter ?
Et que me direz-vous que je doive écouter ?

D. GARCIE.

Que toutes les horreurs dont une ame est capable
A vos déloyautés n'ont rien de comparable ;
Que le sort, les démons, et le ciel en courroux,
N'ont jamais rien produit de si méchant que vous.

DONE ELVIRE.

Ah ! vraiment j'attendois l'excuse d'un outrage,
Mais, à ce que je vois, c'est un autre langage.

D. GARCIE.

Oui, oui, c'en est un autre ; et vous n'attendiez pas
Que j'eusse découvert le traître dans vos bras ;
Qu'un funeste hasard, par la porte entr'ouverte,
Eût offert à mes yeux votre honte et ma perte.
Est-ce l'heureux amant sur ses pas revenu,
Ou quelque autre rival qui m'étoit inconnu ?
O ciel, donne à mon cœur des forces suffisantes
Pour pouvoir supporter des douleurs si cuisantes !

ACTE IV, SCÈNE VIII.

Rougissez maintenant, vous en avez raison,
Et le masque est levé de votre trahison.
Voilà ce que marquoient les troubles de mon ame,
Ce n'étoit pas en vain que s'alarmoit ma flamme ;
Par ces fréquents soupçons qu'on trouvoit odieux,
Je cherchois le malheur qu'ont rencontré mes yeux ;
Et, malgré tous vos soins et votre adresse à feindre,
Mon astre me disoit ce que j'avois à craindre.
Mais ne présumez pas que, sans être vengé,
Je souffre le dépit de me voir outragé.
Je sais que sur les vœux on n'a point de puissance,
Que l'amour veut par-tout naître sans dépendance,
Que jamais par la force on n'entra dans un cœur,
Et que toute ame est libre à nommer son vainqueur :
Aussi ne trouverois-je aucun sujet de plainte,
Si pour moi votre bouche avoit parlé sans feinte ;
Et, son arrêt livrant mon espoir à la mort,
Mon cœur n'auroit eu droit de s'en prendre qu'au sort.
Mais d'un aveu trompeur voir ma flamme applaudie,
C'est une trahison, c'est une perfidie,
Qui ne sauroit trouver de trop grands châtiments ;
Et je puis tout permettre à mes ressentiments.
Non, non, n'espérez rien après un tel outrage ;
Je ne suis plus à moi, je suis tout à la rage.
Trahi de tous côtés, mis dans un triste état,
Il faut que mon amour se venge avec éclat,
Qu'ici j'immole tout à ma fureur extrême,
Et que mon désespoir achève par moi-même.

DONE ELVIRE.

Assez paisiblement vous a-t-on écouté ?
Et pourrai-je à mon tour parler en liberté ?

D. GARCIE.
Et par quels beaux discours que l'artifice inspire...
DONE ELVIRE.
Si vous avez encor quelque chose à me dire,
Vous pouvez l'ajouter, je suis prête à l'ouïr;
Sinon, faites au moins que je puisse jouir
De deux ou trois moments de paisible audience.
D. GARCIE.
Hé bien ! j'écoute. O ciel ! quelle est ma patience !
DONE ELVIRE.
Je force ma colère, et veux, sans nulle aigreur,
Répondre à ce discours si rempli de fureur.
D. GARCIE.
C'est que vous voyez bien...
DONE ELVIRE.
Ah ! j'ai prêté l'oreille
Autant qu'il vous a plu; rendez-moi la pareille.
J'admire mon destin; et jamais sous les cieux
Il ne fut rien, je crois, de si prodigieux,
Rien dont la nouveauté soit plus inconcevable,
Et rien que la raison rende moins supportable.
Je me vois un amant qui, sans se rebuter,
Applique tous ses soins à me persécuter;
Qui, dans tout cet amour que sa bouche m'exprime,
Ne conserve pour moi nul sentiment d'estime;
Rien au fond de ce cœur qu'ont pu blesser mes yeux
Qui fasse droit au sang que j'ai reçu des cieux,
Et de mes actions défende l'innocence
Contre le moindre effort d'une fausse apparence.
Oui, je vois...
(Don Garcie montre de l'impatience pour parler.)
Ah ! sur-tout ne m'interrompez point.

ACTE IV, SCÈNE VIII. 371

Je vois, dis-je, mon sort malheureux à ce point,
Qu'un cœur qui dit qu'il m'aime, et qui doit faire croire
Que, quand tout l'univers douteroit de ma gloire,
Il voudroit contre tous en être le garant,
Est celui qui s'en fait l'ennemi le plus grand.
On ne voit échapper aux soins que prend sa flamme
Aucune occasion de soupçonner mon ame :
Mais c'est peu des soupçons ; il en fait des éclats
Que, sans être blessé, l'amour ne souffre pas.
Loin d'agir en amant qui, plus que la mort même,
Appréhende toujours d'offenser ce qu'il aime,
Qui se plaint doucement, et cherche avec respect
A pouvoir s'éclaircir de ce qu'il croit suspect,
A toute extrémité dans ses doutes il passe,
Et ce n'est que fureur, qu'injure et que menace.
Cependant aujourd'hui je veux fermer les yeux
Sur tout ce qui devroit me le rendre odieux,
Et lui donner moyen, par une bonté pure,
De tirer son salut d'une nouvelle injure.
Ce grand emportement qu'il m'a fallu souffrir
Part de ce qu'à vos yeux le hasard vient d'offrir.
J'aurois tort de vouloir démentir votre vue,
Et votre ame sans doute a dû paroître émue.

D. GARCIE.

Et n'est-ce pas...

DONE ELVIRE.

Encore un peu d'attention,
Et vous allez savoir ma résolution.
Il faut que de nous deux le destin s'accomplisse.
Vous êtes maintenant sur un grand précipice ;
Et ce que votre cœur pourra délibérer
Va vous y faire choir, ou bien vous en tirer.

Si, malgré cet objet qui vous a pu surprendre,
Prince, vous me rendez ce que vous devez rendre,
Et ne demandez point d'autre preuve que moi
Pour condamner l'erreur du trouble où je vous voi;
Si de vos sentiments la prompte déférence
Veut sur ma seule foi croire mon innocence,
Et de tous vos soupçons démentir le crédit,
Pour croire aveuglément ce que mon cœur vous dit,
Cette soumission, cette marque d'estime,
Du passé dans ce cœur efface tout le crime;
Je rétracte à l'instant ce qu'un juste courroux
M'a fait dans la chaleur prononcer contre vous;
Et si je puis un jour choisir ma destinée
Sans choquer les devoirs du rang où je suis née,
Mon honneur, satisfait par ce respect soudain,
Promet à votre amour et mes vœux et ma main.
Mais, prêtez bien l'oreille à ce que je vais dire,
Si cette offre sur vous obtient si peu d'empire
Que vous me refusiez de me faire entre nous
Un sacrifice entier de vos soupçons jaloux;
S'il ne vous suffit pas de toute l'assurance
Que vous peuvent donner mon cœur et ma naissance,
Et que de votre esprit les ombrages puissants
Forcent mon innocence à convaincre vos sens,
Et porter à vos yeux l'éclatant témoignage
D'une vertu sincère à qui l'on fait outrage,
Je suis prête à le faire, et vous serez content :
Mais il vous faut de moi détacher à l'instant,
A mes vœux pour jamais renoncer de vous-même :
Et j'atteste du ciel la puissance suprême
Que, quoi que le destin puisse ordonner de nous,
Je choisirai plutôt d'être à la mort qu'à vous.

ACTE IV, SCÈNE VIII.

Voilà dans ces deux choix de quoi vous satisfaire :
Avisez maintenant celui qui peut vous plaire.

D. GARCIE.

Juste ciel ! jamais rien peut-il être inventé
Avec plus d'artifice et de déloyauté !
Tout ce que des enfers la malice étudie
A-t-il rien de si noir que cette perfidie !
Et peut-elle trouver dans toute sa rigueur
Un plus cruel moyen d'embarrasser un cœur !
Ah ! que vous savez bien ici contre moi-même,
Ingrate, vous servir de ma foiblesse extrême,
Et ménager pour vous l'effort prodigieux
De ce fatal amour né de vos traitres yeux !
Parcequ'on est surprise et qu'on manque d'excuse,
D'une offre de pardon on emprunte la ruse :
Votre feinte douceur forge un amusement
Pour divertir l'effet de mon ressentiment ;
Et, par le nœud subtil du choix qu'elle embarrasse,
Veut soustraire un perfide au coup qui le menace.
Oui, vos dextérités veulent me détourner
D'un éclaircissement qui vous doit condamner ;
Et votre ame, feignant une innocence entière,
Ne s'offre à m'en donner une pleine lumière
Qu'à des conditions qu'après d'ardents souhaits
Vous pensez que mon cœur n'acceptera jamais.
Mais vous serez trompée en me croyant surprendre :
Oui, oui, je prétends voir ce qui doit vous défendre,
Et quel fameux prodige, accusant ma fureur,
Peut de ce que j'ai vu justifier l'horreur.

DONE ELVIRE.

Songez que par ce choix vous allez vous prescrire
De ne plus rien prétendre au cœur de done Elvire.

D. GARCIE.
Soit : je souscris à tout ; et mes vœux aussi-bien,
En l'état où je suis, ne prétendent plus rien.
DONE ELVIRE.
Vous vous repentirez de l'éclat que vous faites.
D. GARCIE.
Non, non, tous ces discours sont de vaines défaites ;
Et c'est moi bien plutôt qui dois vous avertir
Que quelque autre dans peu se pourra repentir :
Le traître, quel qu'il soit, n'aura pas l'avantage
De dérober sa vie à l'effort de ma rage.
DONE ELVIRE.
Ah ! c'est trop en souffrir ; et mon cœur irrité
Ne doit plus conserver une sotte bonté ;
Abandonnons l'ingrat à son propre caprice ;
Et, puisqu'il veut périr, consentons qu'il périsse.
(à don Garcie.)
Élise... à cet éclat vous voulez me forcer ;
Mais je vous apprendrai que c'est trop m'offenser.

SCÈNE IX.

DONE ELVIRE, D. GARCIE, ÉLISE, D. ALVAR.

DONE ELVIRE, *à Élise.*
FAITES un peu sortir la personne chérie...
Allez, vous m'entendez, dites que je l'en prie.
D. GARCIE.
Et je puis...
DONE ELVIRE.
Attendez, vous serez satisfait.
ÉLISE, *à part, en sortant.*
Voici de son jaloux sans doute un nouveau trait.

DONE ELVIRE.

Prenez garde qu'au moins cette noble colère
Dans la même fierté jusqu'au bout persévère;
Et sur-tout désormais songez bien à quel prix
Vous avez voulu voir vos soupçons éclaircis.

SCÈNE X.

DONE ELVIRE, D. GARCIE; DONE IGNÈS, *déguisée en homme*; ÉLISE, D. ALVAR.

DONE ELVIRE,
à don Garcie, en lui montrant done Ignès.

VOICI, graces au ciel, ce qui les a fait naître
Ces soupçons obligeants que l'on me fait paroître;
Voyez bien ce visage, et si de done Ignès
Vos yeux au même instant n'y connoissent les traits.

D. GARCIE.

O ciel!

DONE ELVIRE.

Si la fureur dont votre ame est émue
Vous trouble jusque-là l'usage de la vue,
Vous avez d'autres yeux à pouvoir consulter,
Qui ne vous laisseront aucun lieu de douter.
Sa mort est une adresse au besoin inventée
Pour fuir l'autorité qui l'a persécutée;
Et sous un tel habit elle cachoit son sort
Pour mieux jouir du fruit de cette feinte mort.
(*à done Ignès.*)
Madame, pardonnez s'il faut que je consente
A trahir vos secrets et tromper votre attente:
Je me vois exposée à sa témérité;
Toutes mes actions n'ont plus de liberté;

Et mon honneur, en butte aux soupçons qu'il peut prendre,
Est réduit à toute heure aux soins de se défendre.
Nos doux embrassements, qu'a surpris ce jaloux,
De cent indignités m'ont fait souffrir les coups.
Oui, voilà le sujet d'une fureur si prompte,
Et l'assuré témoin qu'on produit de ma honte.

(*à don Garcie.*)

Jouissez à cette heure en tyran absolu
De l'éclaircissement que vous avez voulu :
Mais sachez que j'aurai sans cesse la mémoire
De l'outrage sanglant qu'on a fait à ma gloire,
Et, si je puis jamais oublier mes serments,
Tombent sur moi du ciel les plus grands châtiments.
Qu'un tonnerre éclatant mette ma tête en poudre,
Lorsqu'à souffrir vos feux je pourrai me résoudre !
Allons, madame, allons, ôtons-nous de ces lieux
Qu'infectent les regards d'un monstre furieux ;
Fuyons-en promptement l'atteinte envenimée,
Évitons les effets de sa rage animée,
Et ne faisons des vœux, dans nos justes desseins,
Que pour nous voir bientôt affranchir de ses mains.

DONE IGNÈS, *à don Garcie.*

Seigneur, de vos soupçons l'injuste violence
A la même vertu vient de faire une offense.

SCÈNE XI.

D. GARCIE, D. ALVAR.

D. GARCIE.

QUELLES tristes clartés, dissipant mon erreur,
Enveloppent mes sens d'une profonde horreur,
Et ne laissent plus voir à mon ame abattue

Que l'effroyable objet d'un remords qui me tue !
Ah ! don Alvar, je vois que vous avez raison ;
Mais l'enfer dans mon cœur a soufflé son poison,
Et, par un trait fatal de sa rigueur extrême,
Mon plus grand ennemi se rencontre en moi-même.
Que me sert-il d'aimer du plus ardent amour
Qu'une ame consumée ait jamais mis au jour,
Si, par ces mouvements qui font toute ma peine,
Cet amour à tout coup se rend digne de haine ?
Il faut, il faut venger par mon juste trépas
L'outrage que j'ai fait à ses divins appas ;
Aussi-bien quels conseils aujourd'hui puis-je suivre ?
Ah ! j'ai perdu l'objet pour qui j'aimois à vivre.
Si j'ai pu renoncer à l'espoir de ses vœux,
Renoncer à la vie est beaucoup moins fâcheux.

D. ALVAR.

Seigneur...

D. GARCIE.

   Non, don Alvar, ma mort est nécessaire ;
Il n'est soins ni raisons qui m'en puissent distraire :
Mais il faut que mon sort, en se précipitant,
Rende à cette princesse un service éclatant ;
Et je veux me chercher dans cette illustre envie
Les moyens glorieux de sortir de la vie,
Faire, par un grand coup qui signale ma foi,
Qu'en expirant pour elle elle ait regret à moi,
Et qu'elle puisse dire en se voyant vengée :
« C'est par son trop d'amour qu'il m'avoit outragée. »
Il faut que de ma main un illustre attentat
Porte une mort trop due au sein de Maurégat,
Que j'aille prévenir par une belle audace
Le coup dont la Castille avec bruit le menace ;

Et j'aurai la douceur, dans mon instant fatal,
De ravir cette gloire à l'espoir d'un rival.

D. ALVAR.

Un service, seigneur, de cette conséquence
Auroit bien le pouvoir d'effacer votre offense ;
Mais hasarder....

D. GARCIE.

    Allons, par un juste devoir,
Faire à ce noble effort servir mon désespoir.

FIN DU QUATRIÈME ACTE.

ACTE CINQUIÈME.

SCÈNE I.

D. ALVAR, ÉLISE.

D. ALVAR.

Oui, jamais il ne fut de si rude surprise.
Il venoit de former cette haute entreprise ;
A l'avide désir d'immoler Maurégat
De son prompt désespoir il tournoit tout l'éclat ;
Ses soins précipités vouloient à son courage
De cette juste mort assurer l'avantage,
Y chercher son pardon, et prévenir l'ennui
Qu'un rival partageât cette gloire avec lui ;
Il sortoit de ces murs ; quand un bruit trop fidèle
Est venu lui porter la fâcheuse nouvelle
Que ce même rival qu'il vouloit prévenir
A remporté l'honneur qu'il pensoit obtenir,
L'a prévenu lui-même en immolant le traître,
Et poussé dans ce jour don Alphonse à paroître,
Qui d'un si prompt succès va goûter la douceur ,
Et vient prendre en ces lieux la princesse sa sœur :
Et, ce qui n'a pas peine à gagner la croyance,
On entend publier que c'est la récompense
Dont il prétend payer le service éclatant
Du bras qui lui fait jour au trône qui l'attend.

ELISE.

Oui, done Elvire a su ces nouvelles semées,
Et du vieux don Louis les trouve confirmées,
Qui vient de lui mander que Léon dans ce jour
De don Alphonse et d'elle attend l'heureux retour :
Et que c'est là qu'on doit, par un revers prospère,
Lui voir prendre un époux de la main de ce frère.
Dans ce peu qu'il en dit, il donne assez à voir
Que don Sylve est l'époux qu'elle doit recevoir.

D. ALVAR.

Ce coup au cœur du prince...

ÉLISE.

Est sans doute bien rude ;
Et je le trouve à plaindre en son inquiétude.
Son intérêt pourtant, si j'en ai bien jugé,
Est encor cher au cœur qu'il a tant outragé ;
Et je n'ai point connu qu'à ce succès qu'on vante
La princesse ait fait voir une ame fort contente
De ce frère qui vient, et de la lettre aussi :
Mais...

SCÈNE II.

DONE ELVIRE ; DONE IGNÈS, *déguisée en homme* ;
ÉLISE, D. ALVAR.

DONE ELVIRE.

Faites, don Alvar, venir le prince ici.
(*Don Alvar sort.*)
Souffrez que devant vous je lui parle, madame,
Sur cet évènement dont on surprend mon ame ;
Et ne m'accusez point d'un trop prompt changement
Si je perds contre lui tout mon ressentiment.

Sa disgrace imprévue a pris droit de l'éteindre;
Sans lui laisser ma haine, il est assez à plaindre;
Et le ciel, qui l'expose à ce trait de rigueur,
N'a que trop bien servi les serments de mon cœur.
Un éclatant arrêt de ma gloire outragée
A jamais n'être à lui me tenoit engagée :
Mais, quand par les destins il est exécuté,
J'y vois pour son amour trop de sévérité;
Et le triste succès de tout ce qu'il m'adresse
M'efface son offense et lui rend ma tendresse.
Oui, mon cœur, trop vengé par de si rudes coups,
Laisse à leur cruauté désarmer son courroux,
Et cherche maintenant, par un soin pitoyable,
A consoler le sort d'un amant misérable;
Et je crois que sa flamme a bien pu mériter
Cette compassion que je lui veux prêter.

DONE IGNÈS.

Madame, on auroit tort de trouver à redire
Aux tendres sentiments qu'on voit qu'il vous inspire;
Ce qu'il a fait pour vous... Il vient, et sa pâleur
De ce coup surprenant marque assez la douleur.

SCÈNE III.

D. GARCIE, DONE ELVIRE; DONE IGNÈS, *déguisée en homme;* ÉLISE.

D. GARCIE.

Madame, avec quel front faut-il que je m'avance,
Quand je viens vous offrir l'odieuse présence....?

DONE ELVIRE.

Prince, ne parlons plus de mon ressentiment :
Votre sort dans mon ame a fait du changement;

Et, par le triste état où sa rigueur vous jette,
Ma colère est éteinte, et notre paix est faite.
Oui, bien que votre amour ait mérité les coups
Que fait sur lui du ciel éclater le courroux;
Bien que ces noirs soupçons aient offensé ma gloire
Par des indignités qu'on auroit peine à croire;
J'avouerai toutefois que je plains son malheur
Jusqu'à voir nos succès avec quelque douleur;
Que je hais les faveurs de ce fameux service,
Lorsqu'on veut de mon cœur lui faire un sacrifice,
Et voudrois bien pouvoir racheter les moments
Où le sort contre vous n'armoit que mes serments.
Mais enfin vous savez comme nos destinées
Aux intérêts publics sont toujours enchaînées,
Et que l'ordre des cieux, pour disposer de moi,
Dans mon frère qui vient me va montrer mon roi.
Cédez comme moi, prince, à cette violence
Où la grandeur soumet celles de ma naissance;
Et, si de votre amour les déplaisirs sont grands,
Qu'il se fasse un secours de la part que j'y prends,
Et ne se serve point, contre un coup qui l'étonne,
Du pouvoir qu'en ces lieux votre valeur vous donne:
Ce vous seroit, sans doute, un indigne transport
De vouloir dans vos maux lutter contre le sort :
Et, lorsque c'est en vain qu'on s'oppose à sa rage,
La soumission prompte est grandeur de courage.
Ne résistez donc point à ces coups éclatants;
Ouvrez les murs d'Astorgue au frère que j'attends;
Laissez-moi rendre aux droits qu'il peut sur moi prétendre
Ce que mon triste cœur a résolu de rendre;
Et ce fatal hommage où mes vœux sont forcés
Peut-être n'ira pas si loin que vous pensez.

ACTE V, SCÈNE III.

D. GARCIE.

C'est faire voir, madame, une bonté trop rare
Que vouloir adoucir le coup qu'on me prépare ;
Sur moi, sans de tels soins, vous pouvez laisser choir
Le foudre rigoureux de tout votre devoir.
En l'état où je suis je n'ai rien à vous dire.
J'ai mérité du sort tout ce qu'il a de pire ;
Et je sais, quelques maux qu'il me faille endurer,
Que je me suis ôté le droit d'en murmurer.
Par où pourrois-je, hélas ! dans ma vaste disgrace,
Vers vous de quelque plainte autoriser l'audace ?
Mon amour s'est rendu mille fois odieux ;
Il n'a fait qu'outrager vos attraits glorieux ;
Et lorsque, par un juste et fameux sacrifice,
Mon bras à votre sang cherche à rendre un service,
Mon astre m'abandonne au déplaisir fatal
De me voir prévenu par le bras d'un rival.
Madame, après cela je n'ai rien à prétendre ;
Je suis digne du coup que l'on me fait attendre ;
Et je le vois venir sans oser contre lui
Tenter de votre cœur le favorable appui.
Ce qui peut me rester dans mon malheur extrême,
C'est de chercher alors mon remède en moi-même,
Et faire que ma mort, propice à mes désirs,
Affranchisse mon cœur de tous ses déplaisirs.
Oui, bientôt dans ces lieux don Alphonse doit être,
Et déjà mon rival commence de paroître :
De Léon vers ces murs il semble avoir volé
Pour recevoir le prix du tyran immolé.
Ne craignez point du tout qu'aucune résistance
Fasse valoir ici ce que j'ai de puissance :
Il n'est effort humain que pour vous conserver,

Si vous y consentiez, je ne pusse braver.
Mais ce n'est pas à moi, dont on hait la mémoire,
A pouvoir espérer cet aveu plein de gloire ;
Et je ne voudrois pas par des efforts trop vains
Jeter le moindre obstacle à vos justes desseins :
Non, je ne contrains point vos sentiments, madame ;
Je vais en liberté laisser toute votre ame,
Ouvrir les murs d'Astorgue à cet heureux vainqueur,
Et subir de mon sort la dernière rigueur.

SCÈNE IV.

DONE ELVIRE ; DONE IGNÈS, *déguisée en homme ;*
ÉLISE.

DONE ELVIRE.

MADAME, au désespoir où son destin l'expose
De tous mes déplaisirs n'imputez point la cause.
Vous me rendrez justice en croyant que mon cœur
Fait de vos intérêts sa plus vive douleur ;
Que bien plus que l'amour l'amitié m'est sensible,
Et que, si je me plains d'une disgrace horrible,
C'est de voir que du ciel le funeste courroux
Ait pris chez moi les traits qu'il lance contre vous,
Et rendu mes regards coupables d'une flamme
Qui traite indignement les bontés de votre ame.

DONE IGNÈS.

C'est un évènement dont sans doute vos yeux
N'ont point pour moi, madame, à quereller les cieux.
Si les foibles attraits qu'étale mon visage
M'exposoient au destin de souffrir un volage,
Le ciel ne pouvoit mieux m'adoucir de tels coups,
Quand, pour m'ôter ce cœur, il s'est servi de vous ;

Et mon front ne doit point rougir d'une inconstance
Qui de vos traits aux miens marque la différence.
Si pour ce changement je pousse des soupirs,
Ils viennent de le voir fatal à vos désirs ;
Et, dans cette douleur que l'amitié m'excite,
Je m'accuse pour vous de mon peu de mérite,
Qui n'a pu retenir un cœur dont les tributs
Causent un si grand trouble à vos vœux combattus.

DONE ELVIRE.

Accusez-vous plutôt de l'injuste silence
Qui m'a de vos deux cœurs caché l'intelligence
Ce secret, plus tôt su, peut-être à toutes deux
Nous auroit épargné des troubles si fâcheux ;
Et mes justes froideurs, des désirs d'un volage
Au point de leur naissance ayant banni l'hommage,
Eussent pu renvoyer...

DONE IGNÈS.
  Madame, le voici.

DONE ELVIRE.

Sans rencontrer ses yeux vous pouvez être ici :
Ne sortez point, madame ; et, dans un tel martyre,
Veuillez être témoin de ce que je vais dire.

DONE IGNÈS.

Madame, j'y consens, quoique je sache bien
Qu'on fuiroit en ma place un pareil entretien.

DONE ELVIRE.

Son succès, si le ciel seconde ma pensée,
Madame, n'aura rien dont vous soyez blessée.

Molière. I.

SCÈNE V.

D. ALPHONSE, cru D. SYLVE; **DONE ELVIRE**;
DONE IGNÈS, *déguisée en homme*; **ÉLISE**.

DONE ELVIRE.

Avant que vous parliez, je demande instamment
Que vous daigniez, seigneur, m'écouter un moment.
Déjà la renommée a jusqu'à nos oreilles
Porté de votre bras les soudaines merveilles;
Et j'admire avec tous comme en si peu de temps
Il donne à nos destins ces succès éclatants.
Je sais bien qu'un bienfait de cette conséquence
Ne sauroit demander trop de reconnoissance,
Et qu'on doit toute chose à l'exploit immortel
Qui replace mon frère au trône paternel.
Mais, quoi que de son cœur vous offrent les hommages,
Usez en généreux de tous vos avantages,
Et ne permettez pas que ce coup glorieux
Jette sur moi, seigneur, un joug impérieux;
Que votre amour, qui sait quel intérêt m'anime,
S'obstine à triompher d'un refus légitime,
Et veuille que ce frère, où l'on va m'exposer,
Commence d'être roi pour me tyranniser.
Léon a d'autres prix dont, en cette occurrence,
Il peut mieux honorer votre haute vaillance:
Et c'est à vos vertus faire un présent trop bas
Que vous donner un cœur qui ne se donne pas.
Peut-on être jamais satisfait en soi-même,
Lorsque par la contrainte on obtient ce qu'on aime?
C'est un triste avantage; et l'amant généreux
A ces conditions refuse d'être heureux:

Il ne veut rien devoir à cette violence
Qu'exercent sur nos cœurs les droits de la naissance,
Et pour l'objet qu'il aime est toujours trop zélé
Pour souffrir qu'en victime il lui soit immolé.
Ce n'est pas que ce cœur au mérite d'un autre
Prétende réserver ce qu'il refuse au vôtre :
Non, seigneur, j'en réponds, et vous donne ma foi
Que personne jamais n'aura pouvoir sur moi ;
Qu'une sainte retraite à toute autre poursuite...

####### D. ALPHONSE.

J'ai de votre discours assez souffert la suite,
Madame ; et par deux mots je vous l'eusse épargné,
Si votre fausse alarme eût sur vous moins gagné.
Je sais qu'un bruit commun, qui par-tout se fait croire,
De la mort du tyran me veut donner la gloire ;
Mais le seul peuple enfin, comme on nous fait savoir,
Laissant par don Louis échauffer son devoir,
A remporté l'honneur de cet acte héroïque
Dont mon nom est chargé par la rumeur publique :
Et ce qui d'un tel bruit a fourni le sujet,
C'est que, pour appuyer son illustre projet,
Don Louis fit semer, par une feinte utile,
Que, secondé des miens, j'avois saisi la ville ;
Et par cette nouvelle il a poussé les bras
Qui d'un usurpateur ont hâté le trépas.
Par son zèle prudent il a su tout conduire,
Et c'est par un des siens qu'il vient de m'en instruire.
Mais dans le même instant un secret m'est appris,
Qui va vous etonner autant qu'il m'a surpris.
Vous attendez un frère, et Léon son vrai maître ;
A vos yeux maintenant le ciel le fait paroître :
Oui, je suis don Alphonse ; et mon sort conservé,

Et sous le nom du sang de Castille élevé,
Est un fameux effet de l'amitié sincère
Qui fut entre son prince et le roi notre père.
Don Louis du secret a toutes les clartés,
Et doit aux yeux de tous prouver ces vérités.
D'autres soins maintenant occupent ma pensée :
Non qu'à votre sujet elle soit traversée,
Que ma flamme querelle un tel évènement,
Et qu'en mon cœur le frère importune l'amant.
Mes feux par ce secret ont reçu sans murmure
Le changement qu'en eux a prescrit la nature ;
Et le sang qui nous joint m'a si bien détaché
De l'amour dont pour vous mon cœur étoit touché,
Qu'il ne respire plus, pour faveur souveraine,
Que les chères douceurs de sa première chaîne,
Et le moyen de rendre à l'adorable Ignès
Ce que de ses bontés a mérité l'excès.
Mais son sort incertain rend le mien misérable :
Et, si ce qu'on en dit se trouvoit véritable,
En vain Léon m'appelle et le trône m'attend ;
La couronne n'a rien à me rendre content,
Et je n'en veux l'éclat que pour goûter la joie
D'en couronner l'objet où le ciel me renvoie,
Et pouvoir réparer par ces justes tributs
L'outrage que j'ai fait à ses rares vertus.
Madame, c'est de vous que j'ai raison d'attendre
Ce que de son destin mon ame peut apprendre :
Instruisez-m'en, de grace ; et, par votre discours,
Hâtez mon désespoir, ou le bien de mes jours.

DONE ELVIRE.

Ne vous étonnez pas si je tarde à répondre,
Seigneur ; ces nouveautés ont droit de me confondre.

ACTE V, SCÈNE V.

Je n'entreprendrai point de dire à votre amour
Si done Ignès est morte, ou respire le jour ;
Mais par ce cavalier, l'un de ses plus fidèles,
Vous en pourrez sans doute apprendre des nouvelles.

D. ALPHONSE, *reconnoissant done Ignès.*

Ah ! madame, il m'est doux en ces perplexités
De voir ici briller vos célestes beautés.
Mais vous, avec quels yeux verrez-vous un volage
Dont le crime....

DONE IGNÈS.

Ah ! gardez de me faire un outrage,
Et de vous hasarder à dire que vers moi
Un cœur dont j'ai fait cas ait pu manquer de foi :
J'en refuse l'idée, et l'excuse me blesse.
Rien n'a pu m'offenser auprès de la princesse ;
Et tout ce que d'ardeur elle vous a causé
Par un si haut mérite est assez excusé.
Cette flamme vers moi ne vous rend point coupable ;
Et, dans le noble orgueil dont je me sens capable,
Sachez, si vous l'étiez, que ce seroit en vain
Que vous présumeriez de fléchir mon dédain,
Et qu'il n'est repentir, ni suprême puissance,
Qui gagnât sur mon cœur d'oublier cette offense.

DONE ELVIRE.

Mon frère, d'un tel nom souffrez-moi la douceur,
De quel ravissement comblez-vous une sœur !
Que j'aime votre choix, et bénis l'aventure
Qui vous fait couronner une amitié si pure !
Et de deux nobles cœurs que j'aime tendrement...

SCÈNE VI.

D. GARCIE, DONE ELVIRE; DONE IGNÈS,
déguisée en homme ; **D. ALPHONSE,** cru
D. SYLVE; ÉLISE.

D. GARCIE.

De grace, cachez-moi votre contentement,
Madame, et me laissez mourir dans la croyance
Que le devoir vous fait un peu de violence.
Je sais que de vos vœux vous pouvez disposer,
Et mon dessein n'est pas de leur rien opposer ;
Vous le voyez assez, et quelle obéissance
De vos commandements m'arrache la puissance :
Mais je vous avouerai que cette gaieté
Surprend au dépourvu toute ma fermeté,
Et qu'un pareil objet dans mon ame fait naître
Un transport dont j'ai peur que je ne sois pas maître ;
Et je me punirois, s'il m'avoit pu tirer
De ce respect soumis où je veux demeurer.
Oui, vos commandements ont prescrit à mon ame
De souffrir sans éclat le malheur de ma flamme ;
Cet ordre sur mon cœur doit être tout-puissant,
Et je prétends mourir en vous obéissant :
Mais, encore une fois, la joie où je vous trouve
M'expose à la rigueur d'une trop rude épreuve,
Et l'ame la plus sage en ces occasions
Répond malaisément de ses émotions.
Madame, épargnez-moi cette cruelle atteinte,
Donnez-moi par pitié deux moments de contrainte ;
Et, quoi que d'un rival vous inspirent les soins,
N'en rendez pas mes yeux les malheureux témoins :

C'est la moindre faveur qu'on peut, je crois, prétendre,
Lorsque dans ma disgrace un amant peut descendre.
Je ne l'exige pas, madame, pour long-temps,
Et bientôt mon départ rendra vos vœux contents.
Je vais où de ses feux mon ame consumée
N'apprendra votre hymen que par la renommée :
Ce n'est pas un spectacle où je doive courir,
Madame ; sans le voir, j'en saurai bien mourir.

DONE IGNÈS.

Seigneur, permettez-moi de blâmer votre plainte.
De vos maux la princesse a su paroître atteinte ;
Et cette joie encor, de quoi vous murmurez,
Ne lui vient que des biens qui vous sont préparés.
Elle goûte un succès à vos désirs prospère,
Et dans votre rival elle trouve son frère ;
C'est don Alphonse enfin dont on a tant parlé,
Et ce fameux secret vient d'être dévoilé.

D. ALPHONSE.

Mon cœur, graces au ciel, après un long martyre,
Seigneur, sans vous rien prendre, a tout ce qu'il désire,
Et goûte d'autant mieux son bonheur en ce jour,
Qu'il se voit en état de servir votre amour.

D. GARCIE.

Hélas ! cette bonté, seigneur, doit me confondre ;
A mes plus chers désirs elle daigne répondre.
Le coup que je craignois, le ciel l'a détourné,
Et tout autre que moi se verroit fortuné :
Mais ces douces clartés d'un secret favorable
Vers l'objet adoré me découvrent coupable ;
Et, tombé de nouveau dans ces traîtres soupçons
Sur quoi l'on m'a tant fait d'inutiles leçons,
Et par qui mon ardeur, si souvent odieuse,

Doit perdre tout espoir d'être à jamais heureuse....
Oui, l'on doit me haïr avec trop de raison ;
Moi-même je me trouve indigne de pardon ;
Et, quelque heureux succès que le sort me présente,
La mort, la seule mort est toute mon attente

DONE ELVIRE.

Non, non ; de ce transport le soumis mouvement,
Prince, jette en mon ame un plus doux sentiment.
Par lui de mes serments je me sens détachée :
Vos plaintes, vos respects, vos douleurs m'ont touchée ;
J'y vois par-tout briller un excès d'amitié,
Et votre maladie est digne de pitié.
Je vois, prince, je vois qu'on doit quelque indulgence
Aux défauts où du ciel fait pencher l'influence ;
Et, pour tout dire enfin, jaloux ou non jaloux,
Mon roi, sans me gêner, peut me donner à vous.

D. GARCIE.

Ciel, dans l'excès des biens que cet aveu m'octroie,
Rends capable mon cœur de supporter sa joie !

D. ALPHONSE.

Je veux que cet hymen, après nos vains débats,
Seigneur, joigne à jamais nos cœurs et nos états.
Mais ici le temps presse, et Léon nous appelle ;
Allons dans nos plaisirs satisfaire son zèle,
Et, par notre présence et nos soins différents,
Donner le dernier coup au parti des tyrans.

FIN DU TOME PREMIER.

TABLE

DES PIÈCES CONTENUES DANS CE VOLUME.

	Pages
VIE DE MOLIÈRE,	5
L'ÉTOURDI, comédie,	21
LE DÉPIT AMOUREUX, comédie,	131
LES PRÉCIEUSES RIDICULES, comédie,	227
SGANARELLE, comédie,	277
DON GARCIE, comédie héroïque,	313

Fin de la table du tome premier.

www.ingramcontent.com/pod-product-compliance
Lightning Source LLC
Chambersburg PA
CBHW060556170426
43201CB00009B/794